U0099319

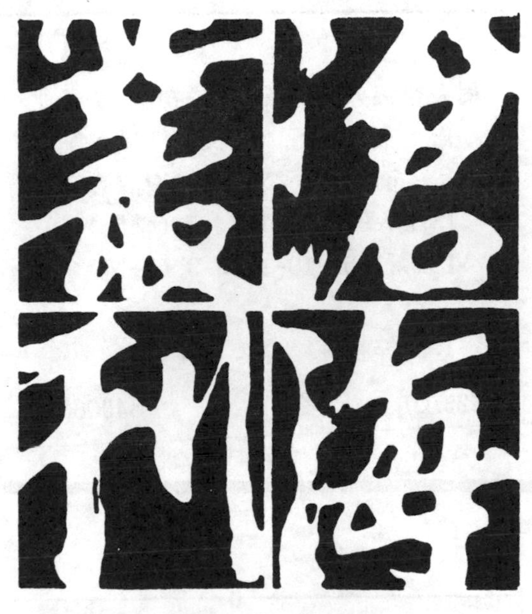

樹人存稿

馬哲儒 著

東大圖書公司印行

國立中央圖書館出版品預行編目資料

樹人存稿／馬哲儒著.--初版.--臺北
市：東大發行：三民總經銷，民84
面；　公分.--(滄海叢刊)
ISBN 957-19-1774-5 (精裝)
ISBN 957-19-1775-3 (平裝)

1. 高等教育-論文，講詞等

525.07　　84008030

© 樹　人　存　稿

著作人　馬哲儒
發行人　劉仲文
著作財產權人　東大圖書股份有限公司
臺北市復興北路三八六號
發行所　東大圖書股份有限公司
地　址／臺北市復興北路三八六號
郵　撥／〇一〇七一七五──〇號
印刷所　東大圖書股份有限公司
總經銷　三民書局股份有限公司
門市部　復北店／臺北市復興北路三八六號
重南店／臺北市重慶南路一段六十一號
初　版　中華民國八十四年九月
編　號　E 85293
基本定價　陸元肆角
行政院新聞局登記證局版臺業字第〇一九七號

ISBN 957-19-1775-3 (平裝)

這是爲本書的出版付出許多心力的一群

前排右起：陳金雄（中文系老師，現任主任秘書）
馬哲儒（作者）
楊友偉（馬太太，物理系老師）
黃玉梅（陳太太，高雄國光小學老師）
後排右起：陳明雄（港明中學老師，陳太太李娟寶女士因事不克出席照像，頗爲可惜）
劉睿忠（共同學科老師，林碧珠小姐的先生）
林碧珠（秘書室組員）
陳麗媛（李太太，附工補校護理老師）
李金振（共同學科老師，新聞中心主任）

自序

一天，陳金雄和李金振兩位教授建議，把我在擔任成功大學校長六年期間的一些文稿整理一下，出一本書。聽到後的第一個反應是向他們提起羅家倫先生的《新人生觀》和蔣夢麟先生的《西潮》，這兩本書都是當年在上高中時讀的，過了四十多年，它們依舊是坊間架上的好書。另外有一些文集之類，沒有什麼人會買，作者只好拿去送人，收到的大致翻閱一下，也不好意思扔掉，平白占據朋友們書架上寶貴的空間，過了一些時間也就沒有人記得了。

我的筆極慢，這些文稿大部分是開大夜車的難產兒，請林碧珠小姐修改錯別字和不通順的句子後再拿出去的。一些較長的講話稿則是林小姐錄音整理後再由我修改而成的。雖然是癩痢頭，但親生的兒子總有一分感情，縱使出版之後難免是屬於後面的那一類，拿來送送好朋友也不是壞事。好，就出版吧。文稿素材經過陳金雄教授、李金振教授和校友陳明雄先生整理剪裁，去蕪存菁，加註標題之後，好像這癩痢頭兒子穿上一身新衣，打扮起來，自己看著似乎更可愛了。

取個什麼名字呢？日前蒙工程界前輩湯麟武教授惠賜一本影印文稿，封面上寫的是《伏櫪存稿》。想，大學是培育人材的苗圃，百年樹人是一個嚴肅的使命，在自己所投入的這一小段時日中所寫的東西，就模仿湯先生，叫做《樹人存稿》吧。

感謝為這一本小書付出心力的每一位，也預先向為了讀它而耗費了寶貴時間的讀者致謝。

馬哲儒 謹識

八十四年五月

樹人存稿

目錄

第一章　大學教育的理念與實務

——校長的話

大學的社會使命

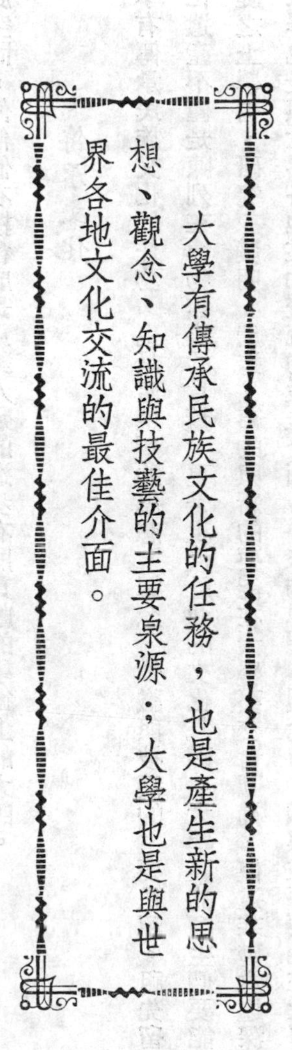
大學有傳承民族文化的任務，也是產生新的思
想、觀念、知識與技藝的主要泉源；大學也是與世
界各地文化交流的最佳介面。

大學不是社會之外的象牙塔，而是社會之中不可分的一部分。在社會進步的過程中扮演著一個重要的角色。

培育人才

大學與其他各級學校一樣，都是爲社會培育人才的苗圃。要能使青年人在其中成熟長大，在人格、知識與技藝各方面都變得更爲茁壯，移植到社會中後更能面對風雨，擔當重任，有繼續成長成爲棟樑的更佳機率。大學裏所培育的對象不僅是學生，也要能使教授們在研究工作上有無限大的發展空間，使他們有機會成長爲對人類的進步有所貢獻的學術上的大師。

傳承文化

大學有傳承民族文化的任務，也是產生新的思想、觀念、知識與技藝的主要泉源。祖先留下來的文化遺產不僅是陳列在博物館裏的骨董，更是現代社會的文化基礎。大學裏的師生們要能站在這基礎之上學習、研究、發明、創造。舊的與新的要能在大學裏交會互補，使這基礎愈趨深厚廣大。大學也是與世界各地文化交流的最佳介面。外來的思想、觀念、知識與技藝要能在大學裏整理消化，並且吸收爲民族文化的營養。

帶動風氣

社會是動態的，不斷地蛻變進化。大學是高級知識分子匯集的地方，常有帶動風氣引導潮流的作用。但認識大方向易而預測與社會互動的後果難，歷史上不乏成功與失敗的先例。身爲大學中的一員，心情應該是極為惶恐的。

七十八年十月刊於《國立成功大學校刊》第一五一期

談知識分子的社會角色

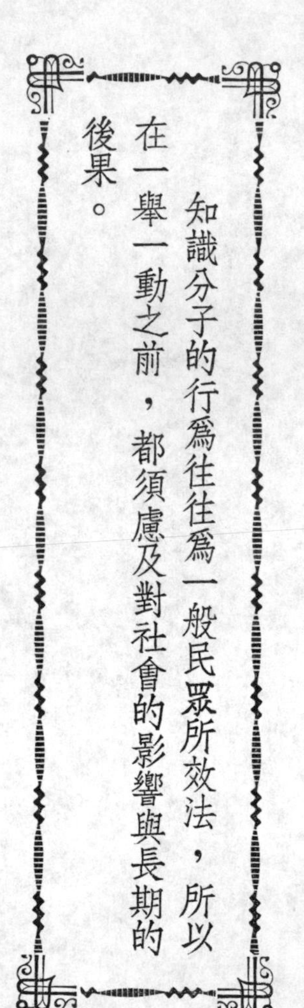

知識分子的行爲往往爲一般民眾所效法，所以在一舉一動之前，都須慮及對社會的影響與長期的後果。

過去的角色

在過去教育尚未普及的時候，我國也好、歐美也好，有機會受高等教育的是國民中的極少數，是社會的菁英，稱之爲「知識分子」。多數民眾的知識水準低，各方面都要受知識分子的領導。因此，知識分子中，胸懷救國救民大志挺身而出，「爲民先鋒」者有之；爲一己私利，因民愚而愚民者也有之。

未來的角色

在未來的社會中，教育的普及和通訊、資訊與傳播媒體的發達將使人人都成爲知識分子。因此，社會上「知識分子」不再是一種特殊階級。科技的進步使知識爆炸，也使社會分工日益精細。高等教育使人對自己行業中的知識有較深入的瞭解，但自己行業以外的知識浩瀚如海，知道的未必能比一般的民眾爲多。「學者專家」很可能由於對其專業領域的鑽研與投入，反而忽略對社會上其他問題的關注。各行各業各有其對社會的重要性，其間不再有領導與被領導的關係。

謹言慎行　為民作則

在目前的社會中，教育尚未非常普及，受過高等教育的仍是國民中的少數。一般民眾往往視知識分子爲其行爲的示範者，對「學者專家」所說的話深信而不疑。他們並不能體會到，在分工日益精細的社會中，所謂學者專家只有在其專長的領域中才是學者、才是專家。在這種情況之下，身爲知識分子實應萬分惶恐，隨時隨地都要謹言，要愼行。因爲我們講的話易於取得一般民眾的信任，所以對自己並非充分瞭解的問題不宜妄加揣測，輕下結論；也因爲我們的行爲往往爲一般民眾所效法，所以在一舉一動之前都須慮及對社會的影響與長期的後果。知識分子的社會責任是甚爲沉重的。

我們希望，隨著教育的普及和社會的進步，知識分子將會從這一惶恐的地位中解脫出來。因爲當人人都有知識的時候，知識分子在社會中的角色就不會像過去那麼特殊了。

七十九年元月刊於《國立成功大學校刊》第一五二期

上課

> 「如何把課教好」永遠是老師們最重要的責任；如何學到最多，學得最好，則永遠是學生最重要的責任，也是校務工作中的首要目標。

循序施教　適切合理

上課是老師們的第一要務，也是學生們的第一要務。

教學的目的當然是希望學生不但要學會，更要能融會貫通。因此，教材的選擇非常重要。若在質與量方面要求過高，學生接受不下，學得似懂非懂，便不如選用較適度的教材，先讓學生對基本的觀念能有透徹的瞭解，然後再向高深處求發展。做爲一位好的老師，對其所授的課程一定要有心得與經驗，課前也一定會做充分的準備；但在學生的心目中，誰是最好的老師，卻因學生素質與求學態度的不同而有所差別。

授業解惑　傳承經驗

有些學生在上課之前會把課本或參考資料先預習一遍，上課的時候他就不需要老師把他已經知道的內容一句一句地再講一遍，而是希望把一些不易理解的地方加以闡釋、回答一些他的問題，並且多講一些課本上找不到的、老師自己的心得與經驗。能做到以上幾點的就是這些求學態度最好的學生心目中的好老師。這樣的教學方式，除了使這些學生感到滿足之外，也有提昇學習熱度，使學生們更用功的作用，但也難免會使另外一些學生有跟不上的感覺。

然而大部分的學生都不見得能在課前把教材研讀一遍。他們往往希望老師上課時把教材中的資料從頭到尾講得很清楚。課本中一些不太好懂、自己花一些時間想一想本來也可以想得通的地方，都希望老師主動地交代得清楚明白。如果老師能整理出一份筆記，取代字數較多的課本就更好了。能做到以上幾點的往往就是這些學生心目中的好老師。但是這樣的教學過程中，學生這一方面是不是花的功夫太少了呢？

師生互動　教學相長

上課時，師生之間相互提出問題與討論，會使教學的效果提高很多。但學生一宗先要對課業的內容已經下了一些功夫，才可能提得出有意義的問題；老師也要能把教材做適度的取捨，才可能騰得出時間讓學生提出問題。學生年紀輕，讀書時難免有重視細節而忽略了要點的毛病，但當老師的萬不可如此。不能只把一個公式的導證細節向學生交代得很清楚，而忽略了告訴他們這公式所代表的意義何在。

經師人師　任重道遠

大學教授是社會上受人尊敬的行業。一位認眞負責的好老師，他所受到的學生們的尊敬是在其他行業中享受不到的。在課堂上對學生要求嚴格的老師，往往就是讓學生們在畢業了二十年、三十年之後還感謝與懷念的老師。

隨著社會與學校的進步與發展，我們的老師們所受到的在學術研究方面的工作要求與壓力愈來愈大，各種校內外的服務性的任務也日漸增多。這些研究與服務的工作，往往能在不太長的時間內產生看得出來的成果。而「上課」是一項百年樹人的良心工作，其成果是在短期內看不到也量不出來的。**但「如何把課教好」，永遠是老師們最重要的責任。**

學生們的課外活動也是大學教育中非常重要的一部分。學生關心國家與社會上的事務也是健康的現象。**但如何在課堂上學到最多、學得最好，永遠是學生們最重要的責任，也是校務工作中的首要目標。**

七十九年四月刊於《國立成功大學校刊》第一五三期

教育與國家建設

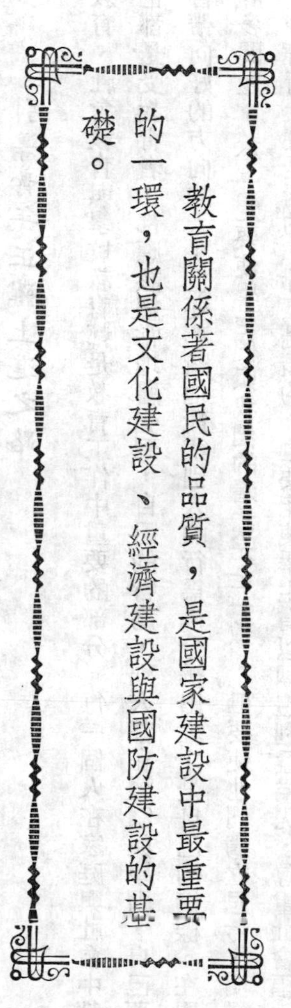

教育關係著國民的品質，是國家建設中最重要的一環，也是文化建設、經濟建設與國防建設的基礎。

提振國民道德

有人說我們的教育是成功的；因爲我們在天然資源與能源仰賴進口、土地與國內市場都很狹小的條件下，靠著優秀、勤勞、有紀律的人力資源，發展成了一個經濟與外貿的大國。但是，也有人說我們的教育是失敗的；因爲隨著社會的富裕與繁榮，國民趨於追求私利和享受，道德規範漸遭破壞，形成國家發展前途中的隱憂。培育國家建設工作的人才是教育工作者的責任。但國家的建設工作必須在一個安定、團結、祥和的社會環境中才能完成；而社會的秩序取決於全體國民的道德品質。如何使全體國民的道德品質持續不墜，也是教育工作者的責任。

引導青年正確上進之路

家庭教育、社會教育與學校教育都是教育工作中重要的部分。每一個人在家庭與社會中都是教育者，也都是受教育者；都應該經常地警覺到，自己的行爲，別人都在觀察與學習，自己要做一個把社會帶向好的方向的人；也要不斷地觀察別人的行爲，分辨出誰才是自己的榜樣。在學校裏，對於許多問題，不一定要使學生們與我們的看法完全一致，但要使他們獨立思考、明辨是非、善惡，分得清什麼是對的、什麼是錯的。也要能使學生有以團體利益爲先、尊重社會福祉與他人權益的觀念。年輕人都是願意求上進的，他們也需要知道那些才是正確的上進之路。

誘發青年的敬業熱忱和創造能力

年輕人爲了功利的目標而求上進，雖然沒有什麼不對；但若能培養出對其所選擇的行業衷心的愛好與以此行業服務大眾的熱忱則更佳。在學校裏，應該用鼓勵和誘導的方式來培養學生學習的興趣、好奇心與創造力，而不是用強迫的方法逼他們用功。如何使學生充分理解課業的內容，要比學會快速地寫出問題的答案更爲重要。對一些問題能有自己的見解，也比記住標準答案更爲重要。對一個問題能提出自己的見解之前，需要研讀許多有關的資料，需要縝密的思考，比記憶一些別人設定的教條要困難得多。要學做詩人，並無捷徑，先要下功夫熟讀唐詩三百首；但評量詩人的功力，不能用默寫、填空等方法，看他把三百首詩背得多熟，而是要看他自己的作品的意境的高下。

現代的兒童擁有許多複雜的玩具，各有其被玩具設計者所設定的玩法；以前的兒童，只有泥巴，如何玩要自己想辦法。何者更能培養兒童的創造力呢？現在的研究室中擁有許多現代化的儀器，我們要使學生瞭解其功能與原理之後，做儀器的主人，用它來解決自己想要解決的問題；而不是被儀器的功能導引著自己的思考和工作計畫的方向。

過去，我們的教育工作有其成功的一面，需要改進的地方也很多。**教育關係著國民的品質，是國家建設中最重要的一環，也是文化建設、經濟建設與國防建設的基礎。**教育工作者的責任是很重大的。

七十九年十月刊於《國立成功大學校刊》第一五四、一五五期

讀書有用

使學生們把書讀得實在，是大學的第一要務。

學習做人做事

在大學裏，老師們的首要任務是教學，學生們的首要任務是讀書；**使學生們把書讀得實在，是大學的第一要務**。從書中可以學到如何做人，從書中可以學到如何做事，書可以使人生更爲充實。讀書是有用的。

提高事業起步點

書中的資料是經過有系統地整理過的前人的知識的倉庫與經驗的累積。我們讀書，便可以輕易地把這些知識與經驗據爲己有，而不必一一從親身體驗中去學習。有人說，許多前輩學者偉大如巨人，但我們卻站在這些巨人的肩上。也就是說，我們可以藉著讀書，先將這些前輩學者已有的成就轉化爲自己的知識，再進而創造自己的工作成果。自己的成就雖然不一定很大，但因爲立足點高了，所能達到的高度自然也會更高。讀書，有提高自己事業起步點的作用。

正確地讀書

有人說：「讀書無用」。讀書是不會無用的。當然，在過分不正常的社會中，讀書很可能眞的無用；但過分不正常的社會應是暫時的、不會持久的。在正常的社會中感到讀書不是很有用的人，也許是在讀書的目的、讀書的方法，或是對書的取捨上有些偏差的緣故。

有人爲興趣而讀書，有人爲「學以致用」而讀書，有人爲功利而讀書，也有人是被逼著不得不讀書。人都會有些惰性的，一些外來的壓力就是進步的原動力。但若對自己所選擇的領域深感興趣，則學習的效果必然很高；否則雖有功利與致用的目標爲餌，仍將痛苦不堪，也難有好的成就。但若純爲興趣而讀書，毫無實用的目標，所學也難落實，也不易有具體的成就。能在興趣與致用之間選取一個最健康的位置的，才是讀書最有用的人。

透徹理解　應用所學

讀書不能只重記憶，透徹地理解更爲重要。要能將書中所學印證在實際人生中的事物上，也要能在自己所學的領域中有所創見。有人讀書精而不博，有人則博而不精。若能在自己專長的領域中求精求深入，在相關的領域中求廣求博，則所讀的書將更爲有用。

在現代的社會中，我們不可再有「唯有讀書高」的觀念。而是各行各業皆平等、各行各業都要讀書。大學是最理想的讀書環境，上大學的時期更是多讀書、專心讀書的黃金時段，盼同學們好自珍惜。

八十年元月刊於《國立成功大學校刊》第一五六期

補救中學教育的缺失

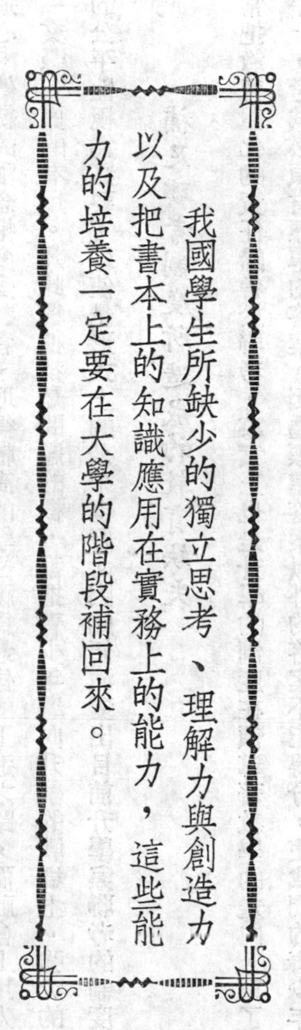

我國學生所缺少的獨立思考、理解力與創造力以及把書本上的知識應用在實務上的能力，這些能力的培養一定要在大學的階段補回來。

培養思考理解與創造力

常有人說，在我們的教育制度下，培養出來的青年只長於記憶，欠缺思考、理解與創造的能力。與美國相較，在他們的制度下，天資優異的學生不會被埋沒，能够充分發揮其所長；而我們的制度則使每一個青少年，不管資質的高下，都只能受到一定程度的訓練。就整體的教育效果而言，兩者之間恐怕要由國民的平均生產力或是生產力成長的速率等的指標來衡量，才能分出高下。但是我們的制度有前述的一些缺點，確是事實。

我們生活在一個土地狹小、人口稠密的環境裏。因爲人與人之間的競爭激烈，使青少年都有很強的上進心。傳統的觀念把多受教育、取得較高的學位視爲最佳的上進之路，而社會上用人的制度又使「文憑」眞的有用。凡此種種都是問題的根，都把青少年導向升學的戰場上。強大的壓力使競爭的公平性極爲必要，即使是形式上的公平也好。因此便演變出目前升學與聯考的制度。

補足聯考制度所造成的教育缺失

我們常把教育僵化的責任歸咎於聯考，事實上也是升學的制度在領導著教學的走向。爲了絕對的「公平」，考試必須有標準的答案。因爲標準答案以外的答案不能得分，使我們的青少年在求學期間沒有養成求理解、獨立思考與創造的習慣。當他們發覺某一些「標準答案」不一定眞的正確的時候，只能夠盲目地去接受另外的一套「標準答案」。

爲了解決教育僵化的問題，我們可以由修正聯考的制度、改進教材與教學的方法、提昇師資的素質、擴大升學的管道等方面著手；但這些都難以消除問題的根。

學生進了大學之後，不需要再參加聯考了。我們大學的老師和同學們都應該瞭解，與別國相比，我們的大學生的長處在那裏，缺少的是什麼。長處與優點不能隨便放棄；而所缺少的——獨立思考、理解力與創造力，以及把書本上的知識應用在實務上的能力——這些能力的培養一定要在大學的階段補回來。

八十年四月刊於《國立成功大學校刊》第一五七期

何以自處

在這多變的大時代中，我們更要做好自己的崗位工作，並且在行爲舉止上扮演示範者的角色。

全速前進　改革進步

民國六十七年，我應邀到美國一個學校擔任客座教授。年底回國前，幾位中國教授爲我餞行，在其中一位的家中餐聚。飯後看電視新聞，赫然出現卡特總統宣佈中美斷交的鏡頭。有一位便問：「你即將回國，並且接任系主任兼職，將如何自處？」我的回答是：「帶著學生讀書。」最近這一年多以來世局大變，柏林圍牆拆了，俄國也反共了……。在這風起雲湧的時代中，我們也該自問：「何以自處？」

我們的國家也好、學校也好，都像大海中的一條船。我們這條船的噸位比不上一艘航空母艦，颱風再大也不會威脅到它的安全。它也並非輕如落葉，只能隨波逐流，無法有自己的方向。我們這條船要全速前進，走向改革與進步。

操持堅定　各盡所能

只要舵掌得穩，風浪應該不會影響前進的方向。但在風浪大時，穩定變得相當重要；需要有更多的壓艙石，把船的重心降低，以增加它的穩定度。船上的每一個成員各有其崗位，把崗位上的任務做好，應該是風浪中船員的最佳態度。若是有太多的船員在風雨中的甲板上東奔西跑，這船的安全就值得憂慮了。

盡職守分　為民榜樣

在這樣一個迅速變遷的大環境中，別人都進步得很快。我們若不加速前進，就會落後。近年來，我們的國家也好，我們的學校也好，軟體的建設都落在硬體之後。如何建立一個有制度、有秩序，富而好禮的社會，使國民過高品味高格調的生活，應是當前的急務。這些，當然應該從大學裏做起；因爲我們的言行、衣著、舉止在社會中都有示範性的作用。

因此，我的建議是，**在這多變的大時代中，我們更要做好自己的崗位工作，並且在行爲舉止上，扮演示範者的角色。**

八十年八月刊於《國立成功大學校刊》第一五八期

一流的大學

教育是立國之本，為了使國家走向富強康樂，必須在教育工作的各層次、各方面都力求完美。

一流大學的條件

近來有一個話題：「怎樣才是一個一流的大學？」世界上的大學是不可能像職業網球選手一樣列成一個排行榜的。因為每個學校各有其特色、歷史的背景與發展上的限制，很難相互比較。

就以美國的學校爲例：有的在人文方面享有盛名，如耶魯大學；有的在科技方面實力雄厚，如麻省理工學院；有的規模小而精緻，如加州理工學院；有的院系齊全、學生人數眾多，如加州大學柏克萊分校。這些都是已發展定型的好學校。在科技方面發展得好的，並不會忽視校內人文與藝術的氣氛以及學生的文藝素養的培育；反之亦然。許多辦得很成功的州立大學，因爲社會的需求使大學部學生人數眾多；但並不會因爲量的龐大而降低了教育的品質，也不會影響到研究所的發展和高層次的學術研究。

力求各方面的完美

最近美國的《新聞週刊》有一篇世界各國教育情況比較的報導：有的國家語文教育做得最好，有的數學教得最好，有的國民教育辦得最好，有的大學教育辦得最好……而美國則是研究所教育辦得最具成效。這些國家因爲教育辦得較爲成功，所以其他各方面也發展得健康正常。**教育是立國之本，爲了使國家走向富強康樂，必須在教育工作的各層次、各方面都力求完美。**

師生與環境相得益彰

怎樣才是一所一流的大學？優美的校園、寬敞的房舍、充裕的經費、新穎充實的圖書、儀器、設備……都很重要，但並不是最重要的。最重要的是：好老師、好學生，和校園裏的學術氣氛。一所最好的大學中，要有很高的求知欲與好奇心、並且專心向學的學生，要有畢生致力於追求淵博的學問，並且能傳道、授業、解惑的老師。好的學術環境有賴於校務行政制度的完美化。有了完美的制度與行政支援，才能使師生的教學與研究活動達到最高的效果。

成功大學在未來的發展上唯一的限制在於校本部的土地面積，今後可能增購的校地已經不多了。但是，一個大學是不是一流的好大學，在於質而不在於量。教學與研究品質的提昇以及校務行政的完美化，應是我們追求的方向。

八十一年元月刊於《國立成功大學校刊》第一五九、一六〇期

校務發展的目標

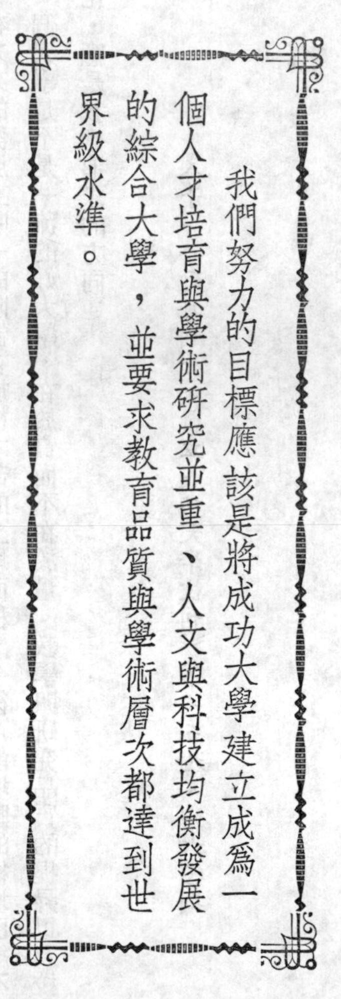
我們努力的目標應該是將成功大學建立成爲一個人才培育與學術研究並重、人文與科技均衡發展的綜合大學，並要求教育品質與學術層次都達到世界級水準。

發展為世界上一流的大學

近來我們在擬定校務發展計畫的時候，難免要思考一個問題：成功大學的長程發展目標是什麼？世界上有許多百餘年歷史發展已經定型的學校，其中有的重視教學，有的偏重高深學術的研究，有的規模小而精緻，有的學生人數眾多提供青年充分就學的機會。這些學校在學術層次與教學品質上雖有差別，但在社會上卻各扮演著重要性難分高下的不同的角色。成功大學日前已是一所頗為完善的綜合性大學，但六十一年的歷史對一個大學來說應該還算是相當年輕，我們仍有成長與進步的空間與可塑性。今後的二三十年是成功大學由成長期進入定型期的關鍵性時段。問題是：我們最終的目標是希望發展成為那一類型的學校？

我們努力的目標應該是將成功大學建立成為一個人才培育與學術研究並重、人文與科技均衡發展的綜合大學；並要求教育品質與學術層次都達到世界級水準。由已有的基礎與資源看，我們的確擁有達成此一目標的條件。但在今後二三十年的成長與進步的過程中，必須把握得住幾個要點，才不致使成功大學只能成為一個世界上的二流學校：

教學與研究並進

在快速發展的社會中，大學教授們可提供的服務非常多。我們要能引導本校年輕的學者們選做其中難度與學術層次較高的，而非重複性的做起來遊刃有餘的工作。否則自己的學術前途將非常有限，對學校的發展也會產生負面的影響。

我們一方面要改進學術環境，使青年學者有機會成長為學術界的大師；但另一方面也不能使老師們因為致力於研究而忽略了教學的工作，尤其是大學部的教學工作。因為畢業生的素質也是社會所要驗收的重點之一。

妥善規劃　百尺竿頭

因爲校地位居市區範圍內，空間有限；爲了維持較高的校園生活的品質，本校在學生人數的成長上應有一適當的上限。因此，對新系所成立的取捨，必須愼加考量。

校務的規劃與發展的過程中要能善加利用既有的基礎與優良傳統。工學院的實力、學域間互助合作的精神以及踏實的校風，都是我們向高學術層次發展的有利條件。

世界上有一些學術基礎與實力非常雄厚的大學，我們要拿這些學校作爲與之相比的對象才會加速進步的腳步。世界上也有許多水準「相當好」的大學，如果我們與其相較之下有了「我們也不錯」的自滿之感，對我們的進步將是甚爲不利的。

八十一年四月刊於《國立成功大學校刊》第一六一期

國家建設與人才培育

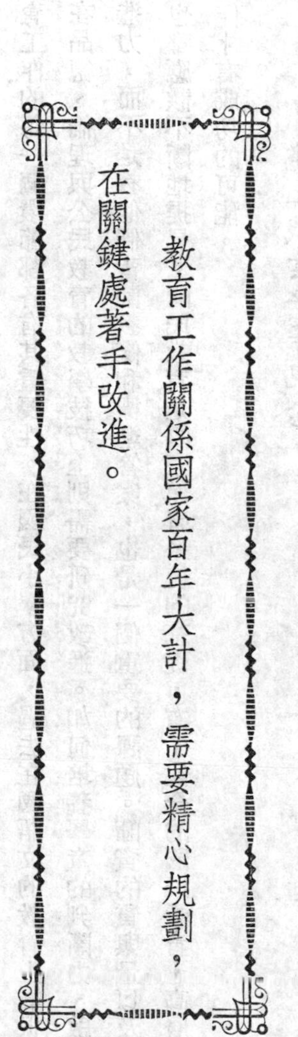

教育工作關係國家百年大計，需要精心規劃，在關鍵處著手改進。

暑假期間，我們有一百多萬青少年分別在國小、國中、高中、高職、專科、大學以及碩士班、博士班畢業，面臨升學與就業的抉擇，聯考和求職的壓力；再加上家長與親友們的關心與期望，使本已炎熱的暑期又提高了不少的溫度。在這個季節裏，大家難免會對我們的教育和人才培育的問題多加思考。

用教育的手段解決社會問題

教育是立國之本。由於過去教育工作的成功，培育出許多可用的人才，才有今天國家建設的成果。目前社會上的許多問題，往往歸咎於教育的失敗，也要用教育的手段才能從根本上加以解決。

教育工作的每一個環節都各有其重要性。在國民小學方面，過去在國語文的教育上有很好的成果，在品德、倫理與公民教育的教學技巧上則需要研究改進。如何培養學童的判斷力、啟發他們的創造力，而不是教他們背誦教條和標準答案，也是一個重要的課題。師資的質與量以及預算的額度也都應該不斷地提昇。國民教育是國家教育系統的基礎，有了健全的國民教育，高層次的教育工作才有成功的可能。

建立職業平等觀念

我們的子弟一進入國民中學就開始面臨聯考的壓力與升學的抉擇。如何改進聯考和升學的制度，來使中等教育趨向正常化，成了當前教育工作者的重要課題。社會上一方面要求升學與聯考的絕對公平，又把教育的難以正常化歸咎於這些制度的僵化。我們要瞭解問題的根並不在於升學和聯考。「文憑主義」的存在是由於我們用人與升遷的制度使文憑很有用。青年們都湧向大學的窄門是因爲我們沒有爲他們打開其他上進的路，是因爲社會上的觀念不認爲另有更好的上進的路。因此，打開這一個當前教育問題的困境的有效途徑應該是：一方面以教育的手段，建立職業平等、各行各業無分高下的觀念。

另一方面要在制度上打開社會青年各種上進的管道，使選擇就業不繼續升學的各級學校的畢業生，只要能專心致力於其本位的工作，就可以活得有尊嚴、有希望、也有前途。在現有的教育系統和考試制度之外，建立各行各業的證照制度，是當前一件亟待進行的工作。

落實職業教育

社會上的人力架構有如金字塔，占絕大多數的基層工作者的素質是「國力」的一項重要指標。因此，在國民中學裏，那些不打算升學而選擇就業的學生們應該受到更多的重視，使他們在學期間能打下日後在工作中求上進的基礎。職業學校裏的老師們的專業知識與實務經驗非常重要，課程的規劃也應該注意其在實用上的前瞻性。希望在近期，在一般大學裏可以開授教育學分，以便使一些學有專長的大學畢業生可以到職業學校擔任教職。

把握人才內流時機　厚植高層人力

過去我們社會上有一種人才外流的現象，許多優秀的大學畢業生都選擇到國外深造，學成之後大多數仍留在國外。但是近來由於國內外政治經濟情況的變遷，願意回國的人數日漸增多，遠超過目前各大專院校以及研究單位的需求。現在，我們應該把握這一個人才內流的時機。在這些有高學位、學有專精的國人還沒有因為生活的關係放棄自己的專長，另謀出路（譬如開餐館）之前，在國內為他們開創充分的就業機會，使他們都能回來參加國家建設的工作。這也是一件當前應該加以重視和注意的問題。在公民營企業機構聘請具有博士學位的人員的意願和需求還不是很高的時候，鼓勵在各大學和研究機構增聘博士後研究人員，應是一個可行的辦法。

教育工作關係國家百年大計，需要精心規劃，在關鍵處著手改進。希望在今後一年中的許多進步的措施，能使明年的暑期過得較為涼快。

八十一年七月刊於《國立成功大學校刊》第一六二期

起飛的鶴

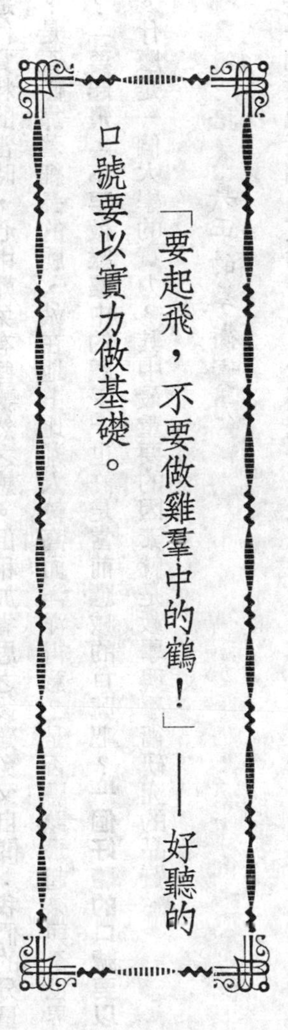
「要起飛，不要做雞羣中的鶴！」——好聽的
口號要以實力做基礎。

要起飛　不要做雞羣中的鶴

日前看到一份大陸上的統計資料，在其中的一個表中列出一九九〇年臺灣與大陸上被《科學引證索引》收錄論文最多的各十所大學，在另一個表中列出被《工程索引》收錄論文最多的各十

一所大學。國立成功大學在前述第一個表中排在臺灣及大陸各校中的第三，在另一個表中則居於榜首。在說明中有這樣一段文字：「……臺灣的四所明星大學比大陸最好的大學在國際上更引人注目。但大陸有眾多的大學有朝一日可能獲得明星的地位，而臺灣的四所名牌大學彷彿鶴立雞羣，其他大學很難達到鶴的高度。」

看到這件資料的當時，心中難免有些飄然之感。但稍加省思之後難免又自問：我們的分量到底有多大？是否僅靠著細長的腿、站在地上比鄰人較高而洋洋得意？是否應該飛起來與全世界的鳥類比高？**「要起飛，不要做雞羣中的鶴！」**也許是當前應喊的口號吧？**一個好聽的口號要以實力做基礎**。什麼是一個大學的實力？其中最重要的因素就是教學與學術研究的品質。

培養真正的學術實力

現在是一個重視產品品質的時代。什麼是一個大學的產品？就是教學與研究的成果。我們不要求老師們開太多的課，但希望把授課的內容精緻化。包括：課前的規劃與準備、作業的批改、實驗與實習的督導、確實的考試等等。學生們的眼是雪亮的，他們分辨得出誰最認眞敬業。我們希望每一位老師都是被畢業多年的校友們所尊敬與懷念的好老師。統計數字告訴我們，有些院系的教授們在國際學術性的期刊中發表的著作已經相當多了，現在到了更加重視作品品質的時候。在研究的成果中有多少獨特的創見？開拓了多少人類的新知？是否可付諸實用？有持續性價值，經得起時間考驗的研究成果，才是我們眞正的學術實力。

掌握方向，飛得高 看得遠

在世界上的許多高度開發的國家中，到了經濟情況較爲困難的時候，教育與科研工作往往變得重視近程的實利與應用；經濟情況好轉社會繁榮的時候，就會轉向重視學術眞理的探求。美國人因見到日本人在經濟上的成就而把自己調向實用；而日本人卻因爲羡慕美國人在學術上的諸多創新發明而更爲重視學術的新知。消消長長，我們何所適從？一位教授也好，一個學校也好，或是國家的教育與科研政策也好，都不能總是跟在別人的後面。要飛得高些，看得遠些，把握住自己所愼重選定的方向。

八十一年十月刊於《國立成功大學校刊》第一六三期

國際合作

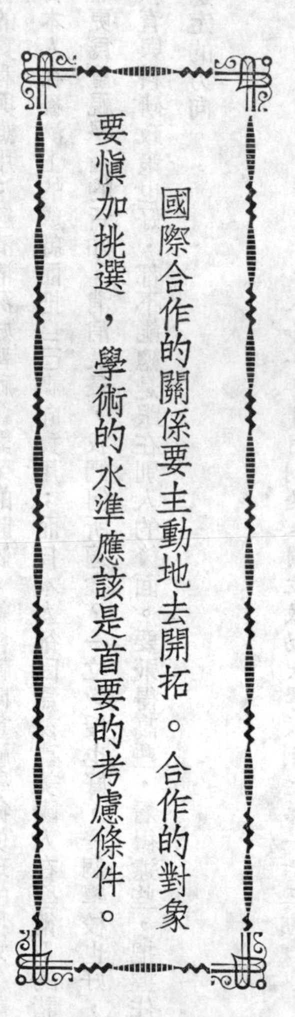

國際合作的關係要主動地去開拓。合作的對象要愼加挑選，學術的水準應該是首要的考慮條件。

發展成真正國際性的大學

近年來，隨著大環境的進步與發展，我們的學校成長得也很快；在規模和教學、研究的素質上都有長足的進步，國際上的知名度日高，國外的許多大學都有與我們建立合作關係的意願。我們的國際合作的政策與努力的方向是什麼？也到了深加思考的時候。

我們的長程發展目標是成爲一個高學術水準的綜合性、國際性的大學。國際合作的事務也要配合此一理念來規劃。一個眞正國際性的大學，要能有一個合作關係的網佈滿全世界。這個網的每一根線都要靠教授與教授之間實質的合作關係與具體的合作行爲編織起來。這一個網，有培養我們的師生開擴胸襟與宏觀眼界的功能，也有使全世界的學術界對我們有正確的認識與瞭解的功能。

以學術實力為準　愼選合作對象

國際合作的關係要主動地去開拓。合作的對象要愼加挑選，學術的水準應該是首要的考慮條件。國際上的學術界在衡量我們的時候，當然應該以我們的學術實力爲標準，但難免也會以與我們有合作關係的學校的學術實力爲標準。過去我們推動國際合作的做法難免稍嫌被動。今後，希望能積極主動地、本著平等互惠的原則，設法去與適當的對象建立實質的合作關係。

世界上有許多學術實力雄厚且負有盛名的好學校，其治校的理念與運作的方式都值得我們借鏡與參考。但是，每個學校各有其不同的歷史背景與傳統，現有的資源與客觀的環境也有所不同。我們不能以任何一所名校做爲我們發展的樣板，而是要根據我們所擁有的各項條件，參照各校之所長，對我們校務的發展做最佳的規劃。每一個學校，在不同的時期，難免都會有一些困難需要去因應克服。目前，有一些國外的名校，因為國家經濟的衰退，學校財務發生困難，而有犧牲一些學術水準轉向商業化的趨勢；在另一些國家中，因為法令的關係，學校對學生入學的質與量沒有決定權，使得學校在教學工作上的許多應有的要求不易達成。我們的一些國立大學，在學術實力上都達到了國際的水準，開拓國際關係應該是校務工作中非常重要的一環；但對於報支出國的差旅費用方面，法令上的限制卻很嚴格，而間接削減了各校推動國際合作與交流的機會。各家雖然各有其難唸的經，但力爭上游應是每一所好學校共同努力的方向。

八十二年元月刊於《國立成功大學校刊》第一六四期

確保教育的品質

根據《天下》雜誌調查報導顯示，在企業界中最受歡迎的仍是成大的畢業生。

成大校友是企業界的最愛

最近在新聞媒體上常見到有關大學教育品質低落的報導，提醒我們深自檢討：本校的教育品質是否有低落的現象？**今年四月的《天下》雜誌報導了對一千大製造業，三百大服務業調查的**

結果顯示，在企業界中最受歡迎的仍是本校的畢業生。這篇報導確實提昇了社會人士對我們的信心，對全校師生、校友，甚至家長們都是一個令人鼓舞的好消息。這個遠超過第二名的絕對領先的地位使我們深感光榮也萬分惶恐，因爲這是過去若干年全校師生員工辛勤耕耘的成果。現在的我們的成績單，要在若干年後的統計資料中才會顯現出來。這時，我們更應深自檢討：本校目前的教育品質是否確是各大學中最好的？我們篤實的校風是否有滑落的現象？在教學工作上有沒有一些偷工減料或縮水的死角需要加以消除？

反省實踐落實教學成效

下面的幾個問題提請老師與同學們參考：

1. 我們一學年中實實在在上課的回數有多少？中間有沒有藉故停課或放假的情形？
2. 每學期開學的第一個星期是否就實實在在地上課？
3. 開授實驗課程的老師每次上實驗課是否都會到實驗室去講解或巡視？
4. 學生上課的出席率是否偏低？
5. 是否有要求較嚴的老師反而被習慣給高分的老師淘汰的現象？
6. 老師平均每星期大約花多少時間作課前的準備工作？
7. 學生平均每星期大約花多少時間自習與做作業？

8. 學生上課前對課程內容是否預習？上課時間是否能專心聽講？實驗與實習是否能認眞地做？

9. 作業相互抄襲和考試舞弊的現象是否嚴重？

10. 學生的作業，老師或助教有沒有認眞地批改？

老師們看了以上所列的這些問題之後，難免會有一種感覺：「我們是學有專精的大學教授，教育是良心事業，這些問題我們自會處理。大學校長不應該像個國中校長一樣還要費神管這些事，應該高瞻遠矚，多思考些辦學的大方向才是。」這種感覺也是對的。但這些都是學校裏基礎性的問題，若都能得到令人滿意的答案，學校才有向更高、更遠的方向發展的本錢。身爲校長多關心這些問題也是應該的。也盼望全校的同仁與同學共同關心這些問題，使多年後成功大學的畢業生仍然是企業界的「最愛」。

八十二年四月刊於《國立成功大學校刊》第一六五期

校務發展上的一些共識

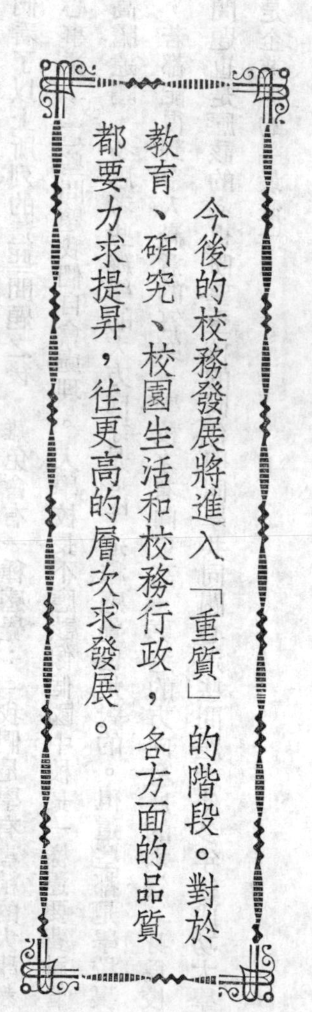

今後的校務發展將進入「重質」的階段。對於教育、研究、校園生活和校務行政，各方面的品質都要力求提昇，往更高的層次求發展。

進入重質的階段

由於歷年來全校師生員工的辛勤耕耘，成功大學已成長為一個具有穩固基礎的綜合性大學，我們教育與學術研究的成果和品質也得到社會上及國際學術界的肯定。在本校成長與發展的過程中有幾個關鍵性的點，包括三十七年前由工學院擴充爲大學以及文理與商學院的設立，和十年前醫學院的設立；今年暑期政治經濟學研究所的設立，使本校向法、政與社會科學的領域跨進了一大步；明年暑期我們預期可以成立藝術研究所，將使這個向以理工見長的大學中文藝的氣息更爲濃厚。

由於市區的發展，本校事實上已經成爲一所都市大學；在校區四鄰未來可能購得的校地已極爲有限，爲了維持師生校園生活的品質，在量的擴充上要採取非常審慎的態度。**今後的校務發展將進入「重質」的階段，對於教育、研究、校園生活和校務行政，各方面的品質都要力求提昇，往更高的層次求發展。**

落實通識教育

因爲本校理工學院的規模大，培養學生在人文、藝術方面的素養成爲我們的教育工作中非常重要的一部分。近年來，我們在這一方面做得相當用心，也有不錯的成果，今後仍應繼續加強。但是在培養人文系所的學生的科技常識方面，成果反而不甚理想，這是一個應該深加探討，力求改進的地方。

擬設教育研究所

技職教育中的高級職業學校是國家教育體系中非常重要的一個環節，而師資的素質是成敗的關鍵。成功大學也應該在這一方面貢獻一些力量。我們希望在不久的將來能够設立一個教育類科的研究所，對全校同學開授教育學分，使本校畢業生有機會取得在中等學校任教的資格。

籌設安南校區

在臺南市的安南區有約七十四公頃的土地已完成都市計畫的程序定爲本校的用地，初步預定先取得其中約三十公頃。有了這些校地，我們將可以設立一些規模較大的研究單位和服務性的單位。現有的一些占地較大的研究單位也可以遷移過去，使校地的利用更爲有效，校園景觀也可進一步地改善。在一個綜合性大學中，不同學域的師生間的交流、合作，與相互的學習與影響是校園生活中的一個重要部分；因此，現有的或未來將要成立的院、系、研究所等教學單位最好都能留在臺南市東區原有的校區內。

注意區域均衡

在南臺灣一校獨大是一個對本校的發展頗爲不利的現象。我們需要許多高學術水準與科技層次的鄰居的合作、交流以及良性的競爭。區域均衡、消除重北輕南的現象是政府既定的政策。我們希望在做一些重大的決策時不要忽略掉這一個正確的原則，也將把握每一個機會爭取各種高水準的機構到臺南地區來。

我們一方面要努力於繁榮鄰近地區的文化、學術與科技環境，一方面也不能忘記現在已是一個通訊與交通便利、天涯若比鄰的時代。要主動地成爲全世界的鄰居、合作者與競賽的伙伴。

八十二年八月刊於《國立成功大學校刊》第一六六期

大學教育的幾個癥結

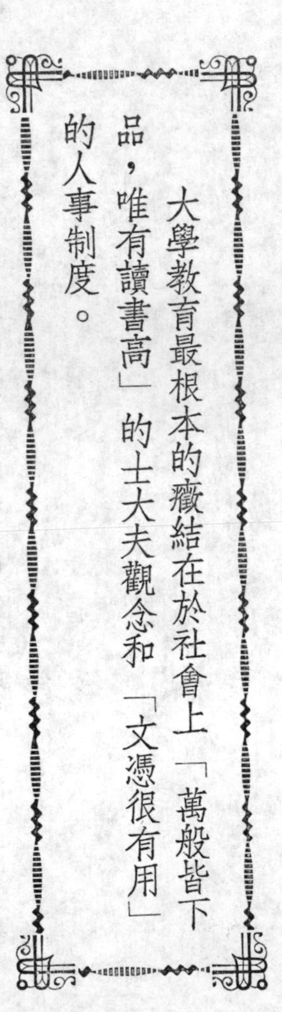

大學教育最根本的癥結在於社會上「萬般皆下品，唯有讀書高」的士大夫觀念和「文憑很有用」的人事制度。

建立正確觀念

如何把大學教育辦好，是國家的大事。目前，我們的大學教育有許多問題，有一些是根本性、癥結性的，另外許多是由於這些根本性問題所衍生而來的枝節性的結果與現象。癥結性的問題如果解決了，枝節性的現象會自然消失；但處理枝節性的問題較易下手，而癥結性的問題往往與大學教育以外的問題錯綜糾結，難以徹底解決。

一個最根本的癥結在於社會上「萬般皆下品，唯有讀書高」的士大夫觀念和「文憑很有用」的人事制度。這樣的觀念和制度，在一個教育普及、受教育機會均等的社會中，自然而然地造成受高等教育的機會粥少僧多，供不應求的現象。一個健康的社會猶如一座多面的金字塔。年輕人都是求上進的，升學和考試是這金字塔上的許多上進面中的一個；沿著這個面走上去有一條很好的上進之路，但不應該是唯一的上進之路。我們應該在觀念上和制度上，爲年輕人把這金字塔上的其他的面上的上進之路打開來。一個健康的社會也猶如一座金字塔，頂端小、底部大，廣大堅實的基層非常重要。我們要能在觀念上和制度上使人才能夠舒適地、尊嚴地留在基層。在這金字塔的每一個位置上，頂端、中間或基層，都能找到成功的人生，也都能孕育出在工作上有高度成就感、「做大事」的人物。

適度行政自主的需求

國立大學的經費大部分來自政府的預算，但與其他政府機關在性質上截然不同，我們不應該把一般政府機關行政運作的制度一成不變地拿到大學裏來用。目前國內演變的趨勢似乎是爲了防弊而使政府機關的運作日益嚴謹化、制衡的關係日益錯綜複雜。這在現階段也許是一個好的現象；但把一套適用於一般政府機關的彈性甚小的行政制度硬加到國立大學中來，自會嚴重抑制了學校的成長與進步。近年來，我們的幾所國立大學的進步確實相當快，在學術水準上與國外的好學校相比已不遜色。學術水準愈高的學校，例行業務以外的活動愈多，對行政彈性的需求也愈大。現在在發展較爲領先的幾所國立大學中，要求學術自由的時期似已過去，對適度行政自主的需求是當前所面臨的一項重要的問題。

私立大學的設限宜放寬

我們的私立大學所培養的學生的人數超過國立大學，但其進步與發展受限於以下兩個觀念。一個是，我們似乎把大學教育也看成了義務教育的一部分。目前我們的義務教育是九年，正在考慮與規劃延長爲十二年。大學教育並不是義務教育而應是菁英教育，在私立大學的教育中更不應注入義務教育的觀念。另一個是品質保證的觀念。認爲把私立大學教育的品質維持在一定的水準之上是政府的職責。因此而制定的法令與規章，使劣者難以因過分劣化而被自然淘汰；同時也限制了優者進步與發展的自由度，而難以成爲國際水準的名校。

突破發展瓶頸

過去我們的經濟成長被國際社會視爲奇蹟，大學裏的學術水準與經濟的成長同步提昇互動，也可以說是奇蹟中的一環。現在，大學教育的發展和經濟發展一樣，也到了一個階段性的極限，是需要深加思考，在觀念上和制度上求突破的時候。一些根本的癥結，有的要耐心地去解開，有的也許可以小心謹慎地用快刀切開。

八十二年十月刊於《國立成功大學校刊》第一六七期

談校長的遴選

純潔無私的心如同一張白紙，是藝術作品的基礎和起點；上面若已先受汚染，雖有過人的才華，也難成佳作精品。

以全校發展為著眼

本校的校長遴選辦法已經校務會議議定，下一任校長遴選的工作也已展開；身爲現任校長，應該到了談談自己的看法的時候。

在我們的遴選辦法中列了十項候選人須具備的條件。其中一部分是比較具體的要求：如曾任教授五年以上、有三年以上教育或學術行政經驗、須放棄他國國籍及政、黨與宗教兼職等，都不難查證，也極易達成。另外的一些較抽象的條件才是需要靠全校的同仁們，尤其是遴選委員們的眼光和智慧加以分辨、判斷與選擇的。遴選委員雖然是由各單位所推舉產生的，但在身負重任的情況下，自應爲全校整體的發展前途竭智盡慮，而不宜只以某一單位的利益爲思考的前提。民主制度是很公平的，不論是直接或間接的方式，運作的結果必能反映全體成員的水準。我對本校的同仁們深具信心：下個學年成功大學必定會有一位非常適任的校長。

純潔無私的心

我們往往希望：一位理想的校長應該高瞻遠矚，有前瞻性的眼光與理念，能掌握正確的校務發展的大方向；也要精明幹練，能有效地處理學校內外的各項事務。如此的企望是對的。但是，一個人的才智、能力畢竟有限，有開闊的胸襟以接納他人的意見，和取得同仁們的信任與合作來共同爲校務貢獻心力的素質也非常重要。此外，也要有一顆純潔無私的心和旺盛的鬥志。**純潔無私的心如同一張白紙，是藝術作品的基礎和起點；上面若已先受污染，雖有過人的才華，也難成佳作精品。**學校的成長與進步要有方向也要有路，而路是要從荊棘中開闢出來的；過程之中多的是艱苦、挫折與失敗。擔任校長的要有知人之明，能夠找出許多心地和他一樣純淨、鬥志和他一樣高昂的伙伴組成一個工程隊；也要在這羣百折不撓的開路英雄中，擔任同甘共苦的隊長的角色。

借重他校經驗

過去的兩三年中，國內有好幾所大學完成了校長遴選的工作。我們檢討了他們的辦法以及遴選的過程和結果，也研究了國內外各種不同的制度之後，才議定了本校的辦法。這應該是一份相當成熟的遴選辦法。深盼全校各單位愼重辦理推選遴選委員的工作；全體同仁能摒棄個人與小團體的利益，爲全校整體的前途共同貢獻智慧，推舉最公正的遴選委員，也推薦最適當的校長候選人。這將是成功大學發展史上的一次非常成功的校長遴選。

八十三年二月刊於《國立成功大學校刊》第一六八期

談學校財務與今後的發展

大學不是象牙塔，教學與研究工作都要與社會的需求相結合。

掌握正確的大方向

政治的民主化有許許多多的優點，但也有其負面的影響。選民們所關心的往往是立即與直接的利益，諸如社會福利、減稅等，被犧牲的難免是國家長程的利益與發展的理想，國立大學便是其中之一。在政府財務拮据的時期此種現象尤其顯著。目前美國的情況也是如此。在此等情況下，許多國立大學仍要繼續不斷地成長與進步，其成敗端賴是否能掌握正確的發展大方向。

教學研究切合社會需求

大學的使命是培育人才和研究學術。因此，在任何情況下都要力求教學品質和研究工作的學術層次的提升。**大學不是象牙塔，教學與研究的工作都要與社會的需求相結合。**但是，我們不能一味地追在社會需求的後面，而是要試圖領導在前面。大學裏人才培育的工作要與社會的需求相接合，但不能演變成爲企業界或政府機構的人才培訓單位；大學裏的研究工作也要能與社會的需求相接合，但也不應取代企業界或政府機構的附屬研究發展單位。一所大學，或是一位教授，本身在社會中定位之拿捏甚爲不易，但極爲重要。

開闢財源 彈性有效運用經費

學校的成長與進步，充裕的經費永遠是一個重要的因素。在政府財務支援趣向萎縮的情況下，開闢財源將是校務工作中的一個重要部分。健康的建教合作不但能強化學校的財務和學術實力，與教學和研究工作也是相輔相成的：使教授們的教學工作中融入更多的實務經驗，也使得學術研究工作的成果有更多的應用價值。但是，建教合作要有選擇性，要扮演大學在社會中所應扮演的角色，多做只有在大學裏才做得到的事，多爲社會解決難題和從事先導性的研究，不能接受對強化學校學術實力毫無助益的工作；不能把大學裏的研究室變成企業界的檢驗室，從事經常性重覆性的工作；也不能爲了生財，使教授們擔任學術層次低的工作而對教學或學術研究造成傷害。

提到開闢財源，難免就會想到對外的募款工作，這是各大學都要積極推動的事。但在目前國內的社會風氣和政府的法規下，我們預期募款所得只能滿足學校經費需求的一小部分。各公民營機構所委辦的各項建教合作計畫的總金額雖然較大，但能運用於支援學校發展的也只是盈餘和提成款中的一部分。

在財務緊縮的情況下，如何使經費彈性而有效的運用變得更爲重要。目前，各國立大學仍是處在政府龐大的財務體系之中。許多制衡與監督的制度確有防止壞人做壞事的作用，但大學與一般政府機構有很大的差異，非例行性的事務多，因而在經費的運用上也需要較大的自由度。依據新頒佈的大學法給予較大的財務和人事的自主權，對各國立大學未來的發展至爲重要。教育部已經在朝此一方向努力中。本校爲了避免建教合作經費占據預算的額度，以及會計年度結束時保留剩餘款的困難，成立了一個財團法人基金會，希望藉著這個基金會，在政府制度未加改善前，在零流弊的條件下，能使建教合作經費的運用多一些彈性，以達到支援學校發展的目的。

暫緩量的擴充　致力質的提昇

過去的幾年，政府的財務較爲寬裕，我們的學校在新系所的設立、房舍的增建、土地的購置等方面都成長得相當快。爲了校務的有效運作和在有限的校地上保持校園生活的品質，學校的規模實不宜過大，在量的擴充上本應愼加選擇規劃。學校成長到目前的階段，不論政府的財務狀況如何，也到了把量的擴充暫緩一緩，把已經得到的好好地消化消化，致力於教學、研究和行政品質繼續提昇的時候。目前政府的財務較爲拮据，學校在量的擴充方面更應精挑細選。這對校務的長程發展未嘗不是一件好事。看過樹木的年輪嗎？寬而鬆的環是在日光雨水充沛的夏天成長的部分，緻密堅實的是冬天成長的部分。不經多次的寒冬怎能成爲參天大樹！

八十三年五月刊於《國立成功大學校刊》第一六九期

立足現在　展望未來

——對今後校務的希望

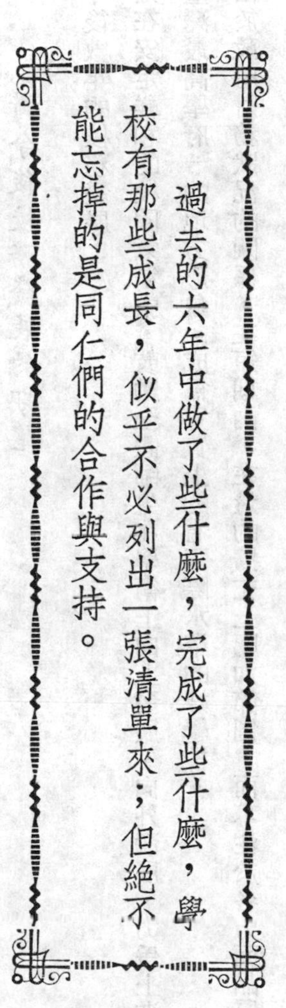

過去的六年中做了些什麼，完成了些什麼，學校有那些成長，似乎不必列出一張清單來；但絕不能忘掉的是同仁們的合作與支持。

同心同力　共創昌隆校運

這是我的最後一篇「校長的話」，在此預祝吳校長鴻圖大展、學校校運昌隆。相信在全校同仁的支持之下，知人善任的吳校長一定會找到許多志同道合、有理想、也願奉獻心力的同仁與他分擔校務工作；共同爲創造良好的校園環境、提昇教學與研究品質和行政效率，以及增進全校師生員工的福祉而努力。

對今後校務發展的期望

希望今後數年的校務發展：

一、是在安定祥和的校園氣氛中，鼓勵全體師生在學術上向上發展、向外發展、力爭上游；擺脫「南臺灣最高學府」的地方形象，成爲實質上的有國際水準的好學校。

二、由於政府財務狀況的關係，在短期內，在量的擴充上應加節制，而專注於各方面品質的提昇。

三、是配合新大學法，重新檢討修訂各種辦法規章，使校務運作制度化步入成熟期。

以具體做法提昇教學和研究的品質

教務工作是大學校務中的首要任務，要能不斷地以各種具體的做法來提昇教學和研究的品質。在課程的規劃方面：要能站在爲國家辦教育、爲學生著想的立場思考問題，而不是爲了配合教授的專長或需求來規劃課程；要重視基礎性和通識教育課程；要能有系統地規劃選修課程；對畢業學分的要求不必過高，而是要把每一門課都教得實實在在；也要積極推動雙主修、輔系，以及各種學程（例如教育學程）的制度。

爲了提昇教學工作的品質，要不斷地研究改進教學評鑑制度；制定對教學優良教師的各種獎勵辦法；許多基礎性的課程選課學生人數衆多，可以擴大推行大班上課的制度。

加強合作　提昇學術研究品質

本校教授們學術研究的成果，在量的方面已經相當不錯，應該是到了可以強調品質的時候。我們要重視所發表的作品在學術上的持續性價值或是在實務上的應用價值。我們要把一些年輕教授培養成爲國際知名的大師級的學者，惟有能產生高品質作品的才有機會達到此等境界。我們要鼓勵學術合作與交流，包括系際、院際、校際和國際的合作。開拓合作與交流當然有助於學術實力的強化——但也需要以學術實力爲基礎，二者之間是相輔相成的。而學術實力是要一點一滴、經年累月地建立起來的。

重視教育性任務　培養學生高雅的氣質

在新的大學法中把原來的訓導處改爲學生事務處，這象徵著大學裏有關學生事務方面的工作趨向於服務性，例如膳宿等生活上的問題、課外活動，以及身心衛生保健等方面的輔導與服務。

但是，學生到學校來，不只是吸收知識，也是爲受教育而來的。在學生事務工作上要重視教育性任務的重要性，要設法提供一個培養學生高雅的氣質、熱心服務與以愛心待人的校園環境；也要培養學生獨立思考、明辨是非善惡的能力。我們不需要告訴他們什麼是對的、什麼是錯的；而是希望他們有能力自己去判斷什麼是對的、什麼是錯的。

行政制度化、電腦化

學校的規模愈來愈大，行政方面的工作，包括總務、會計、人事等等，也愈來愈繁複；但我們仍然要追求完美、追求零失誤。爲了解決行政人員不足的問題，惟有制度化與電腦化以提高工作效率。藉著這次修訂本校組織規程的機會，可以多爭取高位階職技人員的名額，以開拓同仁們升遷的管道。校務工作是大家的事，要能使大家忙得高興，共享成就的滋味才好。

開源節流　撙節財務

解決學校財務的問題當然是一方面要節流，一方面要開源。在經費與資源的運用上要精打細算以減少浪費，學校規模的擴充也要適度地節制。多從事建教合作計畫可以爲學校開拓一些財源；但不能爲了開拓財源而犧牲學術水準。從事一些服務性的工作也是大學對社會應盡的義務，但是要能選擇在社會服務與提昇學術水準兩方面互惠性的題目，斷不能以營利爲唯一的目的。學校可以以建教合作的收入來支援學術性的研究，也可以重點支持一些在獲取經費方面較為弱勢的學門，例如文、理基礎學門等。利用最近所成立的財團法人成大研究發展基金會可以增進不少在經費運用上的彈性與效率。

明其長短　得其所宜

本校的各學院，由於不同的歷史背景以及成立的先後與規模的大小不一，各有其不同的問題：

文學院：要繼續致力於師資陣容的強化和學術研究風氣的提昇。

理學院：一向在教學工作上做得認眞，師生關係密切，在學術研究工作上近年來有長足進步，但需要加強開拓校際與國際的合作關係。

工學院：學術實力可謂雄厚。但是，有些系學術性的研究工作做得很多很好，但需要加強與企業界的合作；另外一些系，建教合作工作做得很多，但需要提昇研究工作的學術層次。

管理學院：也要繼續強化師資陣容、提昇研究工作的學術層次，並注意服務性工作的品質管制。

醫學院：雖然歷史不長卻已有相當強的學術實力，但需要積極羅致資深師資。本校醫學院的一個特色就是與其他學院同在一個大校區內而且有良好的合作關係。此一特色仍應繼續加強。

發揮所長 貢獻社會

本校的附設單位中，較重要的有以下幾個，也各有其特色與問題：

附設醫院：員工人數約與校本部相等，是一個很大的附設單位。自啓用以來營運作業與財務狀況日益改善，但仍須繼續不斷地求進步，要爭取待遇的合理化，適度地打破平頭制度。資深醫師的羅致也至爲重要。

航空太空科技研究中心：政府投入了相當龐大的經費，籌建工作業已完成；當前的問題是開拓對外服務的機會，使其在財務上自給自足以減輕學校的負擔。

水工試驗所：創設於民國三十九年，目前雖然是一個屬於工學院的單位，但建教合作計畫的金額相當大，財務狀況良好。以後遷到安南區的新校區去，有了更大的發展空間，其營運將更爲蓬勃。

附設商業專科進修補習學校：是一個相當有意義的社會教育單位。校務是與中華電視公司以及另外兩所國立商業專科學校共同辦理。其間的關係以及與空中大學之間的關係，實有加以檢討的必要。

附設高級工業職業進修補習學校：也是一個相當有意義的社會教育單位，但設在大學校園內常被評爲不合體制。在安南區籌設一個附設綜合中學的工作，一旦購地經費有了著落即可著手進行。這個綜合中學將含高中部、初中部、工科部、商科部以及雙語班，男女兼收，附設的高工補校當然也將成爲其中的一個單位。

感恩緬懷過去　希望策勵未來

我們不能總是緬懷過去，而是要把眼光展望將來。因此，在我的最後一篇「校長的話」中談的仍多是校務中有待完成的部分。**過去的六年中做了些什麼，完成了些什麼，學校有那些成長，似乎不必列出一張清單來，但絕不能忘掉的是同仁們的合作與支持。**打過多少場的仗、熬了多少次的夜、加了多少班，我都應一一銘記在心；要向這些同仁致謝，也要向諸位的家人致最高的歉意。

八十三年八月校刊第一七〇期〈校長的話〉

第二章　大學畢業生與社會發展

——畢業典禮致詞

良醫良相

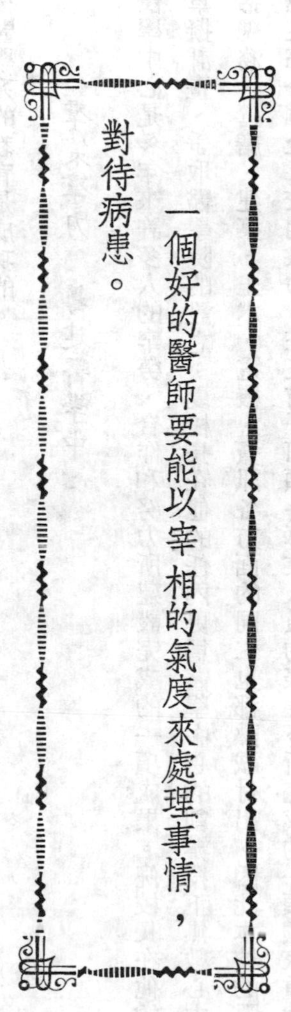

一個好的醫師要能以宰相的氣度來處理事情，對待病患。

以良醫良相自期

今天是成功大學校史上的一個重要的日子。四十八位學士後醫學系的同學在今天完成學業得到學位。在此謹代表本校全體教職員工同仁和同學向這四十八位畢業的同學、家長和親人賀喜。

成功大學有畢業校友四萬七千人，散佈在國內外各地，對國家建設貢獻了非常多的力量。從今天開始，我們的校友中除了文、理、工、商以外，又增加濟世救人的醫師。諸位畢業同學將來的成就就是成功大學的成就。在校的老師、同學和畢業的校友都會因爲你們在社會上的貢獻感到光榮。我相信，這四十八位畢業的同學會以他們工作的成績來證明成大醫學院的教育是成功的，也證明學士後醫學系的教育是成功的。

羣策羣力　籌建醫學中心

成大醫學中心是多年來許多人的辛勞、合作和努力所建設完成的一項成果。倪校長在他的任內就開始草擬計畫、爭取醫學院的設立；夏校長在他的任內更爲醫學中心的創辦投下無數心力；而校內包括總務、營繕、建築、土木、電機、資訊各方面的同仁也都熱誠付出。因此本校的醫學中心可以說是在一個全靠校內人力，在沒有任何額外專業人員的條件下所完成的一項國家重大建設。

黃院長以及醫學院和附設醫院的全體同仁，對我們的醫學中心都有非常高的期望。我們要辦一個最完美的高水準的醫學中心，要學習國內外其他學校的優點，避免他們的缺點。目前，我們的醫學中心，在創辦的初期，離這個理想還有一段距離，我們還有許多要做的事，也有一些有待改進的地方。黃院長、戴院長以及醫學中心的全體同仁都在朝這個方向努力，希望在短期內我們的醫學中心能夠達到這一個理想的境界。

以工作成果回饋社會

這一班畢業的同學，在校的五年中，正是本校醫學院和附設醫院初創的階段，許多課程不能在本校完成，學習的過程比較艱苦，這是我們對這一班畢業同學感到抱歉的地方。在此也向在這一段時間內支援我們的學校和醫院致最高的謝意。

醫學教育是非常昂貴的教育，國家爲成大醫學中心的建立投入了大筆的經費，都是納稅人的錢。我們用了這些錢，就必須以工作的成果回饋到社會中去。這四十八位畢業生就是我們的工作成果，他們對病患的愛心和服務就是對社會的最佳回饋。我們說良醫良相，**一位好的醫師要能以宰相的氣度來處理事情，對待病患**。我們稱一位飽讀詩書的醫師爲儒醫。要多讀書，多讀本行的書，也要多讀本行以外的書，使自己的學識和修養不斷的進步，使自己能成爲最好的醫師。

醫學院第一屆畢業典禮致詞

永遠以國家利益為先

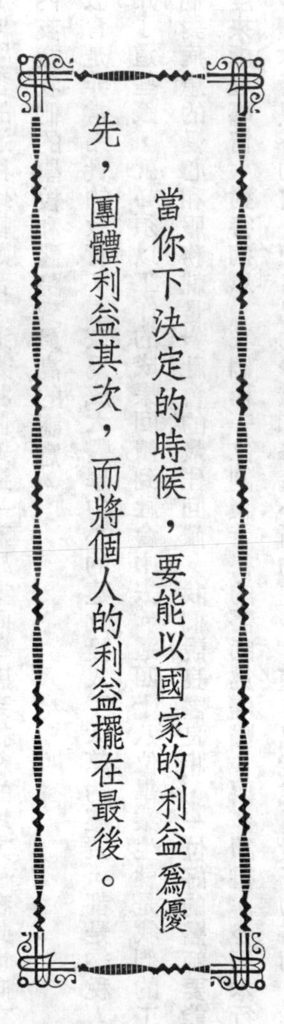

當你下決定的時候，要能以國家的利益爲優先，團體利益其次，而將個人的利益擺在最後。

以國家利益為先

諸位同學，我們生長在一個多變的大時代裏，大陸上的青年學生們爲了爭民主、反特權、反貪污，而造成了天安門不幸的流血事件。爲什麼會發生這樣的事件呢？我想是因爲中共當權者在作決策時，可能都把個人及小團體的利益放在大團體及國家整體的利益之前。所以，在這裏我想給諸位同學一個建議，將來在社會上做事，也會有許多機會做重大的決定；**當你下決定的時候，要能以國家的利益爲優先，團體利益其次，而將個人的利益擺在最後。**

互信合作　共創榮景

天安門的不幸事件之後，我們生長在自由的臺灣的中國人都不斷在問自己，除了對中共政權的譴責、對死傷的學生和民眾的同情與關懷，盡可能地提供一些支援以外，我們該做什麼？我覺得，我們應該更加珍惜我們在臺灣所擁有的經濟、政治和文化的建設成果以及其他在臺灣所有的一切。我們的社會是一個合作的社會而不是一個對立的社會。在臺灣，民主、法治、均富是政府和民間共同的願望，也是需要大家共同合作來完成的目標。有了民主、法治和均富，就不會有特權和貪汚。對立並不能解決問題，對立只會造成衝突，如天安門不幸的流血事件。因此，唯有互信與合作才能使環境一步一步地改善。諸位同學畢業以後，希望都能爲我們社會走向民主、法治、均富的最高境界貢獻一份力量。臺灣的成功才是對大陸的最佳榜樣，才是對大陸同胞最有效的支援。

諸位同學畢業以後，我希望都能以做爲一個成大人、成大的校友爲榮；希望能常回母校爲成大的進步提供高見。我衷心希望諸位畢業同學在今後的一生中都能一直做自己最喜歡做的事，做自己覺得最應該做的事，而不是追求虛名與功利。

七十七學年度畢業典禮致詞

做人與做事

我們要做解決問題的人，而不是製造問題讓別人來解決的人。

諸位同學，你們畢業了，馬上要把自己投進一個風起雲湧、多變的大時代中。雖然社會在變、環境也在變；但是有許多做人做事的基本原則是永遠不變的。我們做人要能明辨是非善惡，我們做事要做對的事、要做好的事。做事的目的不是在追求個人的功利，而是在於所做的事就是應該做的事。

我們每一個人都應該把國家的前途與福祉放在個人或小團體的利益之先；以開闊的胸襟來處理事務；以愛心來待人。社會上的許多問題與困擾，都是因爲沒有做到以上幾點而造成的。諸位同學，**我們要做解決問題的人，而不是製造問題讓別人來解決的人。**

成功大學有五萬多位校友散居在世界各地。校友們團結合作、愛校愛國的傳統精神和腳踏實地的做事態度是別的學校很難比得上的特色。諸位同學今天畢業了，以後希望你們會以做爲一個成功大學的校友爲榮，學校也會以你們的成功與成就爲榮。

七十八學年度畢業典禮致詞

社會菁英與社會責任

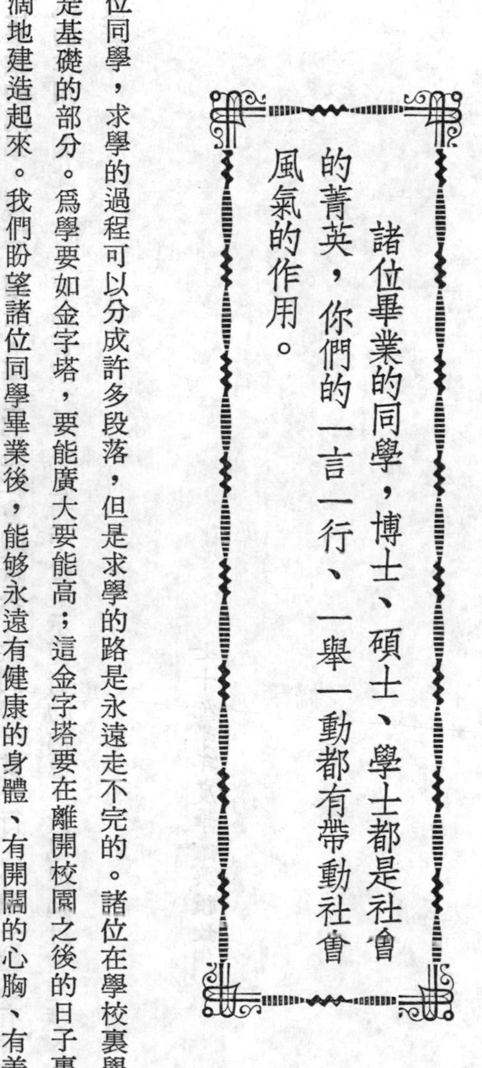

諸位畢業的同學，博士、碩士、學士都是社會的菁英，你們的一言一行、一舉一動都有帶動社會風氣的作用。

諸位同學，求學的過程可以分成許多段落，但是求學的路是永遠走不完的。諸位在學校裏學到的只是基礎的部分。爲學要如金字塔，要能廣大要能高；這金字塔要在離開校園之後的日子裏一點一滴地建造起來。我們盼望諸位同學畢業後，能夠永遠有健康的身體、有開闊的心胸、有美滿的婚姻、有幸福的家庭。也盼望諸位同學畢業以後，能夠做許多對社會的福祉、國家的富強、世界的和平有貢獻的事情。

諸位畢業的同學，博士、碩士、學士都是社會的菁英，你們的一言一行、一舉一動都有帶動社會風氣的作用。因此，一定要謹言愼行，在社會中扮演示範者的角色，做爲促進社會進步、和諧的建設者。

七十九學年度畢業典禮致詞

與時俱進　貢獻所學

在這個進步的潮流中，每一個個體也必須不斷地學習和進步。學習和工作的步調慢下來的，就會落在別人的後面。

諸位同學，我們生活在一個多變的大時代中。天安門事件、德國統一、共產主義解體，都發生在過去的幾年當中。在同一個時段裏，諸位同學能夠在生活無憂無慮的環境中安心求學，你們要感謝那些爲了要維護一個安定、祥和而富裕的社會貢獻心力和智慧的人。當你們離開學校之後，也應該爲了促進社會的安定、祥和和富裕貢獻出自己的心力和智慧，成爲國家繁榮和進步的原動力。

諸位同學，我們生活在一個快速進步的社會中。科技在進步、制度在進步。**在這個進步的潮流中，每一個個體也必須不斷地學習和進步。學習和工作的步調慢下來的，就會落在別人的後面。**諸位同學，你們學有所成，在今後不斷地學習和進步的道路上，都擁有一個好的起步點。在畢業的日子，我們應該祝福諸位鵬程萬里。但我不希望諸位飄在空中，而是頭頂著天、腳踏實地，一步一步走出萬里的前程。

八十學年度畢業典禮致詞

充實自己　學習成長

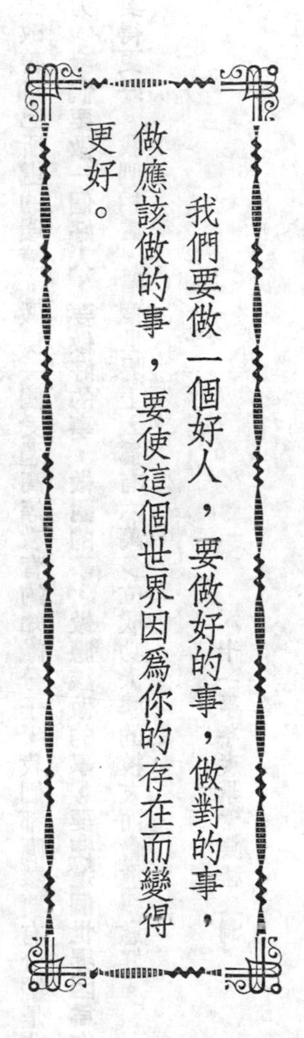
我們要做一個好人，要做好的事，做對的事，做應該做的事，要使這個世界因爲你的存在而變得更好。

在畢業典禮的日子，我除了要向每一位畢業的同學和每一位畢業同學的家長和家人致最高的賀意之外，我也要向本校全體教職員工同仁致最高的謝意。這麼多同學能在今天畢業，就是我們辛勤工作的成果，他們將來事業的成就也是我們對社會的貢獻。諸位同學，從今天以後，你們不再是成功大學的學生，而是校友。大家都知道，成功大學的畢業生是企業界的最愛；我希望不久以後，由於你們工作的表現，使成功大學的畢業生成爲企業界的更愛。

諸位同學，在校期間的學習過程是很辛苦的。但是，踏入社會之後的日子將會更辛苦。你們所面對的將是一個進步快速、競爭激烈的大環境；你們必須繼續不斷地充實自己，多讀書，多學習。要多學習如何做人、如何與人相處、如何與人合作、如何領導別人、如何被別人領導；要多學習做事、要學著喜歡自己所做的事、要學著尊敬自己的工作；要學著去適應自己所處的環境，也要學著去改善自己所處的環境。做爲一個受過高等教育的知識分子，我們都應該要有分辨是非善惡的能力。**我們要做一個好人，要做好的事，做對的事，做應該做的事，要使這個世界因爲你的存在而變得更好**。我們相信，這個世界上因爲有六萬多位成功大學的校友而會愈變愈好。

八十一學年度畢業典禮致詞

欣賞別人　享受自己

> 鵬程萬里不是把翅膀一搧就飛過去的，而是一步一步實實在在地走出來的。

真誠祝福　與有榮焉

王董事長、諸位貴賓、諸位老師、諸位畢業同學的家長、家人和親友、諸位畢業和在校的同學：今天能有機會來參加靜宜大學的畢業典禮，來向諸位畢業同學致賀、向諸位家長致賀、也向王董事長、李校長和諸位老師致賀，個人感到非常光榮。許多學校的畢業典禮往往會邀請政界或學術界的名人來提昇典禮的隆重性。我不是一個明星型的人物，而李校長在他接任校長後的第一次的畢業典禮就讓我來擔任這個致辭的角色，使我感覺到這是他頒給我的一項非常高的榮譽。由這一件事我們也可以體會出李校長辦學的態度和方向。

幸福之權　操諸在己

在今天的畢業典禮中，我們首先要祝諸位同學在畢業之後能夠過幸福快樂的一生：在家庭生活中幸福快樂，在工作上、事業上也幸福快樂。幸福快樂是一種主觀的感覺，是否幸福快樂在於自己的一念之間。

心存感謝　享受所有

常有人說一句開玩笑的話：「文章是自己的好，老婆是別人的好。」如果一個人眞的有這樣的感覺的話，他的一生一定不會幸福快樂。反過來，一個總是覺得自己的老婆最好，或是自己的先生最好，別人的文章也很好的人，他的一生必然是幸福快樂的。因爲他對自己所有的、自己所得到的能够心存感謝，能够充分地享受自己所有的、所得到的；他也能够用欣賞的心情來看別人的作品，用欣賞的心情來看別人的演出，用欣賞的心情來看周遭的世界。

全方位的發展成功的一生

在今天的畢業典禮中，我們也要祝諸位同學在畢業之後都能夠過非常成功的一生。我們衡量一個人的一生過得是否成功，要採用多方面的尺度：身體多麼健康、多麼有學問、有多高的職位、有多少錢……等等，都可以當作尺度之一；但都不是唯一的尺度。

過好每一天

我們的一生是許多的一天累積起來的。如果在一天之中，做的都是應該做的事，都是自己喜歡做的事，也盡了力去做，到了夜晚躺在床上回想起來很有成就感而毫無愧咎，這就是非常成功的一天。許許多多成功的一天累積起來就是成功的一生。人的一生好像一幅畫，上面要沒有很多汚點，上面要沒有很多敗筆，要使觀賞者感到心曠神怡，覺得這是一幅非常美的作品。這樣，就是一幅成功的藝術品，這樣的一生就是成功的一生。

適應環境　享受自己

現在許多年輕的朋友們都是從優裕的家庭環境中成長出來的，學校裏的一切也都是爲了學生的需求而設計的。現在畢業了，要離開學校到社會中去，這時候不能再要求環境來適應自己，而是要自己去適應所處的環境。這時候同學們就要比一比了，看誰最能適應自己所處的環境，做得到的才是贏家。怎麼樣才能使自己能適應所處的環境呢？就是要學著去喜歡所處的環境，要學著去享受自己所處的環境。有的人多天滑雪、夏天游泳，一年到頭都有好玩的事，都過得很快樂；有的人多天怕冷、夏天怕熱，一年到頭都不好過。同一個環境，能學著去適應和享受的就是贏家。

淡泊名利　充實自我

現在的年輕人，大多數都是肯努力、有上進心的。但是在基本態度上有一些差別：有的是抱著功利的心求上進，有的是抱著充實自我的目的去做事，有的是純粹爲了把工作做好而做事。我比較不喜歡那些抱著功利的心求上進的年輕人。他們做任何一件事都有一個功利的目的，是爲了達到某些目的才去做自己所做的事。有些年輕人，時時都抱著充實自我的目的去做事；做事的目的爲的是學會做這些事，以便有更充足的本錢去從事層次和難度更高的工作，這是很好的。但是我更喜歡那些純粹爲了把工作做好而做事的年輕人。一件工作或是一個任務到了自己手上以後，就盡力去把它完成、做好。這樣，在工作中自然而然地會學到許多最實用的知識和經驗。主管或僱主最賞識的便是這一類的年輕人；到頭來，事業上成就最高的，也往往是這些並不刻意追求功利，而只爲做事而做事的年輕人。

展翅高飛　築夢踏實

在今天的畢業典禮中，我也要祝諸位同學畢業之後鵬程萬里。**鵬程萬里不是把翅膀一搧就飛過去的，而是一步一步實實在在地走出來的。**諸位同學畢業之後，要能腳踏實地地做事；要能以非常開闊的胸襟來處世；要能以關懷愛護的心來待人；要能以欣賞與享受的心情來看周遭的一切；要能從心裏喜歡自己的職業和工作，並且對自己所有的、所得到的心存感謝。如果能夠這樣，你必然是一個幸福快樂的人。一個幸福快樂的人生就是成功的人生。

最後，再祝諸位畢業同學幸福快樂、事業成功、鵬程萬里。

八十三年六月十一日在靜宜大學畢業典禮中致詞

畢業是人生的開始

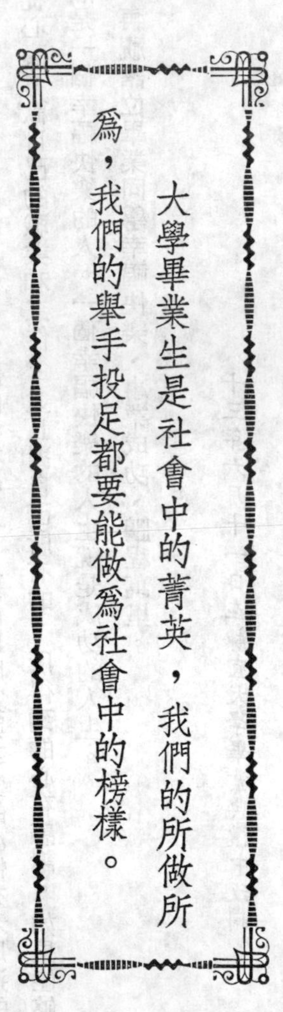

大學畢業生是社會中的菁英，我們的所做所為，我們的舉手投足都要能做為社會中的榜樣。

調整步伐 重新出發

畢業的日子也是檢討過去、展望未來的一天。我們要自我檢討：在校求學的這一時段中，學到了多少？成長了多少？如果不如應該的多，是為什麼？畢業是人生另一個階段的起點，也是重新調整今後做人、做事的態度和方向的時候。

氣度恢宏　知所進退

我們要能以開闊的心胸待人，不可斤斤計較於急功小利，肚裏能夠撐船的才是宰相人才。我們要能以遠大的眼光看事情，提得起，也放得下。自古名將要能攻、能守，也能退；打勝仗要勝得穩健，打敗仗要敗得磊落。

不斷充實　奉獻所學

在學校裏，學生的使命是學習，最能自我充實的就是最成功的學生。但出了校門以後，進入做事與服務的階段，社會上所需要的、所器重的，是能做事、肯做事、也願爲他人服務的人，不是一味充實自我，肚子裏有許多學問，不願也不會拿出來與人分享的人。

善盡社會責任

有人說，我們的社會中充滿了庸俗和功利主義。**大學畢業生是社會中的菁英，我們的所做所爲，我們的舉手投足，都要能做爲社會中的榜樣。**發揮影響力以提昇國民的素質，改變社會的風氣，也是我們應盡的責任。

美滿家庭是人生的基礎

畢業典禮也是祝福的時候。我們祝福每一位畢業同學婚姻美滿，家庭幸福。要有一個幸福的婚姻和美滿的家庭，你必須要對你的家人付出愛心和關心。我們祝福每一位畢業同學在工作上、事業上一帆風順稱心如意。要在工作上、事業上，一帆風順稱心如意，你必須要能夠學著適應所處的環境、喜歡你的職業，並且是一個負責盡職的人。

腳踏實地　鵬程萬里

我們祝福每一位畢業同學鵬程萬里。鵬程萬里的意思是：前面的路很長，要靠自己的力量，實實在在地飛出去。諸位同學離開學校以後，希望你們每一天都過得充實而有尊嚴，在社會上做一個受人尊敬的人，國立成功大學將以有你們這些校友爲榮。

最後，還是要祝每一位畢業同學婚姻美滿、家庭幸福、事業成功、鵬程萬里，也祝在座的大家萬事如意。謝謝！

八十二學年度畢業典禮致詞

第三章　向世界一流的大學邁進

——校慶感言

往下紮根 枝榮葉茂

教育的目標，不僅要把學生訓練成優秀的技術人員，也要把他們培養成為有優良氣質與教養的公民。

點滴培育 成長茁壯

成功大學是一個歷史悠久的學校，今日的規模與成就是歷年來全體師生員工辛勤工作的結果。從全校只有四百同學的省立工學院時期，到萬餘同學的國立綜合大學的現在，學生們專心向學，老師們認眞教學和研究的優良校風，從未間斷。培養出來的一屆一屆的畢業生都在爲國家的建設實實在在地工作著。**正像校園裏的大榕樹，有深的根、茂盛的枝和葉；伸展到社會的每個角落**，不是一朝一夕能長成的，也不是金錢可以立即買來的。

秉承傳統　創新精進

本校有一個規模大、基礎深的工學院；但我們不再是一個「工科大學」，而是一個完整的綜合大學。數理是工程與管理科學的基礎；文史的學識與素養更是爲人處世的根本。**我們的教育目標不僅要把學生訓練成優秀的技術人員，也要把他們培養成爲有優良氣質與教養的好公民**。教育的方向要配合當前的經濟建設，也須重視未來環境與科技發展的多變性。基礎學科的訓練與創造力的培養是非常重要的。工學院大學部系和班的數目已相當多了，今後應力求質的改進而不再是量的擴充。希望每一系都能盡快成立研究所和博士班。我們感謝教育部和國科會近年來的支持。有了完善的學術研究環境，才能使優秀的教師長期留下來；有了充實的人才與設備，才能秉承以往傳統，擔負對工業界的各項服務工作。

團結合作　科際整合

欣聞醫學院即將設立，使本校對社會服務的領域進一步擴大，也爲其他各院的學術研究開拓了一個新方向。**科學之間是沒有界線的，團結合作原是成大的傳統**。預祝成大醫學院即將成爲我們的大榕樹上年青而壯大的一枝。

七十年校慶獻言（時任成大工學院院長）

當前工程教育之使命

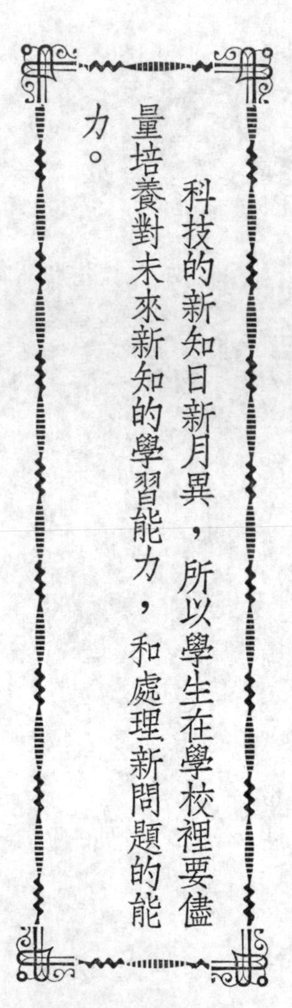
科技的新知日新月異，所以學生在學校裡要儘量培養對未來新知的學習能力，和處理新問題的能力。

為國育才　任重道遠

三十六年來，國家經濟欣欣向榮，工業基礎日益穩固，成功大學也培養出許多能做事也肯做事的工程人才，爲這些建設工作有所貢獻。今後，國家經濟建設必須繼續進步，工業基礎還要不斷地壯大，優秀工程人員的培育將是成功的主要關鍵。做爲一個教育工作者，深感責任重大，心情也是沉重的。

因應未來發展彈性 調節教學領域

目前我們正處於由開發中到工業化國家的蛻變期。高級化、技術密集的工業需要高水準的工程人員。今後的工業環境將是多變的；**科技的新知日新月異**，市場的需求和原料、能源的供應情況也變化莫測。現在在校的同學們，十年、二十年後將是工業界的中堅。因爲那時候他們所負的任務和所處的環境難以預期，**所以在學校裏要盡量培養對未來新知的學習能力和處理新問題的本領**。因此，基本學科的訓練和創造能力的養成應格外予以重視。每一學門如機械、電機、土木、化工等，不可長期拘泥於傳統型式；要能因應當前和未來的需求，而將其教學的領域做彈性的調節。國家的經濟建設是不會間斷的，社會上永遠需要大量的工程人員。某一學門的畢業生若不易爲就業市場所接受，那可能是因爲這一學門教授了較多以前所應重視的科目，所培養的是過去所需要的人才的緣故。

分工合作 科際交流

工業升級所帶來的另一個現象是行業間的交流與合作較前更爲重要。今後將沒有純粹的機械工業、電機工業、化學工業……，新興的將是這些單純工業型式縱橫交織而成的複合體。學門之間分工合作的精神要在學校裏培養起來，在學生時期就要打破門戶的觀念。這些，也是我們要能以言教、身教的方式傳授給同學們的。

帶動國家工業水準的進步

工程教育的規劃要能配合當前經濟建設的需求，也要顧及未來的發展；更重要的是我們還要對百年後國家工程科技的水準負責，這個擔子是沉重的，也是萬萬不可忽視的。在過去三十六年中，成功大學已發展成為一個有深厚基礎的完整大學。今後的要務將是以教學研究品質的提昇來帶動國家工業水準的進步。欣逢校慶，我們預祝這個大家庭的團結合作與成功。

七十一年校慶獻言（時任工學院院長）

談工程教育與研究

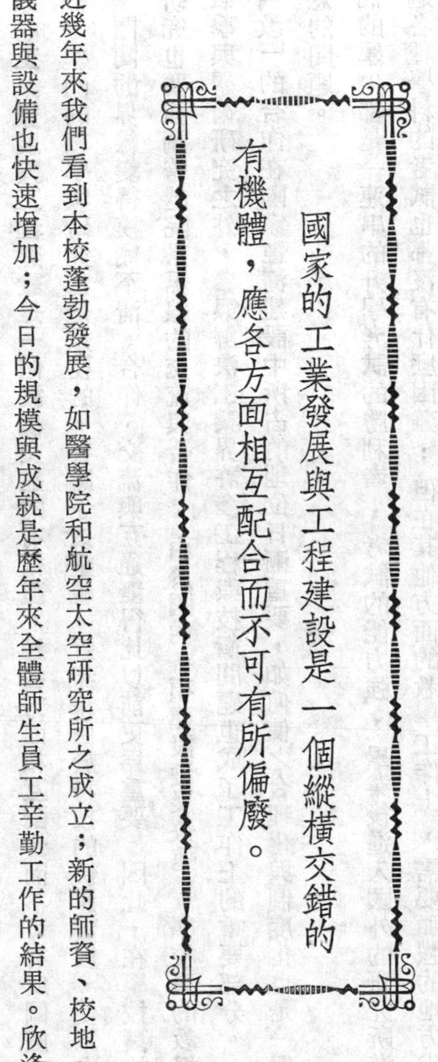
國家的工業發展與工程建設是一個縱橫交錯的有機體，應各方面相互配合而不可有所偏廢。

最近幾年來我們看到本校蓬勃發展，如醫學院和航空太空研究所之成立；新的師資、校地、建築、儀器與設備也快速增加；今日的規模與成就是歷年來全體師生員工辛勤工作的結果。欣逢校慶，我們除慶賀與祝福之外，也應多思考在品質的提昇上該繼續努力的方向。

本校工學院系的數目與大學部的人數相當多，不宜過分擴大；但教學與研究品質的提昇與發展是永無止境的。使每一個系都能成立研究所，每一個研究所都設立博士班是我們在近期內努力的目標。

國家的工業發展與工程建設是一個縱橫交錯的有機體，應各方面相互配合而不可有所偏廢；因此，每一學門的教學與研究都是重要的，都應予以重視。近年來由於科技的快速發展，使原有學門與學門間的界線變得模糊不清，合作、交流與互通變得比以前更爲重要。因此，在學校裏的教學與研究也要強調跨越院系界線的交流與合作。由於國內各項建設發展快速，學校裏的教授們除了教學與學術研究之外，參與解決工業界許多工程與技術問題也成了工作上的重要部分。「建」與「教」的合作在國家經濟建設中所占的地位日漸重要，如何使之合理化與制度化也是一個值得注意的問題。

我們的學生都是一連串的升學考試的勝利者，考試的能力強，畢業後進入國外的研究所進修，通過各種學科的考試也都沒有什麼困難；但在其他方面的教學工作上，需要加強的地方尙多。例如：

一、工程教育自應以實用爲先，要能使我們的畢業生離開學校後短期內即可正式參與各項工程建設工作；因此，要重視設計方面的訓練，並加強督促，使學生把設計作業做得實在，也要重視實驗課程以培養學生動手實做的能力。

二、經濟環境與科技發展是動態而多變的，我們很難預測現在的畢業生在十年以後將要負那些新興工作的任務；因此，應在基本學科上深打基礎以培養學生對未來新環境的適應力、應變力和對未來新科技的學習能力。

普遍加強語文能力

三、一般學生的語文能力包括國文和外文，應普遍加強。如何寫一篇通順而有條理的報告、如何在圖書館裏尋找資料，都是重要的訓練。

培養敬業精神與責任感

四、我國絕大多數青年都努力好學而有進取心，但除此之外，敬業精神與責任感是工業界人士最爲重視的品德。專業知識、文學與藝術是受過高等教育者應有的素養；能與人融洽相處和管理的才能，更是一個優秀工程師應該具備的條件。

在大學裏的研究工作關係著國家長期的學術水準，其重要性自不待言。支持教授們的研究工作使有機會能在學術上有所成就，是使優秀師資留在學校任教的必要條件。工程研究的結果，需經過多次的試驗證實可行後才能付諸實施。在大學裏較適於從事上游的基本研究。目前國內大部分的工業尚處於由國外引進技術資料與設計藍圖的階段；工業界的研究人力不够，從事中游與下游研究開發工作的單位也不多；因此學校裏的研究成果與工業上的實際應用之間的橋樑尚有待擴建。目前國內各工程學門中，學術造詣在一般水準以上的教授雖已不少，但在學術上確能起領導作用的學者尚普遍缺乏。現在學校裏的研究環境日漸改善，年輕的一代優秀教師若能力求上進，當有發展至較高境界的機會。學校是培養人才的地方，對年輕教師的愛護、鼓勵與輔導也是教育工作的一個重要部分。

本校是一個團結合作的大家庭。欣逢校慶，我們預祝這個大家庭能繼續蓬勃發展與成功。

七十二年校慶獻言（時任成大工學院院長）

國家經濟建設與工程人才培育

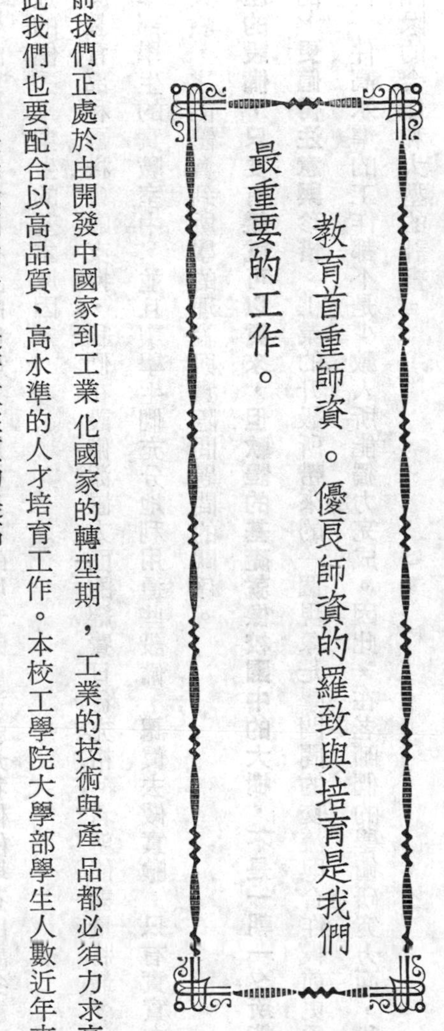
教育首重師資。優良師資的羅致與培育是我們
最重要的工作。

目前我們正處於由開發中國家到工業化國家的轉型期，工業的技術與產品都必須力求高級化。因此我們也要配合以高品質、高水準的人才培育工作。本校工學院大學部學生人數近年來沒有顯著的增加，這表示我們的努力是著重在質的提高。

教育首重師資。優良師資的羅致與培育是我們最重要的工作。一位好的老師，除了在本門的學術方面要學有專精以外，也要能引導學生用功向學，啟發學生思考創造，更要能在修養與品德上做爲學生的典範。我們有很多的能敬業、以校爲家的好老師，這就是我們能培養出許多爲工業界所歡迎的優秀畢業生的基本原因。

由於教育部和國科會的支持，我們在設備添置方面的經費日益充裕。希望能盡量將最多的錢用在大學部學生的實驗室中，並且讓學生們充分地利用這些設備，認眞去做實驗。只有實實在在地動手實驗，才能體會到所學的理論與實際問題間的關係。

硬體的設備，只要有錢就可以買來，但軟體的基礎就像校園中的大樹，不是一朝一夕所能培養起來的，更值得注意與珍惜。工業的升級所帶來的一個現象是學門間的交流與合作較前更爲重要。任何一件高水準的工作都不是少數人所能獨力完成。因此，在老師們的學術研究方面，我們要提倡團隊的合作和大型的計畫。

本屆校慶，對於化學系的吳振成教授、電機系的諸葛介臣教授、土木系的張耀珍教授、水利系的劉長齡教授、建築系的李濟湟教授和筆者等六人來說意義特別重大。因爲這是我們在本校畢業屆滿三十週年的校慶。許多同屆校友將在校慶日返校聚會，他們大部分來自國內，也有幾位專程從國外回來。希望在瀏覽校區懷念過去學生時代生活之餘，也能對本校教育及發展方向提出寶貴的建議。許多位當年教導並愛護我們的老師們仍然在校任教，或是退休後住在臺南，在此謹向這些師長們獻上我們最高的敬意。

七十三年校慶獻言（時任工學院院長）

談工程教育的發展方向

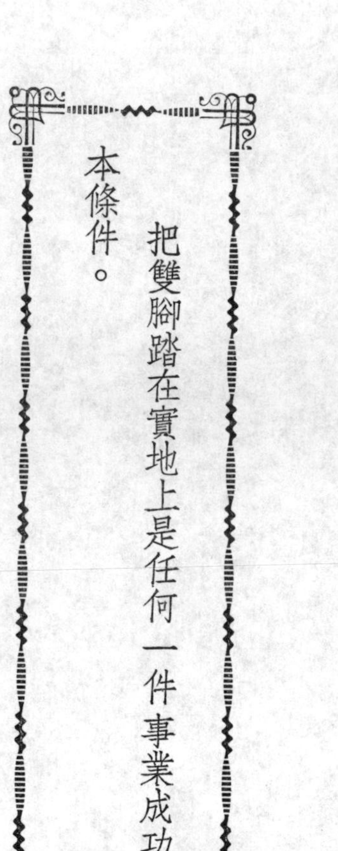

把雙腳踏在實地上是任何一件事業成功的最基本條件。

腳踏實地　實事求是

「腳踏實地、實事求是」是成功大學的傳統校風。歷屆校友們的事業成就，就是基於這種工作精神與求學態度。因此，我們在教育的規劃上，向下紮根的基本原則是不能改變的：要注意基礎課程，使學生在數、理、化方面有紮實的基礎；要重視學生設計的能力、動手的本領和敬業樂羣的工作精神。**把雙腳踏在實地上是任何一件事業成功的最基本條件。**

迎接團結合作向外發展的時代

但是，由於科技的快速進步、外在的環境瞬息萬變，國家的經濟建設必然不斷地面臨各種競爭與挑戰。因應之道自當是：對內，團結與合作；對外，進取與發展。工程教育與學術研究也不能例外。內部的領域有限，外面的天地無窮；讓我們以慶祝校慶同樣的歡欣鼓舞的心情，迎接團結合作向外發展的新時代。

跨越學域的交流與合作

科技的發展與工業層次的提昇使學域間的交流與合作更為重要。系與系之間本來就沒有明顯的界線，教學與研究的領域是可以相互重疊與擴散的：電機需要化工的支援以改進半導體材料的製造技術；化工需要機械與電機的支援，以達成生產程序的最佳化與自動化……。當前工業上的許多重點問題，如環境汚染等等，無不需要跨越學域的合作才得以解決。院與院之間的合作也是一樣的重要：理科是工科的根源；工業的成功有賴於科學的管理。成功大學有一個根基深厚的工學院和一個師資設備新穎完善的醫學院，正是發展生物與醫學工程的理想處所。

所培養的要是專才也要是通才

工程教育自應以實用爲先，要能使我們的畢業生離開學校後短期內即可正式參與各項工程建設工作。但是，經濟環境與科技發展是動態而多變的，我們很難預測現在的畢業生在十年以後將要負擔那些新興工作的任務。因此，也應在基本學科上深打基礎，以培養學生對未來新環境的適應力與應變力和對未來科技的學習能力。

我們所培育出來的畢業生，不但要是受過良好訓練的技術人員，還要是受過高等教育的好國民。教育是多方面的，藝術與文史的素養也是非常重要的一環。本校文學院師生人數較少，理工學院的同學在四年的大學教育中受到這方面薰陶的機會較少；因此，推行通識教育更較他校重要。近年來，工學院的同學們熱烈地接受文學院規劃的通識課程，這是一個非常好的現象。我們的建築系是一個人文與藝術成分甚高的系，自然也負有把人文與藝術的氣氛向工學院其他各系擴散的任務。

技術密集出口導向的工業建設與工程教育

臺灣的土地面積不大，天然資源有限，國內市場也小；工業的發展，自當採取技術密集出口導向的政策。工程教育就是開發人力資源的工業，也應在此一方向予以配合。近年來由於生活水準與人力素質的提昇以及工業的蓬勃發展，工資日漸提高，資源與能源的供應也日益仰賴進口；凡需要大量廉價勞力、能源或原料的工業，漸漸需要投資設廠於海外的適當地點。工業走向國際化是必然的途徑。

我們的紡織工業、電子工業早已打開外銷的市場，而且正向高級化的目標不斷進步之中。紡織、電子工業要以出口爲導向，其他工業的希望、遠景與前途也都在於出口、也都在於海外；在土木、水利方面，我們拓展海外市場的工作已經非常成功，承建了許多大型的工程。化學工業，除了化學產品的輸出以外，也要拓展化工機械的輸出、整廠的輸出以及承包大型化工製程的設計與建廠。國內礦產資源雖然有限，但並不表示我們不能有蓬勃的礦業。國產的採礦機械可以輸出海外，我們的礦業人才也可以到世界各國去從事探勘與採礦的事業。其他如鋼鐵與材料工業，機械與汽車工業，……，都是一樣。我們訓練出來的技術人才，只要品質優秀即可進軍海外，不必戚戚於國內資源、市場有限，就業市場何在的問題。

向海洋及天空發展

臺灣的四周有遼濶的大海，其中有無限的資源。發展海洋礦業也是一條應採取的途徑。本校的水利工程學系更名爲水利及海洋工程學系，以及博士班的成立，用意即在於此。過去我們在海岸及港灣工程方面已有相當好的成就，今後更希望能向外海發展。

開發遠洋及近海漁業有賴於節省能源的高性能漁船；強大的造船工業更是國際貿易、運輸與海上國防的基礎。高水準、不出差錯的造船技術必須基於優秀的工程人員。我們希望本校造船及船舶機械教育能早日提昇到研究所的層次。

航空工業不僅在國防上占有極重要的地位，也是一種產品附加價值非常高的工業。發展航空工業不但是提昇國家科技工業水準，迎頭趕上高度工業化國家的正確途徑；由經濟、貿易的觀點看也有其前瞻性的價值。在這方面的教育與研究工作，本校的航空與太空工程系及研究所已有一個非常好的開始。

學術走向國際化

科技的進步一日千里，交通與通訊日益便利，學術研究的地區性日漸淡薄，學域之間的界線也日益模糊；交流與合作愈來愈重要。從事學術研究工作者再不能把活動的領域局限在自己劃定的小圈子裏。我們要經常在國際性的期刊與會議中獲取最新的資料，也要把自己的研究成果拿到這些期刊與會議中去接受批評與考驗。把自己的工作成績公佈於全世界學者的面前，才能得到他們的肯定與重視，也才能使我們的學校獲得學術上應得的地位。近年來本校工學院的老師與研究生在這一方面有很好的成就。今後，由於環境的日益改善，進步將更爲快速。

學術與教育工作要踏實而不能好高騖遠，要在遠大處著眼但須在近處小處著手。成功大學的工程教育就像校園中的大榕樹，因爲有深的根所以才有茂盛的枝與葉。我們歡度四十週年校慶，願它們隨著國家的進步與繁榮，一天一天地繼續成長壯大。

七十五年校慶獻言（時任工學院院長）

腳踏實地　實事求是

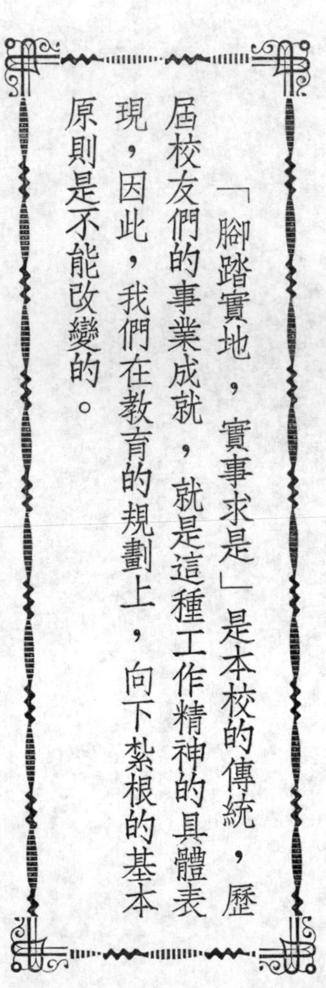
「腳踏實地，實事求是」是本校的傳統，歷屆校友們的事業成就，就是這種工作精神的具體表現，因此，我們在教育的規劃上，向下紮根的基本原則是不能改變的。

向下紮根　腳踏實地

自創校迄今，成功大學的成長與國家的建設同步發展。近四十餘年來，國家經濟欣欣向榮，工業基礎日益穩固，政治與社會制度也不斷地進步，成功大學已培育出四萬七千多位畢業的校友，這許多校友散佈在國內海外，各有成就，在社會各階層都占有非常重要的地位，並將在成大所學之各項專長與各項專門技能，貢獻給社會。今後，國家經濟、工業建設、政治與社會制度仍繼續不斷的進步，民眾生活的素質更要不斷地提昇，伴隨著進步與繁榮而產生的許多新的問題也都需要一一加以解決，優秀人才的培育將是這些工作成功的主要關鍵。擔任教育工作者深感責任的重大，心情也是很沉重的。

成功大學今日的規模與成就是歷年來全體師生員工辛勤工作的結果。從四百位同學的省立工學院時期到萬餘同學的國立綜合大學的現在，學生們專心向學，老師們認眞教學和研究的優良校風從未間斷；培養出來的一屆又一屆的畢業生都在爲國家的建設實實在在地工作著。**「腳踏實地，實事求是」是本校的傳統，歷屆校友們的事業成就，就是這種工作精神的具體表現。因此，我們在教育的規劃上，向下紮根的基本原則是不能改變的；**要使學生在基本課程上有紮實的基礎，也要養成其敬業樂羣的工作精神。將雙腳踏在實地上是任何一件事業成功的最基本條件。

教學環境的充實與改進

成功大學目前已是一所有一萬餘學生的綜合大學。近期內的發展，質的提昇應重於量的擴充。要提昇教學與研究品質的第一要件就是「師資」。我們要使老師們覺得在這個校園裏從事教學與研究工作，確能滿足他們在學術上的上進心，也能獲得「作育英才」的成就感。唯有如此，才能使優秀的學者願意加入我們的師資陣容中，並且長期留下來。學校是一個「樹人」的場所，我們要能把「新鮮人」培養成為有學養的畢業生，把研究生陶冶成夠水準的碩士和博士，也要能把優秀青年學者培養成學術界的大師。

要達到以上的目標，校園中的每個師生安心向學的氣氛最重要，另外硬體的配合與各種制度的合理化也是不可或缺的：要逐漸提高師生比例，使老師的課業負擔不要太重，而把每門課都教得很好，並且有充分的時間從事學術研究；要使現有的每一個學系都能設立研究所，每一研究所都設置博士班，藉以提高教學與研究的層次；更要妥為規劃課程，使學生能把每一門課都學得很實在；學校要協助解決教職員工的「住」與其他生活上的問題，使其能安心工作；在推動教學、研究與人才培育的工作中，行政人員、技術人員與工友同仁的配合也是非常重要的，在要求改進工作效率與服務態度的同時也不能忽略職工福利與晉升管道的開拓；隨著教學研究工作的發展和儀器設備的添購與更新，房舍需要逐步擴建而綠地與休憩空間又不宜減少，因此，校園的整體規劃與校地的擴充至為重要……。這些工作是需要全校師生員工共同努力，共同思考，擬定具體辦法，一一推動加以完成的事。

重視學生的輔導工作

學生是教育工作的對象，他們在大學四年的就學期間也是他們長大成熟的階段，使學生在學校所規劃的課程中學到專業知識和技能，也是大學教育的一項主要目標，但絕不是唯一的目標。我們有責任將他們培養成爲現代化社會中有教養、有愛心、有公德心的好公民。讓他們要學著關心別人、關心公眾事務、關心國家和社會；也要在各種課外活動與自治組織中，學到做人做事的道理；學到自律與服務。現在學校推動導師的小班制，以便學生得到較佳的輔導與照顧。同學們在接受高等教育的幾年中，可以說是人生最寶貴的時段。希望老師們願意多多參與學生輔導的工作，使他們知道珍惜這一個黃金時段，並且學到最多，長得最好。

跨越學域的交流與合作

本校現有文、理、工、管理和醫五個學院，規模雖然有大有小，成立也有先後之別，但在教育的立場，其重要性是難分高下的，成大是一所綜合性的大學，各院系所皆爲整體的一環，每一部分都重要。由於社會的繁榮與進步，使學域間的交流與合作更爲重要：優秀的工程師須有文藝的素養，各種科技與工業發展要考慮其在社會層面中的影響，文化建設也要有物質與經濟上的基礎。系與系之間，院與院之間本來就沒有明顯的界線，教學與研究的領域是可以相互重疊與擴散的。分工合作的敬業精神要在學校裏培養起來，不要在學生時期就建立門戶之見，那是會阻礙求新求實，也是阻礙進步的絆腳石。

學術走向國際化

科技的進步一日千里，交通與通訊日益快速便利，學術研究的地區性日漸淡薄，學術交流與合作愈來愈重要。從事學術研究工作者再也不能把活動的範圍囿於自己的小圈子裏，應該放眼天下。我們要經常從國際性的期刊與學術會議中獲得最新的資料，吸收新知，也要把自己研究的成果拿到這些期刊與會議中發表，虛心接受評鑑與考驗，所謂眞金不怕火煉，能將自己的研究成果公諸於全世界學者專家的面前，才能獲得到他們的肯定與重視，才能使我們的學校獲得學術上應得之評價和地位。

教育工作乃是百年樹人的工作，教育工作者學術上的成就乃是日積月累，一點一滴凝結而成的結晶。從事教育工作者不能好高騖遠，必須腳踏實地，不斷地播種、耕耘、灌漑、施肥，才能使栽培的小樹，根深葉茂本固枝榮。成大的校務有如校園中的大榕樹一樣，精實壯大四季長青。我們歡度校慶，也願成大隨著國家的進步，欣欣向榮。

七十七年校慶獻言

發展一流大學　善盡社會任務

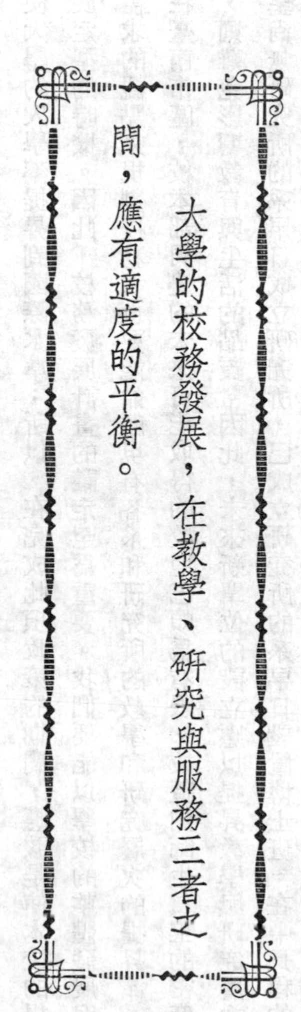

大學的校務發展，在教學、研究與服務三者之間，應有適度的平衡。

本校自創校迄今已有五十八年的歷史，我們以能夠培養出許多能做事也肯實實在在地做事的人才，在國家各方面的建設工作中都有所貢獻而深感自豪。今後，我們的學校當然還會繼續與國家的建設及昌隆同步地成長、進步。

有計畫地發展成世界一流大學

校務的推動，頭緒甚多。長程的遠景，自是希望能使本校成爲一個發展均衡、具有世界一流水準的綜合性大學。我們需要有計畫地循序推進以達成此一目標。因爲當前國家的一項重要教育政策是要使大學的入學率提昇到國際水準；所以，在完成此項政策的期間，應該是使本校的規模與架構發展定型的時機。因此，校務發展計畫的議定至爲重要。我們要能以學校的整體發展與社會的長程需求的觀點來規劃校務；也要能兼顧現有各系和研究所的教學和研究層次的提昇。

本校在臺南市區，校本部周邊的未來可能取得的校地已頗爲有限。校區內師生員工的密度若過分提高，則難免影響教育與生活的品質。因此，未來新單位的設立應以提昇教學與研究層次爲優先。希望尚無研究所的系早日成立研究所，已成立研究所的系早日設置博士班。在中長程的發展計畫中也應優先考慮本校目前較爲欠缺的人文、社會、藝術、音樂等方面的學域，俾使本校早日成爲發展完善的綜合性大學。

本校有兩個大型的附設單位：醫學院附設醫院是國家十四項建設之一，已於去年六月間啟用，其醫師及員工人數約等於校本部教職員工人數。座落於歸仁鄉的航空太空實驗場占地約二十一公頃，含多項如穿音速風洞等的大型設備，目前正在籌建中。國家爲這兩個單位已投入大筆經費，其成功的運作自也是本校的責任。

夜間部在本校已有多年歷史，學生人數約爲日間大學部學生人數的二分之一；其運作採自給自足方式，教育部並不撥給教職員名額與經費。我們希望此一狀況在最近數年內能加以改善，使夜間部同學能與日間部同學接受相同品質的教育，也使設有夜間部的各系的師資陣容進一步增強。

教育工作首重師資。本校有一部分的系和研究所，師資的陣容已相當堅強，當然仍須力求質與量的提昇。也有部分的系，老師的人數偏低、課業負擔過重，師資的羅致與培育便更爲迫切。我們希望能使全校的平均師生比率早日達到一比十的標準。

科技的進步快速，領域日廣，社會的就業需求也是多變的。我們爲了要使學生能在未來的社會中有適應新環境、接受新知識的能力，就必須讓他們把基礎的課程學得很實在。課程要善加規劃，使學生們不要修過多的課，但要把所修的實實在在地學好；使老師們不要教過多的鐘點，但也要把所教的教得實在。平時的習題、作業、實驗、考試都是教學過程中非常重要的部分。批改習題、作業、考卷和帶實驗的工作是不能馬虎的。我們希望各系能以領獎學金的研究生來擔任這方面的工作，而把部分用於助教的人事經費來聘請副教授以上的老師，以進一步加強師資的陣容。

善盡大學的社會任務

學術研究也是大學的重要社會任務。學校要能提供好的學術研究環境才能培養出優秀的師資；要能滿足他們在學術上的上進心和成就感，才能使優秀的青年學者長期留下來。近年來因爲圖書儀器經費的獲得並不十分困難，本校若干系所中的學術研究環境已頗爲完善；有成長爲未來大師的潛力的年輕老師也不乏其人。學術研究活動的快速增加，經費與空間的妥爲規劃與善加利用，應是當前各系和研究所的重要問題。

大學是社會的一部分，與社會是不可分的。因此也應爲了社會的需求而提供服務：包括推廣教育方面的服務以及諮詢與應用研究方面的服務等。**但教學、研究與服務三者之間應有適度的平衡**，過分偏重了一方面而忽略了另一方面並不是正常、健康的現象，對教授個人而言是如此，對學校、院或系而言也是如此。

最近幾年來，與我們有合作關係的國外大學逐漸增多。校與校的合作關係有使學術交流的管道更爲暢通的作用，也提供較多的雙方師生直接接觸的機會。教授們的學術成就是國際合作的基礎；發表在國際性的期刊和會議中的研究成果是實質的合作關係的最佳媒介。學校在國際上的知名度和學術地位是由教授們的學術成就所累積起來的。

學校對外關係的另一支柱是校友。成功大學的四萬多校友散居世界各地，他們的事業成就和務實的工作態度使我們的校譽日隆。本月八日在馬來西亞檳城有一個全部由本校校友出資成立的「成大金屬工業公司」舉行奠基典禮，是一個本校校友事業成就與合作精神的最佳例證。

當前校務工作的方向

對學校整體，或對教授個人而言，教學、學術研究與服務工作三者之間，都要維持一個適當的比重。

掌握正確的大方向

本校創校於民國二十年，正是九一八事變的那一年。在過去的五十九年中，世事多變，國家也歷經艱辛。在這風起雲湧的大時代裏，本校隨著外在環境的不同而修正辦學政策與發展方向，不斷地蛻變、成長與茁壯。目前，國立成功大學已是一個擁有五個學院、三十二個系、二十六個研究所，發展完善的綜合性大學，也是一個在國際學術界享有知名度的大學。正因爲本校的壯大，我們的教育工作品質的高下對於國家建設的成敗必然會有若干影響。因此，校務的規劃，大方向必須正確。

以軟體建設爲重

今後的校務工作，軟體的建設要比硬體的建設更爲重要。充足的校地、房舍、圖書、儀器、員額與經費，對於教學與研究工作的正常發展當然非常重要。但在現階段中，因爲政府的財政與社會的經濟狀況相當良好，各國立大學在這些方面要獲得政府合理的支援並不是最困難的事。也因爲決策與作業的制度化，專案支援的獲得要靠完善的工作計畫、實際的需要與學術的實力，而不需要靠其他的技巧。這些方面的資源來自政府，但所獲得的校地與房舍是否能做最佳的規劃與設計，圖書儀器設備是否能有效地利用在教學與研究上，所有的員額是否能用來聘請最佳的師資……等等，是要靠我們自已來完成的。

組織章程　切合實際

學校的規模愈來愈大，校務的發展與運作必須有計畫、有制度。因此，校務發展計畫的擬定和修訂是校務工作中一個很重要的項目，其中包括系、所的增設、校地的購置、房舍的興建……等等。在大學法的修訂程序完成定案之後，本校需要適時推出一個符合實際需求的組織規程。此一組織規程關係到今後校務的正常運作與否，其草擬工作當然也是校務工作中一個相當重要的項目，需要結合全校同仁的意見與心力來共同完成。

培養進取而溫馨的學術氣氛

學校最重要的任務就是教學與學術研究。如何提高學生們的讀書風氣，使他們認眞上課、做作業、實驗、實習；如何使老師們專心投入於教學與高深的學術研究工作，這些都需要有好的制度來鼓勵、來引導。各種制度的訂定，都要以造成一個積極進取而又不失溫馨的學術氣氛爲最高目標。教育的成功，師資是決定性的因素，我們要設法讓好的老師們覺得我們的課程規劃與授課負擔合理，認爲我們的教學與研究的環境可以使他們在學術工作上有機會求上進、能夠有高成就，這些好的老師才會長期留在我們的學校裏。

學校發展無限　不要畫地自限

社會上的人士往往有成功大學是一個「以工爲主」的「工科大學」的觀念。我們有一個基礎深厚、實力強大的工學院是事實，今後仍然會朝教育品質與學術層次更高的方向發展，工學院各系所的實力是會愈來愈強的。但成功大學絕對不只是一個工科大學，而是一個發展頗為完善的綜合性大學。我們有精緻的文學院、理學院和管理學院。目前國內外知名人士中不乏本校文、理、管理學院的校友；我們也有一個師資陣容堅強、設備新穎完善的醫學院。在學校未來發展的計畫中，成立一些我們較為欠缺的領域的系所，如人文、社會、藝術、音樂、農學……等等，也是大家共同的願望。完整的大學教育中，人文、藝術的素養和基本科學的知識是非常重要的部分。學校的發展是無限的，我們不會被別人所畫的一個圈圈所限，更不應該畫個圈圈來圈住自己。

學域的合作交流

隨著科技的進步，學域之間的界線愈來愈模糊不清，相互的交流與合作日益重要。我們要鼓勵系與系、院與院之間的合作，也要推動校際與國際的合作。老師們在課堂上實實在在地把課上好、在研究室裏專心於學術研究當然最為重要。觀摩一下別人的課是怎麼上的、教材如何取捨、研究的方向和技巧如何，也是非常重要的事。在國際合作方面，與一些國外夠水準的學校簽訂合作的合約書只是相互合作的開路工作，往往也並非必要。教授與教授之間實質的合作，如共同的研究計畫、相互的訪問，才是最重要的部分。

實實在在做好教學工作

對學校整體而言，或是對教授個人而言，教學、學術研究與服務工作三者之間都要維持一個適當的比重。教學工作是大學的基本任務，也是教授們的基本任務，當然應該實實在在地做好。儘管教學工作的成果很難考核與衡量，但大家也常說：「學生的眼睛是雪亮的」，一位認眞負責的老師會得到學生們發自內心的尊敬與感謝。學生們對社會的貢獻就是老師們具體的工作成果。學術的研究工作，使老師們在其專長的領域中能有許多自己的心得與見解；做得不夠的教授們，不論教學工作多麼用心，也難跳出教書匠的範疇而成爲學者或大師。許多帶動社會進步的新觀念、思想、學說和理論多是在大學中孕育出來的。大學是社會的一部分，教授們也都是社會中的一分子；在不過分影響教學與學術研究的條件下，做一些社會服務，參與一些行政性的工作，也是教授們分內應做的事。如何維持教學、學術研究與服務三者之間適度的平衡，也是要設法以制度與鼓勵來達成的。

培養學生健全人格

大學教育的宗旨，不僅是知識的傳授，更重要的是培養學生完美健全的人格、守法的精神和民主的風度。也要使他們有遠大的眼光與寬闊的胸襟來關懷別人、關懷大團體與國家的前途。老師們也要能以身教做爲示範者，讓學生們學會如何做人。我們不必要求學生們對問題的想法與我們相同，但要培養他們獨立思考與分辨是非、分辨善惡的能力。成功的大學教育有帶動社會風氣，使之走向理性、祥和、樸實、進取的作用。因此，我們的社會責任是任重而道遠的。

七十九年校慶獻言

走過一甲子　風雨生信心

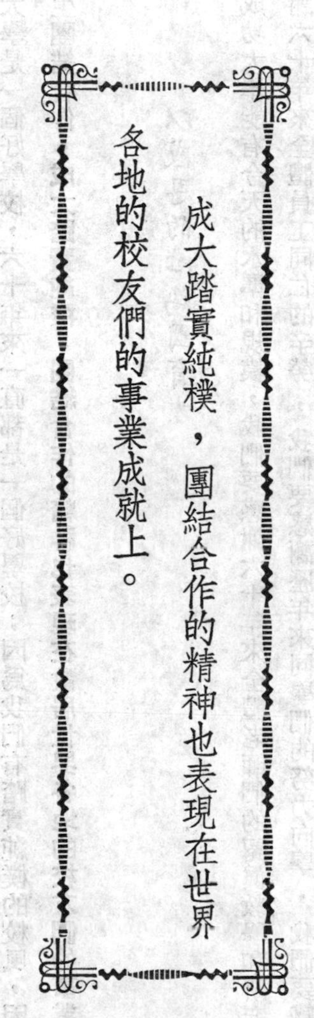

成大踏實純樸，團結合作的精神也表現在世界各地的校友們的事業成就上。

茁壯中的成大

閻校長、倪校長、諸位貴賓、諸位老師、諸位員工同仁、諸位校友、諸位同學：

我們今天在這裏慶祝國立成功大學創校六十週年，過去的六十年中，雖然世局動盪不安，但是我們的學校卻不斷地、穩定地成長；在規模上不斷地成長，在教學、研究的品質上也不斷地成長。現在成功大學已經是一個高水準的綜合性大學。

踏實純樸　師生團結

成功大學是一個好學校，六十年來一直都是一個好學校；因爲我們有踏實純樸的校風，因爲我們的師生團結合作。**成大踏實純樸、團結合作的精神也表現在散居世界各地的校友們的事業成就上。**

以感恩的心為國育才

國立成功大學能有今天的水準和規模，我們要感謝六十年來全體老師們的認眞教學和研究，我們要感謝六十年來全體員工同仁的辛勞，我們要感謝歷年來同學們的努力向學，我們要感謝社會人士和各級政府對我們的支持，我們也要感謝所有的家長們把他們優秀的子女送到成功大學來。

同心協力　再創新運

國立成功大學今年六十歲，對一個學校來說，六十歲是一個年輕的學校。我們是一個進步成長中的學校，過去進步成長得快，今後仍然會很快，我們希望，在慶祝創校七十年的時候我們可以成爲一所世界上最好的學校。

最後讓我們大家一起祝我們的學校校運昌隆，萬壽無疆！

八十年十一月十一日「六十週年校慶大會」主席致詞

六一校慶感言

成功大學今年六十一歲，仍然是一個青年期的學校，對一個人來說，在青年時期，是否能夠進取上進，是否走對了路，就可以決定其壯年時期的成就和老年時期的下場。對一個學校來說也是一樣。

勠力奮發　共創美好遠景

成功大學自從創校到今年已經六十一年了。六十一歲，對一個人來說，年紀可以說不算小了，但對一個大學來說，應該還算是一個青年期的學校。

在短短的六十一年中，我們的學校能夠有今天的規模，在世界的學術界能夠有今天的聲勢和成就，都要歸功於歷年來全體的師、生、員、工。成功大學有純樸踏實的校風，有專心致力於教學與研究工作的老師，有敬業樂羣的職工同仁，有用功上進樂觀進取的學生。

今天的成功大學是過去六十一年來全體師生員工努力的成果；未來的成功大學的發展，也要靠現在的諸位老師、員工同仁，和同學們共同的努力來完成。

掌握正確方向　不斷進步成長

成功大學今年六十一歲，仍然是一個青年期的學校，我們仍在成長，仍在不斷地進步。對一個人來說，在青年時期，是否能夠進取上進，是否走對了路，就可以決定其壯年時期的成就和老年時期的下場。對一個學校來說也是一樣。

最近幾個月，我有機會訪問了一些國外的學校。那些有百年歷史的學校，在學術界中的角色似乎都已經完成定位，不容有太多變的餘地。因此，今後的十年、二十年，也許就是成功大學成長或成熟過程中的關鍵時期。在這一段時間中，我們要力求上進，爭取在世界的學術界中最高的定位。因此，我們每一位老師、職工同仁和同學，也要能負擔起這一項歷史性的重任。

感謝奉獻，共策未來

我們學校有許多資深優良的老師和教學成績特優的老師。對這些老師，我們在教師節頒獎，我們學校裏的職工同仁，平時工作都非常辛苦。學校的規模成長得非常快，但職工同仁的人數卻成長得很慢。因此，工作的效率要不斷地提昇；工作的壓力愈來愈大，也愈來愈忙。在校慶的時候，我們就請在本校服務滿三十年的幾位同仁，做爲代表頒給他們紀念狀和一些紀念品。一方面是感謝他們多年來在本校服務的辛勞，另一方面也代表學校對全體職工同仁的敬意。

今天我們也要頒發獎狀給許多成績優良的同學，今天來領獎的都是每班中最用功、最優秀的好學生。我希望今天得獎的同學們，在你們的班上能够帶動用功求學的好風氣；學業成績好，又樂於助人，熱心服務的，才是最好的學生。

八十一年校慶酒會賀詞

展望校務發展的方向

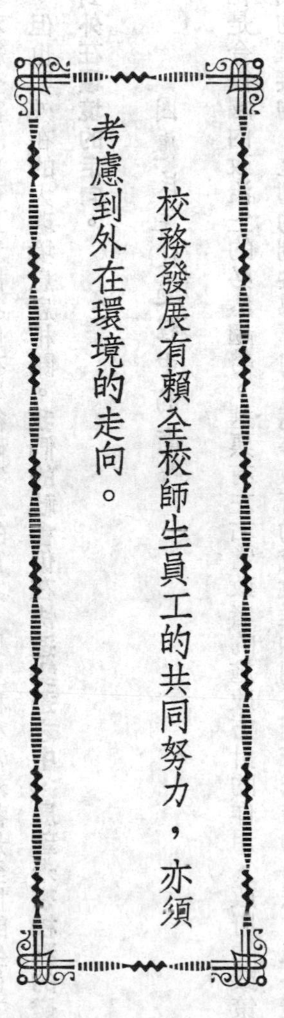

校務發展有賴全校師生員工的共同努力，亦須
考慮到外在環境的走向。

考慮外在環境走向

欣逢創校六十二週年校慶，又正是取得安南區新校地、幾棟大樓紛紛動工興建的時候，學校又將增加許多成長的空間，也使校園中更添喜氣。過去的十幾年，是學校成長非常快速的時期。

醫學中心和航太實驗場的成立，使成功大學的規模大幅擴充；最近的五年更是成立新系、所和博士班的豐收期。

許多調查統計的具體數字，校友們榮獲各種獎勵的頻繁以及聯考志願的提昇，在在顯示社會對我們的教學品質的肯定。由教授們在國際性的學術期刊和會議中所發表的論文的數目以及研究計畫的件數和總金額，也可以看出我們在學術研究上的實力。以上種種當然都是全校師生員工努力的成果，但也與外在的大環境息息相關。**我們的社會仍在快速變遷之中，展望未來校務的發展也須考慮到外在環境的走向。**

因應民主化過程中的衝擊

民主化是今後國內政治上的必然趨勢。選票有左右當政者的施政方針的作用，政府的政策難免會以選民的直接的、立即的利益爲導向。高等教育的成敗雖然關係國家民族的命脈，但一般選民體會不到它的重要性，決策者也難免會忽略了他的重要性。因此，在民主化的過程中，民主制度尚欠成熟的階段裏，高等教育可能會受到若干犧牲，經費充裕的時期似將結束。在預算緊縮的情況下力爭上游，唯有減緩量的擴充，致力於教學、研究和行政品質的提昇。

近年來，政府部門之間制衡與監督的關係有日趨繁複的現象。國立大學的運作雖然與一般政府機關有許多差異，但也同樣地處在這個制衡與監督的架構之中，因此也限制了推動校務進步的自由度。在此等情況下要與世界上其他的好大學一爭長短，擔任行政工作的同仁需要付出更多的心力，合作的默契與相互的配合也更爲重要。

分擔行政自主的責任

使國立大學在行政上有充分的自主性也是未來發展的一個必然的方向。**但伴隨著行政自主而來的一些責任也會落到每一個國立大學的身上**，包括訂定校務運作制度和自謀部分財源的責任。較多的政府管制，有使較差的學校不會變得很差，但較好的學校也難以變得非常好的作用。除去了政府的管制以後，我們將會享有發展成爲世界上最好的學府的無限的空間，也有較多的向下滑落的危險。成功大學全體師生員工，自當有充分的信心，迎接這一個時代的來臨。

八十二年校慶獻言

賀創院十週年

——談成大醫學院未來的發展

今後將是一個重視品質的時代，要看得準什麼是未來社會上最需要的，什麼最能配合我們既有的特色。

艱辛成長的十年

過去的十年中，外在的大環境變化快速，許多國內外歷史性的大事發生在這一時段裏。這十年也是國內經濟建設快速成長、政府財務頗爲寬裕的時期。國立成功大學醫學院因社會的需求而創立，也隨著國家建設的進展而成長。回顧這十年之中，尤其是創立初期籌建房舍寄居北部友校的階段，有多少艱辛、有多少人勞心勞力、有多少人給予關心與支持，成大醫學院能有今日的規模與成就，我們要向許多人致上感謝之意，也要向他們賀喜。

充滿希望的未來

展望未來，我們有信心能把成大醫學院發展成爲一個有世界水準的高品質的醫學院：提供高品質的教育，培養有醫術、有醫德、也有開濶的胸襟與眼界、能爲良相的良醫；也執行高品質的學術研究，爲醫學的進步和探求生命的奧祕貢獻力量。我們爲什麼有此信心呢？因爲在過去的十年之中成大醫學院已經建立了良好的基礎與傳統，與校內其他院系已建立了非常好的合作關係，與附設醫院也是不分彼此合作無間，成功大學這個大家庭的每一個成員都會爲醫學院的進步貢獻一分力量。

符合未來需求　發展自我特色

今後將是一個重視品質的時代，爲了確保教育與學術研究品質的高標準，在量的擴充上必須審慎規劃，**要看得準什麼是未來社會上最需要的，什麼最能配合我們既有的特色。**創業維艱，進取更是不易，在此願爲成大醫學院的無止境的進步獻上衷心的祝福。

八十三年成大醫學院十週年院慶

第四章　教育界的園丁

——專文

聯招問題芻議

引導全國高中學生養成對問題思考與理解的能力，比聯考的絕對公平更爲重要。

修正大學聯招　釐訂正確方向

改進大學聯招，不僅是如何使聯招本身公平合理的問題。聯招如何考，高中老師便如何教，學生便如何讀；影響全國中學生讀書的方向。是一件至關重要的事。

聯招辦法不論怎麼改，總會有人罵，所以是一件吃力不討好的工作。但因其對國家教育的重要性，我們總要盡力向對的方向去修正。

導正教學正常化 培養全方位現代公民

現在因爲甲組不考史地，所以在私立高中裏報考甲組的班級史地課程是不會上的，而是利用其時間加強理、化、數學和英文。上軌道的公立高中，史地課是會上的，但不會受到學生、家長及學校的重視，應付應付，及格了事。其結果是：考取甲組系的大學生受不到適當的史地教育，並且養成了輕視文史的習慣，受過高等理工教育的國民，普遍缺乏文史修養，是嚴重的問題。同樣，乙組系的學生進了大學後不會再有學理化的機會。高中所教的一些理化知識原是每一受過高等教育的國民應有的常識，但這些學生，因爲聯考不考，在高中時便不會認眞去學；而私立高中則根本不教這些課。

高中的每一門課程應該都是重要的，如果不重要就不該列入課程中。因此，大學聯招，除了音、體、勞、美之外每門課都應該考。若不考幾乎等於在高中裏沒有這門課。

甲組，史地的比重可以輕些；乙組，理化數學的比重也可以很輕；但不能不考。由各系自定需要加重算分比率的科目也是一個辦法。

私立高中教學方式不能正常化，恐怕很難以命令的方式加以禁止。唯有採取上述考試方法，才能導正。

引導學生培養思考與理解能力

以人工閱卷的「申論題」「證明題」等等，有引導學生學習「思考」與「理解」的作用，但其缺點是評分人的認眞與公平的問題。即使向來主張物理題中應有人工閱卷部分的教授，暑假中也不見得肯放棄研究而跑到臺北去閱卷，但我仍認爲**引導全國高中學生養成對問題思考與理解的能力，比聯考的絕對公平更爲重要**。所以要增加人工閱卷的部分，並盡量做得公平。

本文爲兼任工學院院長時，爲夏漢民校長出席一項有關聯招問題之會議提供之意見

教育的園丁 校務的舵手

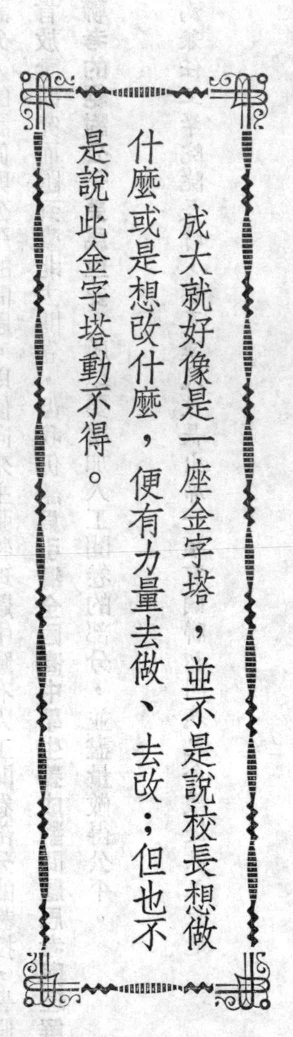

成大就好像是一座金字塔，並不是說校長想做什麼或是想改什麼，便有力量去做、去改；但也不是說此金字塔動不得。

校務發展要尊重大眾的意見

問：校長，您能否談談被任命為成大校長時的心情。

答：成功大學是一個相當大的學校，如果一個校長做得不好，整個學校就會受到傷害，責任是很大的；所以對自己來說是一種壓力。**成大就好像是一座金字塔，並不是說校長想做什麼或想改什麼，便有力量去做、去改；但也不是說此金字塔動不得。**我現在好比在開一部巴士，要考慮車上一些乘客的意願；不能像開一部小跑車一樣，隨自己的意願，想轉一八〇度的彎就能一下就轉過來了。而我也不是在開一列火車，火車的鐵軌都已鋪好了，沒有什麼選擇的餘地。校長，他只是學校中的一分子，是行政架構中的一員。很多事情要尊重大多數人的意見，再安排如何做，才是對的。有很多事情雖然很小，但也要考慮得很周延、很仔細。

要讓教學及學習環境愈來愈好

問：從您上任至今，對自己的工作表現滿不滿意？

答：當然不夠滿意。學校中大多數的老師都很認真地在教學，很努力地在做學術研究；大多數的同學也都很用功地念書。校長應以更多的時間思考更多的事情來服務大多數的老師及同學，讓教學及學習的環境能愈來愈好。但學校中往往也會有少數的老師或同學有些小問題，而這些小問題就占了許多校長的時間。我希望不要如此，但一些事情就是要花時間解決。

做個能解決問題的大學生

問：在我們整個社會變動很劇烈的狀況下，您覺得大學生應以怎樣的面貌來呈現給社會？

答：一個大學生受了四年的大學教育，在此四年中他要學習成長。不單是課業要學得實在，在做人做事方面也要學習；而一些課外的活動也要參加，不能光念書，只受職業訓練。除此之外，更要去關心他人，關心社會和國家。人當然都會為自己想，但卻不能只為自己一個人著想。只管自己把書唸好，成績漂亮，別人的死活一概不管，這不是一個大學生應有的心態。一個年輕人關心別人，關心社會和關心國家是一件非常可愛的事情。但有些事卻不能做得太過火。要關心別人，解決問題，千萬不要把自己變成一個需要別人來解決的問題。

參與有意義的活動　做個有建設性的人

問：您認為成大學生在關心社會這方面做得如何？

答：學校中有一個社團「遊子會」到社會上去募捐，然後利用這筆錢購買了一些推車，做為成大醫院中的活動圖書車，雖然是件小事，卻顯示了他們懂得如何讓自己去參與一些有意義的活動。如果學生在校園中做了諸如此類的事，進入社會之後一定會做更多這類的事情，在社會上，他們就是一羣非常有建設性的人。

校務發展質量並重　人文與自然科學均衡

問：要使成大成為一所一流大學，您認為在那幾方面需要加強？

答：成大是一所綜合性的大學，絕不可以說什麼重要，什麼不重要；什麼是重點，什麼不是重點。成大在某些方面已具有相當的實力；我們希望成大每個院、每個系都能發展得健全，達到很高的水準。所以，在學生的量方面不能增加太多，而是要追求質的提昇。在師資方面，最重要的是把年輕的師資培養起來，改善教授做學術研究的環境，使教學的層次提高……等，都是當前重要的課題。另一方面，學校是社會的一部分，如果整個社會都在進步，我想，不論誰當校長，學校都會進步的。

建立和諧有效的溝通

問：您認為學校與學生兩方面之間意見的溝通應如何去做？

答：「溝通」，不是說挖一條溝就會通的。我認為人與人之間自然而然就是通的。學校的行政單位也應有一種態度：能做得到就要做，而做不到的就說明為什麼。學校要將學生一些好的建議變成校方的意見，有機會就要使之實現。學校好像一個家庭，不要有官腔打來打去的現象，也不要太形式化。現在，彼此的溝通要做，但不要成為一種制度、一種公式；我們要的是「通」的氣氛而不是「通」的形式。

以學生的整體利益為著想

問：您對學生爭取權益而產生的學生運動的看法如何？

答：學校的權益與學生的權益應該是一致的。若學生爭取的本來就是應有的權益，學校就要給。但一些學生運動所使用的戲劇性動作使得大多數學生權益受到損害時，學校就不能不加以阻止。當然，學校行政制度上的一些缺失要盡量改善，而學生與學生間的一些不同的看法也要得到協調。總之，學校的立場都應該是為同學著想的。

七十八年三月三日成大青年社專訪

菲、泰、港教育訪問紀要

推動海外華文與倫理教育，除了經費與人力方面的支援外，也應設法强調其實用上的重要性。

修正僑生遴選制度和方法

七月間僑務委員會辦了兩個「教育訪問團」，一個團由師大梁校長擔任團長，訪問印尼和馬來西亞；一個團由我擔任團長，訪問菲律賓、泰國和香港。同行十二人，於七月九日出發，二十二日回到臺北。

在這兩星期中訪問了各地的校友、僑校、僑團組織和服務單位。到了每一個地方都受到校友們熱誠的歡迎和接待。由校友們在海外的事業成就和他們所表現的愛國家、愛民族的情操，可以證明我們過去的僑生政策是正確也是成功的。只是在制度與方法方面，如遴選程序與各校名額比例等，需要不斷修正與改進。

僑教應强調實用

在非律賓與泰國，僑教之重點應在於中小學程度的華文與倫理教育。但其推動在經費和人力方面都有困難，教師的待遇也過分偏低。年長的華僑均瞭解華文與倫理教育的重要性，但與現實生活、求職、就業與事業發展較少關聯。因此**推動海外華文與倫理教育，除了經費與人力方面的支援外，也應設法强調其實用上的重要性**。

非律賓目前社會上較不如泰國安定祥和，但有不少組織完善的僑團，有運作頗為良好的僑校，也有德高望重的僑界領袖。在非、泰兩國的華僑子弟因並不缺乏升學管道，回國接受高等教育的意願並不高；若能多開闢中學生回國接受短期華文教育的機會，將會更為實際。

積極爭取學術合作

香港地區僑生校友人數眾多，目前其所最關心的是九七之後何去何從的問題。因爲天安門事件的發生，吾人可預期下學年香港青年願來臺接受高等教育的人數將顯著增加，其素質也將提昇。在香港各大學中有不少在文史、國學、法政、經濟等方面有高深造詣的學者，是我們學術合作頗爲理想的對象。

在這兩星期的訪問中，在僑務、僑教、僑生校友的就業狀況等方面看到很多，也學到了很多。較爲遺憾的是因爲時間的衝突，沒有能出席在馬來西亞舉行的文華週活動。

七十八年七月菲泰港教育訪問團紀要

國是建言

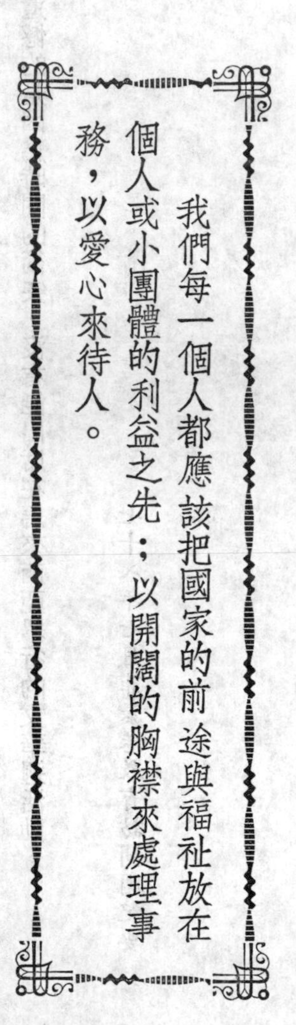
我們每一個人都應該把國家的前途與福祉放在個人或小團體的利益之先；以開闊的胸襟來處理事務，以愛心來待人。

以國家的前途與福祉為先

國家的大事就是全體國民的大事，大家對國內政局發展的關心與意見是民主國家中應有的現象，也是政治進步的原動力。青年學生自也應該關心國事。

我們每一個人都應該把國家的前途與福祉放在個人或小團體的利益之先；以開闊的胸襟來處理事務；以愛心來待人。目前許多政治上的困擾都是因爲沒有做到以上幾點而造成的。

穩健加快政治改革

政治改革的腳步要加快，但不能亂。亂只能使問題加深而不能解決問題。現在我們有資格談政治改革，是因爲我們對國防的安全有一些信心，經濟建設也有相當的基礎。如果因爲政治的改革而動搖了國防的安全與經濟的安定，則政治的改革勢必失去正面的意義與價值。

國是建言

大學是國家的，是超政治的，我不願以校長的身分代表學校發表任何有關政治的意見，只能以個人國民一分子的身分提出我的看法。我不是政治專家，浮淺之處當然難免：

1. 資深民意代表應及早退職是全民中絕大多數的意願。
2. 國民大會不得通過「每年自行集會一次，行使創制、複決兩權並延長任期爲九年」等擴張職權且不符民意的決議。
3. 憲政體制問題，關係國家百年大計，須集合學者專家詳加研究後，在冷靜有秩序的氣氛中愼重議定。

附：現在雨下得很大，本校同學因愛國、關心國事而採取的行動，千萬不要影響到自己的安全和健康。

七十九年三月十九日對同學的書面談話

當時是國民大會的會議期間，大學生關心國是的運動正在各地展開。本文為對成功大學同學之書面談話。

改進大學聯招之我見

我是個大學老師，站在本位主義上，可能應該覺得大學選才比較重要；但站在整個國家的立場來說，引導高中教學卻重要很多倍。

大學聯考的根本問題在社會

我們大學聯考的根本問題在社會上，和韓國很類似。政府用人要看文憑，民營公司用人也要看文憑。因爲我們的社會是一個文憑主義的社會，所以青年人要追求文憑。此外，在東方、在中國，人都有「萬般皆下品，唯有讀書高」的觀念，認爲只有讀書才是上進的路，所以青年人都往大學擠。人人都想：我是有志青年，我想力爭上游，「人往高處爬，水往低處流」，當然大家都要上大學。我們看到美國的青年，人人可以各得其所，當個清潔工也是頂天立地，和大學的教授一樣地頂天立地。如果在我們的社會裏這種根本的觀念不能改變，則改進大學聯招也只是技術上的改進而已，根本的問題依然不能解決。

建立大學自由化的制度

我大膽地問，是否我們可以多設私立大學，讓年輕人都有升學的機會，並取消對私立學校的學費限制？至於對那些考取私立學校而沒有能力唸的清寒學生，則用助學貸款或採其他的方式來補助。再問一句大膽的話，我們國家是否可以讓私立學校有辦學店的自由？教育部不必把私立學校都保護在某一個標準之上。一個國家若沒有學店就不會有哈佛、早稻田，我們應該有比較自由的制度。有人想辦學店，就讓他辦學店；有人想辦哈佛、早稻田，就讓他辦哈佛、早稻田。**如果讓想要文憑的人就能得到文憑，社會上的文憑主義就沒有了。公家機關、私人公司用人就會憑才能、憑本事，而不是看文憑。**

引導高中教學正常化

我想大學聯招應該有兩個功能，一是爲大學選才，二是引導高中教育正常化。個人覺得引導高中教學正常化比爲大學選才更重要。**我是個大學老師，站在本位主義上，可能應該覺得大學選才比較重要；但站在整個國家的立場來說，引導高中教學卻重要很多倍。**如果我們大學選才的功能做得不好，讓成績差一點的學生進入臺灣大學，讓別的學校得到一些成績好的學生，相信不會有什麼壞處。而如果因爲大學聯招而使高中教育不能正常化，扭曲了教育應有的功能與理想，豈不是一件嚴重的事？南陽街上有許多補習班，補習班也有其社會功能。如果沒考上大學的學生沒處可去而到處晃蕩，那會產生多少社會問題？如果大學聯考可以引導高中教學正常化，我們也可以經由設計讓大學聯考引導補習班教育正常化。如此，補習班賺了錢，對社會也有了更大的貢獻。

落實眞正的公平　研商具體可行的辦法

社會上注重大學聯招的公平性，現在的聯考表面上看，很有公信力，也非常公平。電腦閱卷是公平，但也有不公平之處。有些學生不一定眞正了解，卻能很快選出答案，於是就得到分數，懂得思考的學生不一定來得及在短時間中找到答案，因此電腦閱卷也不一定眞正公平。我們因此而增加了人工閱卷，但人工閱卷又就變成了一個黑盒子，老師有絕對的權力。打分數的時候，如果兩個人的差距不大，就不必複閱；於是怎樣讓差距不大？就是大家都打得不高不低，如此又造成了另一種不公平。

討論大學聯考不能只討論大方向、大問題。當大的問題討論得差不多的時候，就應該研究一些具體的可行辦法；不一定改全盤，我們也可以從局部著手改進，先改一些小而動得了的問題。舉例來說，怎樣讓申論題、作文的閱卷工作做得公平？是否每位老師所評閱的卷子的分數應該有一個合理的平均值，並且應該有一個合理的標準差？要讓人工閱卷的老師仔仔細細、花腦筋、花心思公平地來給分數，閱卷老師的待遇就應該合理的調高；命題費、監考費、試務人員的待遇也都要提高，因此大學聯招的報名費要提高。

我們大學聯考的問題，其實是大社會裏的一個局部問題。社會中的事，常常使人有無奈的感覺，做很多事都動輒得咎。我們教育部在做事情的時候不該怕社會上少數反對的聲音，認爲對的就應該有勇氣去做。例如大學聯招的報名費，實在需要大幅度提高。

大學聯招是國家整體的問題，要想辦法讓聯招來導正高中教學，而不是一味只要求高中教學正常化，坐享正常化的成果。許多決策都是在低階層執行的時候發生了問題。我們說不可以能力分班，高中教學應該正常，這都需要設法以改進大學聯招的手段來完成的。我們不該把這個困難的皮球踢到中學裏去。

七十九年五月七日大學入學考試中心研討會中之發言

大學之道

大學的行政主管的責任就是要設法提供老師和學生們一個理想的成長環境。

大學，與其他各級學校一樣，是爲社會培育人材的苗圃。要使青年人在其中成熟、長大——在學識、品德、修養各方面都要成長完好。移植到社會中以後，能夠面對風雨，擔當重任，成爲棟樑。

大學所培育的對象不僅是學生，也要使教授們能在學術上有無限大的發展空間，有機會成爲大師級的學者。

大學的行政主管的責任就是要設法提供老師和學生們一個理想的成長環境。所謂環境，除了房舍、儀器設備以外，軟體的制度和一個和諧的濃厚的學術氣氛，更爲重要。

成功大學的一個特色就是踏實。我們的師、生、校友在做人、做事各方面都比較踏實。社會上的人士總是認爲成功大學是一個以理工爲主的學校。不錯，我們在理工方面的實力是強，但是我們也有精緻的文學院和管理學院，也有一個高水準的醫學院。

成功大學是一所相當完善的綜合性大學，我們以後發展的目標是在教學和研究的品質上都能夠成爲世界性的一流的學府。

教育是多方面的，包括學校教育、家庭教育和社會教育，在學校裏，我們要用鼓勵和引導的方法使學生好學、求上進，而不是用強迫的方式逼學生用功，要培養學生學習的興趣和好奇心、創造力。

對許多問題，我們並不一定要使學生們與我們的看法一樣，但我們要使學生們能獨立思考，能明辨是非善惡。年輕人都是願意求上進的，我們要讓他們知道那些才是正確的上進之路。

校長的職責不是「治」校。學校是教職員工生大家的，要尊重大家的意見，融合大家的意見，採用好的意見。（要心中眞正地尊重大家的意見，而不是形式上的表演。）

學校是社會的一部分，學校的發展與校務的推動也要考慮外在的大環境。

學校是永久的，教授的職位是永久的，只有兼任行政主管是暫時的。在兼任期間，要自認爲是無休止的接力賽中的一棒，要盡力跑好，要求快求超前，更不能失誤與跌交，要把世界上的一流學府作爲競賽的對象。

大學最重要的任務是教育學生，其次是學術研究與社會服務。使老師們認眞把課上好；使學生把課業學得很實在，作業、習題、實驗、實習也都實實在在地去做；使教授們在學術研究上有高的成就，這些都是校務工作中最主要的目標。

要達到這些目標，必須由改進教學與研究環境以及訂定發展計畫與章則制度著手。教育工作的成功主要是靠好的師資，要能提供一個能夠滿足優秀學者們在學術上的上進心與成就感的環境，才能羅致到好的老師，並且使他們留下來。近年來，爭取到較多的經費，買儀器設備、蓋房子已成爲校務工作中較容易的部分。而軟體的建設，其成果在短期內是看不出來的。例如老師們的教學的方法與研究的風氣，以及學生們學習的態度的改進與提昇是比較難做，但也是更重要的部分，如何使教授們一方面追求學術上的高成就，另一方面也不容忽略了對學生的教育工作，也是值得注意的一點。

成功大學學風純樸踏實，歷任校長辦學的風格也都大致是如此。

四十年前我入學當一年級的學生，那一年花了很多功夫在工場實習上，做車工，做鉗工……，二年級的時候花了很多時間學繪圖。過了四十年之後，現在的學生不再花那麽多時間在車工、鉗工、繪圖上了，因爲他們必須把時間花在四十年前沒有的新知識上。

社會在變，環境在變，青年人都是願意求上進的。我們的工作是引導他們走最佳的上進之路，但不是強迫他們走四十年前我們走過的路。

成功大學因爲在理工方面歷史久，基礎深厚，系所數目多，師生與校友人數多，規模也大，實力確是雄厚。因此，社會人士難免會有「成功大學素以科技人力的培育爲重」的印象。但實際上成功大學的歷任校長及教授們對學校的均衡發展以及人文、藝術方面的教育，均甚重視，歷年來都是把成立文史方面的研究所列爲學校的最高優先。但此等意願不易受到社會人士與上級政府的重視。

成功大學因爲文學院規模較小，所以用「通識課程」的方式開授文史法政方面的課程，深得理工學院學生的愛好。每學年文學院舉辦「鳳凰樹文學獎」，理工學院學生的參與也非常踴躍。

成功大學歷年來也培育了不少文史法政方面的人才，如殷允芃、鄭佩芬、王建煊、吳伯雄、蘇南成、張隆盛……等諸位校友便是。

七十九年九月《中央月刊》訪問

教務工作與教學研究

學校工作當中，最困難的是什麼，我覺得硬體的發展，如爭取經費、買儀器、造房子……等當然相當困難，但是最困難的也是最重要的還是如何提高學術研究的風氣，如何讓學生們用功，如何讓老師們認眞的教學，如何讓老師積極的作學術研究。

在大學裏最重要的工作，就是教務工作。學校的使命是教學和研究，而教務處就是主管教學和研究的單位，教務工作同仁提供了教學與研究工作方面的各種服務，事關學術水準的提昇，可以說是擔任了校務工作中最重要的部分。因此，我在這裏，謹代表所有學校的校長向諸位教務長，以及教務工作同仁致最高的敬意和謝意。

落實教學軟體建設

常常有人問我，學校工作當中，最困難的是什麼，我覺得硬體的發展，如爭取經費，買儀器、造房子……等當然相當困難，但是最困難的也是最重要的還是如何提高學術研究的風氣，如何讓學生們用功，如何讓老師認眞的教書，如何讓老師積極的作學術研究。在教育的工作上，我們可能花了很多功夫，做了很多事情，但其成果往往不是一、二年或者幾年能够表現得出來的，我想教育工作的本質就是這樣的。

因應潮流　與時俱進

教務工作須時時因應時代潮流，社會變遷等因素，提出檢討與改進，在提高學生讀書的風氣方面，我們常感覺到目前的學生不太用功，也常感覺到，他們非常現實，都在追求尖端、追求熱門、追求實用、追求功利。我覺得這些想法，並沒什麼不對，但是過分的追求尖端、熱門、實用、功利，是不是會扭曲了教育的功能？許多不是很尖端的東西，不是馬上非常實用的學問，如基礎的學門，基礎的工作，和許多不是很熱門的工作，在我們的社會上也是非常重要的。譬如外文系的學生，畢業之後能當個好英文祕書，固然很好，但在我們的社會中，有一些在西洋文學方面有成就的學者，也是很重要的；在工程科技方面，許多尖端的領域當然重要，但是社會上也很需要許多戴著安全帽在工地上從事實際工作的工程師。怎麼樣在教學當中，讓學生在學習的態度上，能够有適度的平衡，也是教務工作中應該關心的地方。

教師應以教學為先

有一些我們的老師，沒有作太多的學術研究，但在教學方面很認眞投入，把書教得非常好，這一類型的老師，也是很有貢獻的，因爲他們可以把許多基本的科目，讓學生學得很清楚，學得很實在。但是如果在學校裏邊，都是這類教師匠型的好老師，整個學校學術的發展，和對學生的教育，就恐怕不會有太高的成就。反過來說，學校裏的許多老師過分重視個人學術的研究而忽略了教學，花了太多的時間作高深的學術研究，出版自己的論文，而把大學部的教學工作忽略了，在學校裏也會造成很大的問題，對大學部學生不見得是很公平的。

教學、研究、服務三者平衡

最近常聽到，各校的經費有百分之多少來自國科會和建教合作的研究專題的話題。有的學校或許高到百分之四、五十，有的學校百分之十幾，有的學校或許是更低。一個大學的運作經費當中，國科會和建教合作研究專題的經費所占的百分比多大才是健康的？我覺得這也是一個值得我們考慮的問題。過高或過低都不是健康的。在一個大學裏邊，教學、研究、服務的工作能夠適度的平衡，也是非常重要的。

今天的會議當中還有許多提案，都是關於教務工作運作上比較細節上的問題。這許多細節上的問題，如果都做得對，做得好，對教務工作發展的大方向，一定會有很大的幫助。舉例來說，教育部有一個政策，就是讓研究生領了獎、助學金之後，能夠協助學校做一些教學研究的工作，如果我們把這項工作做得好的話，那我們就可以利用研究生的力量，來代替許多助教的工作，使我們許多基本的課程教得更好，而且可以挪出許多教師的名額來聘請更高階層的老師，這對學校來講是非常好的事情，教育部的政策，是非常好的，但是學校在作業上如何做得實在、落實，能夠達到教育部原有的目標，也是我們教務工作同仁的重要任務。

最後祝大家健康愉快。

八十年三月十五日全國大學及獨立學院教務主管聯席會議致詞

教育、科學與文化的預算

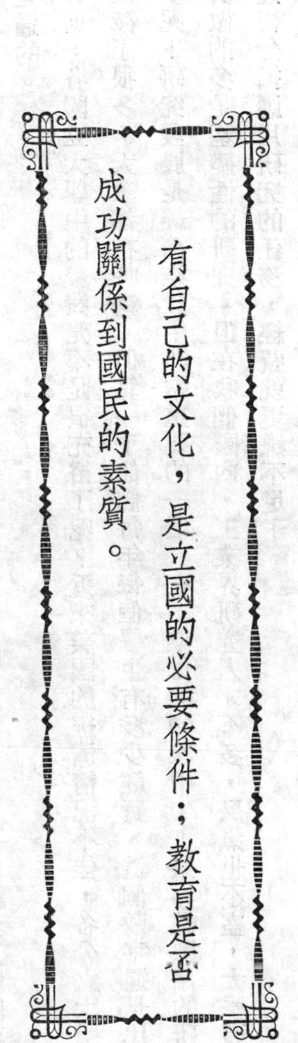
有自己的文化，是立國的必要條件；教育是否
成功關係到國民的素質。

近來對於政府預算中，教育、科學與文化的部分是否應在憲法中訂定一最低標準，大家有許多不同的意見。

有自己的文化，是立國的必要條件；教育是否成功關係到國民的素質；科學的水準是經濟與國防建設的基礎。當初在憲法中把教育、科學與文化所需的經費定有一個在總預算中的最低比率，可謂用心良苦。

教、科、文的預算雖然訂有一個最低的標準，但也有很大的彈性：過去，中央政府的教、科、文預算並不是全部用於中央單位，而是與地方政府互通的，對地方政府的需求有適當的支援與補助。而所謂教育、科學與文化工作的領域也並無明確的界線。教育預算並沒有全部用來辦學校，而是與社會工作互通的；科學的預算也並非全部用來作科學研究，而是與經濟及國防建設的需求互通的。

目前，各國立大學中的經費是不是很充裕了呢？近來美國的經濟情況不佳，各公立大學的預算被刪減了很多，大家都在叫窮。但算一下他們每年每個學生有多少經費，這個數字還是比我們大得多呢！研究發展是經濟建設中非常重要的一環。在工業化的國家中，工業界做應用的研究，大學裏做的多是基礎性的研究。但在我們國內，工業界研究人才不多，風氣也不盛，大學裏的教授們還得分擔應用研究的任務，經費就更嫌不足了。

八十一年二月十三日刊《自立晚報》「晚安臺灣」

大陸訪問見聞記

> 在一九九七之後，臺灣將是維繫有關中國的人文與社會科學命脈，並將其發揚光大的唯一據點。

今年九月下旬，在上海舉行「一九九二年海峽兩岸環境保護研討會」，我趁這次會議之便，有機會到同濟大學、上海交通大學、復旦大學、華東化工學院及浙江大學作簡短訪問。本（十二）月十四日及十五日兩天與臺灣大學工學院顏清連院長赴香港大學參加一項爲慶祝該校八十週年校慶所舉辦的「工程教育及研究」研討會，又有機會與北京清華大學、上海交通大學與西安交通大學的與會者有所接觸。近來，一些大陸人士來臺訪問到成功大學時，也常有交換意見的機會。謹就觀察所得提出以下數點，敬請指教。

一、大陸上有大學校院千餘所，校務的運作，似乎並沒有劃一的制度；在學術水準、受重視的程度以及經費與資源方面差異很大。有三十多所大學直屬國家教育委員會。其中少數學校，如北京清華大學等，似乎又是重點學校中的重點學校。交通大學有四所，其中只有在上海與西安的兩校屬於國家教育委員會。

二、過去，中共政府曾把各校的學域加以整合調整。例如在上海，把工程方面的學域劃歸同濟，理科劃歸復旦。但現在各校有了一些自主權後，又都朝綜合大學的方向發展。

三、一些重點大學，尤其是設有國家重點實驗室的學校，在理、工、醫、農的科技研究方面，師資與設備都相當有實力，過去的研究成果也很好。

四、大陸上過去的科技研究是計畫導向型，現在大都成爲市場導向型。尤其在工程方面，做的都是非常實用性的問題。

五、大陸上各大學教職員工對學生的人數比例過分偏高。其正規薪資又過分偏低。雖然似乎人人都有正規收入以外的收入（約占總收入的二／三），但與一般個體戶相較，仍然偏低，故時有怨言。

六、學校經營公司是大陸上一個很獨特的現象，有人將此一現象解釋爲解決人員過多問題的一種減肥手段。就是將學校裏過剩的教職員工人力去做公司的工作，其餘的來負擔正常的教學與研究工作仍綽綽有餘。公司的利潤由全體分享。此種做法在整體的成本效益上看，當然不可能合乎經濟原則。

七、大陸上目前已體會到經營與管理的重要性。但在政治制度不能合理化之前，經營管理之改進與發展的空間應甚爲有限。

八、大陸的學術實力在於科技。人文與社會科學的研究工作，必須在思想與言論有充分自由的環境中，才有成長的可能。**在一九九七之後，臺灣將是維繫有關中國的人文與社會科學命脈，並將其發揚光大的唯一據點。**

九、臺灣與大陸的學術界應多所交流，以增進雙方的瞭解，並交換資訊與經驗。但在基本的政治觀念上差別仍然非常大的情況下，具體的合作，困難仍多。

八十一年十二月二十九日於陸委會報告

對學校教育的一些淺見

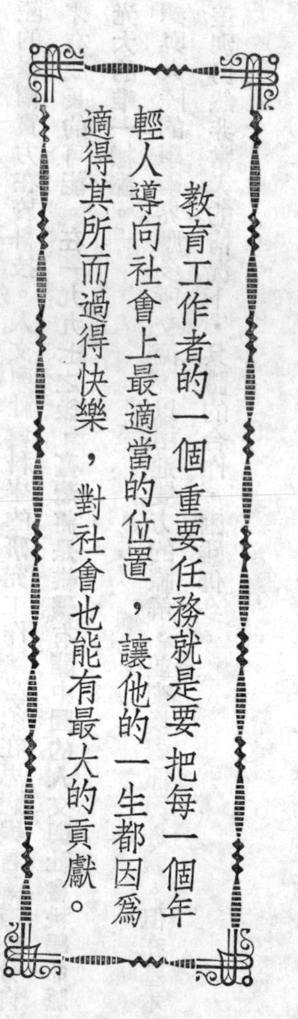

教育工作者的一個重要任務就是要把每一個年
輕人導向社會上最適當的位置，讓他的一生都因爲
適得其所而過得快樂，對社會也能有最大的貢獻。

教育工作是多方面的，家庭教育、社會教育與學校教育各有其不可取代的重要性，其成敗也息息相關。社會上的每一個成員都是家庭教育和社會教育的示範者；只是有時作的是正確的示範，有時作的是錯誤的示範。因此，我們所做的每一件事，所採取的每一個措施，都要考慮到其在家庭教育和社會教育上的影響和後果。本文僅就學校教育提出一些淺見。

培養完美人格

教育工作不僅是知識的傳授，完美人格的培養應該是學校教育中更重要的一部分。要培養學生分辨是非、善惡的能力；要使學生們能夠體會得出什麼是高尚的節操與格調；如何與人相處，如何在團體中成爲一個被大家所認同接受的成員；可以領導別人，也可以被別人領導；而且有助人與服務的熱忱。如果一個學校的畢業生，在社會上，在舉手投足之間，在爲人處事的態度上，都顯得出優良的風度與氣質，這個學校的教育就很成功了。

培養思考與判斷能力

在學校裏要傳授知識，但知識的傳授不等於升學的輔導。目前我們各級的升學考試，爲了公平起見都要求學生以最快的速度答出標準的答案。但我們希望學生們學會的應該是能夠對所學的知識作透徹的瞭解並培養思考與判斷的能力，以及提出有意義的問題與意見的能力。

辦教育而不是辦升學補習班

升學與在聯考中獲得較好的成績，對學生與家長們都是很現實的事；每一個做家長的都希望自已的子弟能夠順利升學、進入較好的學校。但是我們絕不能只以升學率來評量一所學校的辦學成績。因為我們的職責是辦「教育」，不是辦升學補習班。教育是全面的，目的於在培養身心健全人格完美的國民；而升學補習班的目的是單一的，只要能使學生在聯考中得到高分就是成功，但我們絕不能以這樣的態度來辦理各級學校的教育。經驗告訴我們，以「惡補」的手段在聯考中得到高分的學生，進入高中以後的學業成績往往都不是很好，進入大學的也難以適應大學裏要求自動自發的教育方式。死讀書、讀死書的大學畢業生，進入社會之後，事業上也難有較高的成就。

適才適所適性發展

我們的子弟，每個人的天資、性向都有所不同；我們的社會也是一個結構複雜的有機體，各行各業、各階層，每一個崗位上都需要適當的人。這個大機器上的每一個零件都是必需的，也都是重要的。**教育工作者的一個重要任務就是要把每一個年輕人導向社會上最適當的位置，讓他的一生都因為適得其所而過得快樂，對社會也能有最大的貢獻**。勉強一個有藝術天才的年輕人去當工程師，或是一個有政治興趣的去當醫生，是相當殘忍的事；對整個社會也會形成人力的浪費。我們也要讓那些不再升學的畢業生了解，不論他選擇任何職業，只要自己尊敬自己的職務與工作，在社會上也就會受到尊敬。上進並不一定必須靠文憑，只要能夠把自己手上的每一件工作都做得好，都實實在在地去做，自己就自然會創造出一條上進的路。

有人說，由過去數十年經濟建設的成果來看，我們的教育是很成功的；也有人說，由目前社會上的許多亂象來看，我們的教育是失敗了。可見我們的教育工作有其成功的一面，也有其失敗的一面。這個時候，在各級學校的教育工作同仁，我們不必居功也不必諉過。多向前看，把今後的教育工作做得更對更好才是最重要的事。

八十二年七月一日刊臺南市教育會《會務通訊》第八期

工程人才的培育

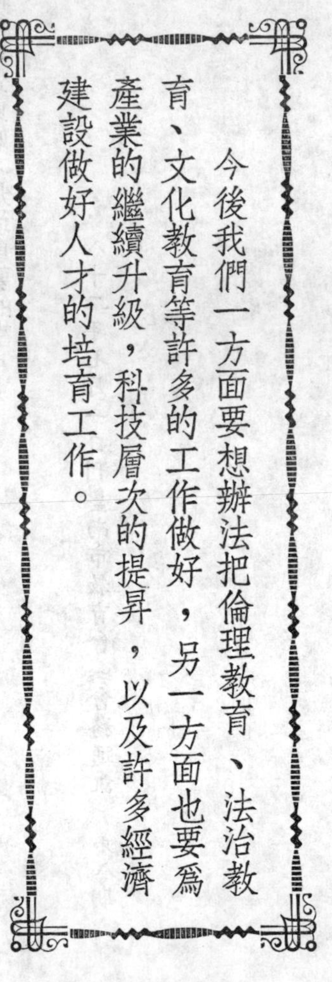
今後我們一方面要想辦法把倫理教育、法治教育、文化教育等許多的工作做好，另一方面也要爲產業的繼續升級，科技層次的提昇，以及許多經濟建設做好人才的培育工作。

今天應邀到貴學會的年會上作一專題演講，感到非常榮幸。因爲過去幾年在教育行政工作上花的時間比較多，謹就工程人才的培育方面提出一些個人淺見，請諸位指教。

人文與科技教育相輔相成

關於我們教育的問題，近來社會上常常有兩種相反的聲音：有的人認爲過去幾十年的教育是很成功的，各項經濟建設的成果都是靠人的努力完成的，在在顯示教育的成功；但另一方面，有人認爲教育徹底失敗了，倫理的敗壞、社會的亂象、國民素質的低落、大家的不守法、不守秩序……等等，都是教育的失敗所造成的後果。社會上這兩種相反的聲音，顯示我們的教育工作，有其成功的一面，也有其失敗的一面。**今後我們一方面要想辦法把倫理教育、法治教育、文化教育等許多工作做好，另一方面也要爲產業的繼續升級、科技層次的提昇，以及許多經濟建設做好人才的培育工作。**

培養年輕人提出意見的能力

國內教育有許多的問題，但問題的根，還是來自於臺灣地小人多的事實。由於過去我們運用得還不錯，這麼許多的人就變成人力資源，所以才能產生許多經濟建設的成果，但也有運用不當的一面，也就是被指爲教育失敗的許多地方。

我們地小人多，人與人競爭困難，自然而然地就會強烈地要求公平。但是公平不一定合理，講理也講不清。大家不喜歡特權，也不信任人的主觀判斷，因爲主觀的判斷要靠理與情。怎樣才是最公平呢？抽籤決定誰該得到什麼東西，誰該做什麼事，大家機會均等，才最公平，但並不合理。有一個比抽籤合理也是力求公平的辦法，就是目前的高中聯考、大學聯考，以及用來決定公務人員的任用資格的高普考。用嚴謹的命題規則，密封的考卷，以及入闈製卷等手段來避免任何主觀的判斷。

這樣的考試制度對我們社會、教育有什麼影響呢？我覺得也有相當好的一面，就是把我們年輕人訓練得很會考試，在國外許多考試的場合中都能勝過外國人，使我們的留學生到了外國後考試的成績都不錯。但是，學生們在學習應付聯考的過程中，被訓練得會記憶與猜測答案，因爲若答的是標準答案就有分，就考得取，若答的不是標準答案而是個人的見解的話就沒有分數，就不會被錄取。因此也就養成年輕人不信任自己說的話，說自己不信任的話的習慣。因爲我們沒有培養年輕人提出意見的能力，當他有發表意見的機會時，就只得亂發表意見了。

避免科技和人文的兩極化

另外一個較嚴重的問題是科技和人文的兩極化，因爲在高中階段就分組，考理工就只學物理、化學，不學地理、歷史；考人文的就只學地理、歷史，不學物理、化學，還沒上大學就已兩極化了，學人文的不懂得物理、化學，學理工的不懂得地理、歷史。因爲我們覺得這樣的教學方式不對，於是在大學裏加強辦理通識教育，因而產生了高中先分組，大學再辦理通識教育的怪現象。

另一個影響是：因爲學生希望在大學聯考中拿高分，老師就教了許多枯燥的難題的解法，和怎樣拿高分的技巧。在高中課程中，物理、化學、數學是爲了考試而教的，所以這幾門課的教學引不起學生的興趣，因爲教得太難把學生都嚇跑了。因此有許多蠻聰明的小孩都選擇學人文。現在考理工的學生愈來愈少，因爲願意唸的人少，錄取率高，理工科學生的程度日漸低落。

高科技人才與基層人才供需均衡

現今臺灣二千萬人口中約有五百萬是學生，高中生約有二十萬，高職生約有四十萬，專科生約有二十五萬，大學生約有二十三萬，其中包括一萬八千名的碩士班研究生和四千五百名的博士班研究生。近年來博士班學生人數成長得非常快。

在一個社會當中，我們需要高級科技人才，也需要基層工作人員。優秀的技工和技術員，對於工程與工業科技水準的提昇是非常重要的。但是我們的高職教育是各層次中最弱的一環。高職生的素質不如高中生，進入高職的素質較好的學生還是想升學，不想以高職畢業身分去就業。爲什麼會有這種現象呢？一個重要的原因是社會上士大夫的階級觀念認爲一個年輕人要上進，就必須升學，如果一個年輕人，有個相同年紀的鄰居，考進了建國中學，而自己進的是高職，進進出出連家人都覺得擡不起頭來。如何改變社會上的觀念，讓基層的人員受到尊敬，能夠很有尊嚴地擔任基層的工作，讓他們能得到合理的待遇並爲他們打開上進和升遷的管道，都是非常重要的事。

建立完善的證照制度

現在一般公務人員的任用和升遷有高考、普考的制度。對於技術人員，如果能建立一套完善的證照制度，使高職的畢業生只要技術好到某一程度便能循著此一管道升爲技佐、技士、技正，如此，必能吸引許多學生去唸高職，優秀的學生也不見得都要往大學裏擠。此外，高職的教學是否能跟得上社會上多變的需求，是否能不斷地、及時地修正，也是一個值得重視的問題。

高職師資的延攬

關於高職師資的問題，現在只要有碩士或博士學位就可在專科、大學裏任教，但一定要修過足够的教育學分才是合格的高職老師。一般大學畢業生，對於本科系的知識相當好，但因爲沒有修過足够的教育學分，所以不够資格在高職任教。而够資格的高職教師本科系的知識方面又不見得學得够好。因此師範教育法的修正是很迫切的，讓一般大學能開一些教育學分，以便使其畢業生以及碩士班的畢業生，能到高職去教書；讓師大畢業生能到一般大學的理工學院唸碩士班，或是特別爲他們開個碩士班，以充實他們專科的知識，都是應該開拓的途徑。另一方面，師範大學和一般大學的畢業生，書都唸得很好，但實務經驗不够，而高職的教育應是實務重於理論，但是有實務經驗和能力的人士又往往沒有任教的資格，怎樣讓這些人有機會到高職去教書，也是一件非常重要的事。

充實教師的實務經驗

專科學校有五專、二專、三專，相當的複雜，我們的專科學校，尤其是工專，大部分是私立的，教育品質高低差別也很大。教育部做過一次評鑑，臺北工專、高雄工專是最好，明志工專、勤益工商、嘉南藥專、臺南家專是最好的四個私立專科學校。過去工專裏面的老師很多是大學碩士班的畢業生，一個優秀的年輕人考取了建國中學，再考取臺灣大學，再到國外唸碩士、博士回來就到臺大當教授，教出一些碩士班的畢業生，這些碩士班的畢業生就到工專教書。這樣的工專老師，他所學到的是老師在研究所所教的那一套，學問相當高深，但不實用，這些在工專任教的研究所畢業生，都需要充實一些實務上經驗。

近一兩年來，旅居國外的學者和留學生願意回國服務的很多，但各大學的教授缺額很少，國立大學的工學院如果有一個教授缺，往往會有一、二百個人申請。這種人才供求失衡的現象使一些博士到專科學校去任教。專科學校裏的老師，以前大部分是國內的碩士，現在國內、國外的博士都有了，但這些師資普遍的缺點仍是缺乏實務的經驗。另外一個問題是專科老師的升等標準。

現在教育部對專科學校的老師升等所要求的標準和國立大學一樣。但在一般專科學校裏作學術研究的環境遠比不上國立大學，升等很困難，因而也就不易留住優秀的師資。

落實工程技術教育

在國內的工程技術教育方面，我們有工業技術學院，學生的來源是高職、專科的畢業生，這也提供了他們一個升學的管道。當初辦技術學院應該是希望成立一些和一般大學不同的學校，在學術層次方面與一般大學不一樣，但會更重視技術方面的教學。現在在臺北的國立臺灣工業技術學院除了學生來源不一樣外，碩士班、博士班都辦了，學術水準幾乎與國立大學一樣好。這可能是因為主持校務的都是學術上有成就的學者，把學校的發展方向引導到學術路線上而使技術的色彩變淡了，和當初的設置目標似稍有偏差。技術學院的師資，也是以來自國內、外年輕的博士為主。不管是到技術學院或是一般大學任教，這些年輕教授們的努力目標不是想升官，也不是想發財，而是想在學術上求進步。上進的路是什麼呢？就是多做研究，多發表論文，並且多收研究生做為助手，結果就把技術學院發展得和一般大學差不多了。

平衡教學、研究、服務

不論是一般大學也好，技術學院也好，國科會、教育部也好，爲了升等或獎勵的目的，在考核或衡量一個教授的時候，往往把學術研究的成果，或是在多少年裏發表了多少論文看得相當重。在大學裏，怎麼去維持教學、研究、服務三個任務的適度平衡，是非常重要的。如果對於教授的考核過分重視研究成果，而忽略了教學上的貢獻，對教育工作會造成傷害。

目前在工程方面，有博士學位的人才供過於求，因此，新聘老師的素質，都非常的好，都是從一、二百人中所挑選出來的頂尖人才。社會人士對大學教授的了解和實際上有相當大的差距，雖然在座的各位不會有這樣的誤解，但一般人都認爲大學教授是萬能的，以致他們所說的任何一句話都很權威，而且工作很輕鬆，常問他們今天有沒有課？好像大學教授沒課就可回家看電視的樣子，其實教授的日子很不好過，教學研究的壓力都很大，別人一天上班八小時，教授們一天工作絕對不止八小時。一般人常認爲教授很窮，實際上現在大學教授的待遇還算合理，不致於很窮。

剛才講到對於大學教授的考核，往往偏重於論文的發表，論文多的教授就受到獎勵，怎樣論文才會多呢？必定要有很多的助手幫他做研究才行，而這些助手就是教授所指導的研究生，如此就必須多錄取研究生，如果能有優秀的研究生幫忙，就可做出很好的研究成果，但如果收到一個笨笨的研究生，就只能讓他做一些例行性的工作，總比什麼都不做的好，這也是過去幾年研究生人數快速膨脹的原因之一。

提昇論文的學術水準和實用價值

國內有一個有趣的現象，在工學院的化工系，所做的研究都較偏學術，在國內、外的雜誌、會議上發表的學術性論文很多，但是與工業界具體的合作比較少；另外一個極端，在土木方面，在大學裏所做的研究都比較實用，跟工業界的合作也比較多，在電機與機械方面則是介於二者之間。電機方面的研究成果，譬如在電腦、電視的零件上作一些改進，使它比原來的性能更好，再加以量產後即可成爲一個新的產品；在機械方面，工程材料等等的基礎比較重要，發展也比較困難，但其成果也有較高的持久性。

大陸上的人喜歡排名，像畫家也要和網球選手一樣，排出名次來。他們把海峽兩岸各大學的學術研究成果在SCI、EI中收錄的論文篇數排出名次來。而排在全中國前四名的是臺灣大學、清華大學、交通大學和成功大學。成功大學在EI中收錄的論文數已有MIT的一半了，似已到了不要再追求論文篇數的增加而是提昇論文的學術水準和實用價值的時候了。

加強理工人員的人文素養

目前在各級工程教育中最成功的一環應該是碩士班的教學，工學院畢業的碩士班學生在就業市場上比國外的碩士班畢業生更受歡迎，找工作也不難，其成功的原因，可能在於我們對於畢業論文的要求。工業界的僱主也許希望一個大學畢業生到自己的工廠裏工作時，許多工作能够拿起來就會做。但是等過了二十、三十年之後，這位畢業生已是工業界的領導者的時候，許多新的科技知識，他是否能够吸收學習？則有賴他在大學中的基礎課程的根基，也就是數學、物理、化學的知識是否紮實。怎樣訓練學生將學校所學的許多課程綜合起來付諸運用，培養設計的能力和實體的概念也是相當重要的。學理工的，人文素養的通識教育是很重要的，管理的能力和被管理的能力，倫理和法治教育也都重要。重要的課程很多，新的知識又不斷的出現，課程的取捨，在規劃上是非常困難的。

注意高層人才的延攬

目前的情況，博士的供應太多，太多的美國博士願意回來，在 *News Week* 上曾有一篇文章，是一個普渡大學的電機博士的母親所寫的，他的兒子拿到博士學位後，找不到工作，抱怨得非常厲害，因爲這些工作都被外國人占去了。難怪有許多中國人要回來。

現在要怎樣將這些要回來的年輕學者收留下來，是政府應特別注意的事情，這些人當年在國內都是非常優秀的學生，現在在美國拿到博士學位，也是優秀的學者，如果現在讓他們找不到工作，而去開餐館或是去做生意，過了二、三年之後，他過去所學的都將隨之而去，且當年花費在他們身上的教育經費也都白費了。另一個有趣的現象是這些碩士和博士都喜歡到學校教書，不管是公立大學、專科或是私立大學，他們都願意去而不願到工業界去服務，工業界也沒有足够的機會讓他們去。這是我們的政府及企業界需要特別注意的問題。

適才適性發展

目前社會上年輕人喜歡追求熱門，就像是大學聯考一樣，把臺大醫學系、臺大電機系當做第一志願，如同球賽求勝的心理，年輕人每個人都想贏而不願輸，但是大學聯考你考贏了而進入這個系，並不見得是自己所喜歡的系，一輩子都會覺得怪怪的。原本是喜歡文學的人卻進了電機系，就是爲了要贏。

另一個年輕人所關心的是就業機會，我進入這一系，畢業之後就業機會多不多，找工作會不會很困難，爲了這些因素而抹煞了自己的興趣。我常跟自己的小孩講，你現在是一個大學生了，你看看這島上有那些人沒得吃、穿，睡在馬路上？即使有也輪不到你，既然輪不到你那又何必擔心找不到工作，盡管去學你所喜歡的，不要擔心將來就業的問題。

建立做事與服務的觀念

現在年輕人都知道要上進和充實自己，這是個很好的現象，但是到一個單位工作，他會盡其所能的學，等到把這個單位的技術都學會了，他就希望跳槽到另一個地方，繼續的學習、充實自己，但是缺乏做事與服務的觀念。現在的年輕人比較不喜歡戴著安全帽、穿著工作服到工地現場帶領工人打前鋒，我跟很多年輕人講，社會上需要的就是這些戴安全帽、身穿工作服、帶領工人的人才，將來會被重視、被賞識，能有前途的是這些年輕人，不是那些穿著白襯衫、打著領帶待在冷氣房裏按電腦的那些。但這些話年輕人是聽不進去的。社會上的觀念還是上進一定要升學，你家兒子在美國唸博士就非常得意，我家小孩在工地戴安全帽做工就很丟臉，這是很不正確的。

釐清觀念

怎樣把一些年輕人留在基層而且讓他能夠很高興、很有尊嚴地在基層好好地做事，也是一個相當重要的課題。再則是傳統男女有別的觀念，男生就只學理工，女生就只學人文社會，以後的社會是靠智力取勝的，沒有理由去阻止女生學理工、男生去學人文社會，應以個人的性向爲優先，女孩的性向適合學理工就應該讓她學理工，男孩的性向適合學習文學藝術就讓他去學習文學藝術，不要以傳統的性別角色來限制個人的發展。

八十二年十二月十日太陽能學會年會專題演講

第五章　回顧與前瞻

——會議致詞、發刊詞、序文、書函

以國家前進的引擎自許

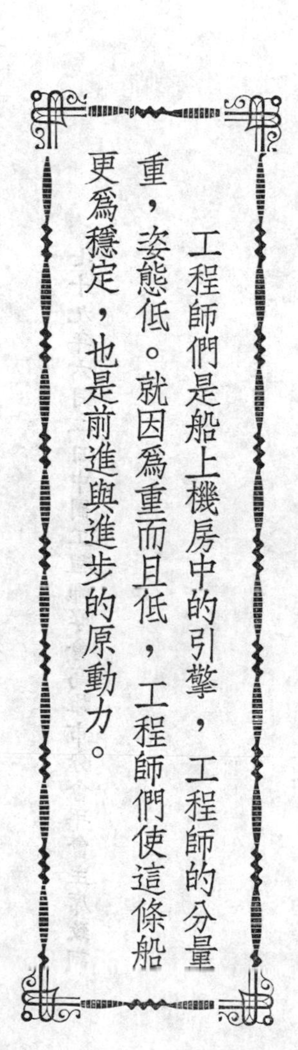

工程師們是船上機房中的引擎，工程師的分量重，姿態低。就因為重而且低，工程師們使這條船更為穩定，也是前進與進步的原動力。

記得去年的年會是在六月三日，天安門事件的前一天舉行的，在過去的一年中，不論是國內，國外都可以說是風起雲湧、多事多變的一年。我們的國家就好像一條船在汪洋大海中破浪前進。在這條船上的工程師們，不是掌舵的人，也不是爭取掌舵權的人，也不是拿著各色的旗幟搖旗吶喊的人，更不是跑上跑下爭論行船方向的人。**工程師們是船上機房中的引擎，工程師的分量**

重，姿態低。就因爲重而且低，工程師們使這條船更爲穩定，也是前進與進步的原動力。是實實在在做事的人，是做最具體也是最基本的工作的人。工程師是解決問題的人，不是製造問題讓別人來解決的人。

在過去的一年中，我們做了很多事，解決了很多的問題；今後還有更多的事需要工程師們去做，也一定會有更多的問題需要解決。

七十九年六月二日中國工程師學會高雄市分會年會主席致詞

永遠懷念王唯農校長

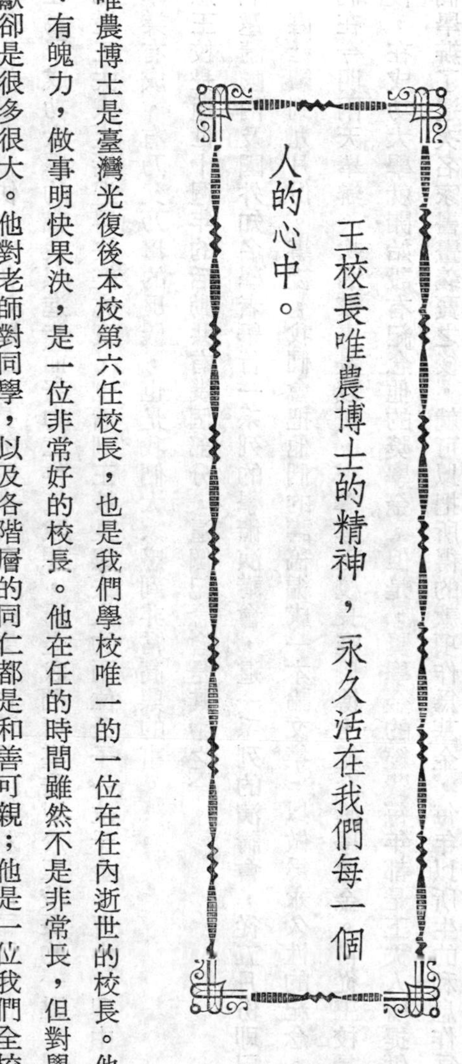

王校長唯農博士的精神，永久活在我們每一個人的心中。

王唯農博士是臺灣光復後本校第六任校長，也是我們學校唯一的一位在任內逝世的校長。他有遠見、有魄力，做事明快果決，是一位非常好的校長。他在任的時間雖然不是非常長，但對學校的貢獻卻是很多很大。他對老師對同學，以及各階層的同仁都是和善可親；他是一位我們全校師生員工所懷念的校長。

王校長是在民國六十九年七月二日，在他所主持的大學聯招的考試正在進行中的時候逝世的，時間過得眞是非常快。當年追隨王校長的許多同仁，頭髮也白了些，身材更發福了，但我們都還是在爲了成功大學的成長與進步而努力工作。我想，這是我們可堪告慰於王校長的一點，現在我們知道王夫人生活過得快樂充實，也看到王校長與夫人的兩位公子一位千金，恆中、興中、慧中都學業有成，有乃父乃母的風儀，也是我們大家感到非常高興的事。

紀念王校長逝世十週年的活動共有幾個部分，這個紀念會是其中之一。

我們邀請國內及國外知名學者舉行一系列的學術演講會，這一系列的演講會，從五月份即已開始，一直延續到九月份。事後，我們會把他們的講稿編成一本論文集，以做爲永久性的紀念。我們在今明兩天舉辦一次名家書畫義賣，來籌募王校長唯農博士紀念獎學基金。自從王校長逝世以後，在成功大學就開始設有紀念他的獎學金。但是，獎學金的經費每年都是王夫人所提供的。我們舉辦了這次名家書畫義賣之後，就可以把所得的款項作爲基金，每年以所生的利息作爲獎學金。這樣，便可以使王校長唯農博士紀念獎學金永久維持下去。

論文集和獎學金是兩項可以傳之永久的對王校長的紀念。此外，在新營的唯農醫院有一座王校長的銅像，今天也要揭幕，這是另外一件可以傳之永久的紀念品。

這次名家書畫的義賣，承蒙二十四位大師捐贈了共六十件作品，我們萬分感謝，其中朱玖公以九十四歲高齡提筆揮毫，提供十二對作品，更使我們感動，當然我們也要感謝許多工商企業界及社會人士慷慨解囊，共襄盛舉。

我們爲了紀念王校長逝世十週年舉辦了各種的活動。我想，王校長最喜歡看到的還是我們每一個人，在自己的工作崗位上爲了完成他對教育，對國家的許多崇高的理想而實實在在地努力。

願王校長唯農博士的精神永久活在我們每一個人的心中。

七十九年六月七日王唯農校長逝世十週年紀念會致詞

樂觀進取　服務奉獻

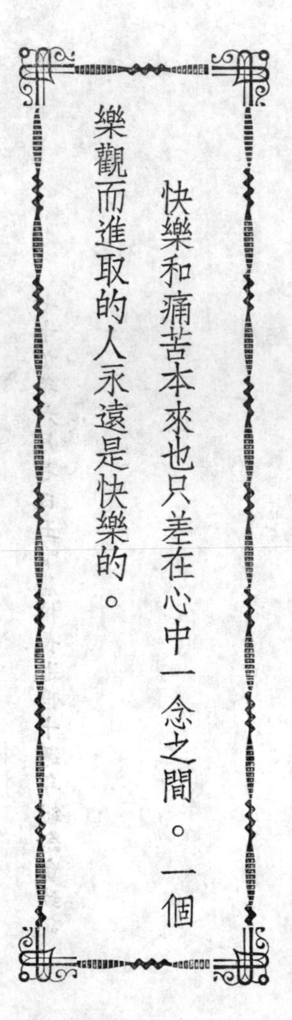

快樂和痛苦本來也只差在心中一念之間。一個樂觀而進取的人永遠是快樂的。

三年高中的生活是很辛苦的，恭喜諸位畢業同學學業告一段落。在這三年中老師們非常辛苦，諸位家長也非常辛苦，畢業典禮就是一個豐收的大典，是諸位老師、諸位家長和諸位同學共同享受辛苦耕耘的果實的一天。

奮鬥的人生　美好的人生

諸位同學當然知道，高中畢業不是學業的結束，而是求學過程中的一個段落。現在梅雨季節過了，天氣會變得更熱，再過兩個星期，諸位同學還要揮汗拼大學聯考；考取大學以後，功課會更艱深，會更忙；大學畢業以後，日子也不會變得更好過；因爲人生本來就是一連串的工作和奮鬥。但是，諸位同學，人生也有快樂和美好的一面。工作中本來就有許多快樂。在三年的高中生活中，讀了許多書，交了許多朋友，參加了許多課外活動。這三年的高中生活，應該是非常美好、快樂的；是人生中非常值得回憶的一段。諸位同學，如果在你的心中，覺得過去的人生是美好而快樂的話，那麼我想，你以後的人生也多半會是美好而快樂的。**因爲快樂和痛苦本來也只差在心中一念之間。一個樂觀而進取的人永遠是快樂的**。我們說「助人爲快樂之本」，一個樂於服務的人，心中永遠是快樂的。在省南女當老師是非常辛苦的，但是今天看到諸位同學的畢業，心中一定是非常快樂的。想到由於他們的教導，有一屆一屆像你們一樣的同學畢業，工作雖然辛苦，也就不覺得辛苦了，而是非常快樂的。

做個永遠快樂的人

人們說：得天下之英才而教之，一樂也。這話當然是對的，但是，諸位有沒有想到，在臺南市的啟智學校，也就是教導智障兒童的那個學校，他們的老師們也是很快樂的。他們為什麼快樂呢？因為他們覺得他們在做非常對的事，他們在做幫助別人的事，他們在做對社會有益的事。諸位同學，做自己覺得對的事，做應該做的事，做好的事；為了幫助別人，服務社會而做事的人，永遠是快樂的。那一種人才不會快樂呢？就是為了個人功利的目的而做事的人，以自我為中心來思考問題的人，才是不可能得到快樂的人。

滿足、充實而快樂的人生

諸位同學，一個人的一生是不是成功，不能用功利的尺度來量。不能用有多少錢，有什麼文憑，擔任什麼職位來衡量。而是要用在他一生中是不是經常過得滿足、充實而快樂來衡量。我在這裏謹祝諸位畢業同學鵬程萬里，快樂成功。也祝諸位貴賓、家長、老師和在校同學健康愉快。

七十九年六月十六日臺灣省立臺南女中畢業典禮致詞

頂天立地　活得踏實

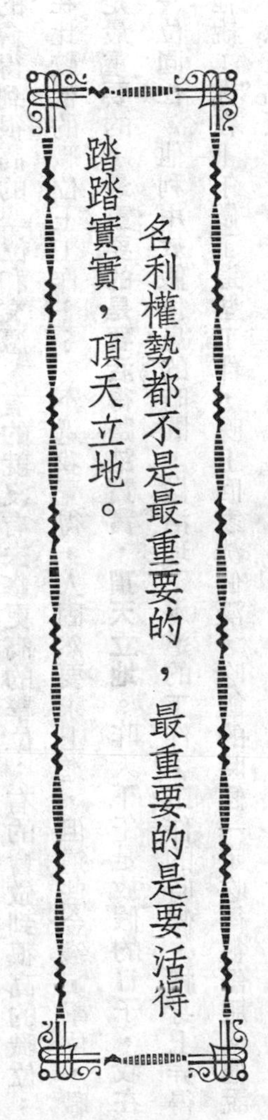
名利權勢都不是最重要的，最重要的是要活得踏踏實實，頂天立地。

愛校愛國　互助提攜

我們成功大學有一項特色，一項別的學校很難比得上的特色，就是我們有五萬多校友散居在國內國外，世界各地。我們的校友能團結合作，我們的校友能愛校愛國，互相提攜幫助。今天諸位同學結業，結業之前是同學，結業之後是校友，希望你們能夠以做為一個國立成功大學的校友爲榮；我們的學校也會因爲有了你們這麼多位能實實在在地做事，老老實實地做人的校友而感到光榮；我們的學校也會因爲有了你們這麼多位對社會國家有具體的貢獻的校友而感到光榮。

活得踏實　頂天立地

諸位同學離開學校，過了十年或是二十年、三十年以後，有的可能變得很有錢，有的比較沒有錢；有的會得到很高的學位和文憑，有的就沒有去修更高的學位；有的會做到很高的職位；有的會一直在比較低的職位上工作……。不過我覺得，人固然要求上進，但這些金錢，學位，職位等等都不是最重要的，**最重要的是要活得踏踏實實，頂天立地**。昨天下午是放假的日子，我在校園裏看到一位同仁，他利用放假休息的時間，做清理下水道的工作；工作的時候，把身上弄得很髒。我跟他說：你在下午做了這些工作，晚上回家洗個澡，吃飯的時候一定吃得很舒服。他說，對，又說，賺這點錢，覺得賺得非常踏實，賺得非常實在。我看了他這種做人的態度，心裏有一種很爽快的感覺。

我們每一個人，如果每天晚上睡覺時，躺在床上，檢討一下，如果能在心中想到：「哈，我這一天做事都盡了力，過得充實實在。」便是世界上最快樂的人了。

七十九年六月十七日成大附工補校結業式致詞

建築高層化與人性化

在高層建築的規劃中，應該考慮到文化的差異性。

引進他國經驗進一步研究改進

隨著經濟的繁榮與人口密度的增加，建築高層化是一個必然的結果，也是國家建設中的一個重要環節；所涉及的層面很廣，產、官、學各界都應該以國家長程的利益、全民的福祉爲出發點來處理有關的問題。

高層建築技術方面的問題，諸如結構設計、施工方法、抗震、防火、耐風……等等的解決方法比較容易記錄與傳承。歐美國家中，多年前即有許多摩天大樓林立的城市，他們的經驗我們不難引進與學習；我們自己也應該有進一步研究與改進的能力。

注重人性化

建築高層化所涉及的社會問題比技術問題更爲不易處理。在紐約市的摩天大樓中工作的人們，對國家甚至世界經濟的繁榮都有其貢獻；但他們的生活品質並不高，人與人之間的情感距離反而拉得更大。一棟大樓中的人口相當一個小城市，如何經由設計與管理的手段，使這個小城市中的居民有身處桃花源的感覺，是一個極爲重要也是非常困難的課題。

大樓愈高，相形之下四鄰就顯得愈加矮小。一座高層建築完成之後，會使鄰近的居民生活得更好呢？還是更壞？是提供了許多服務還是造成難以忍受的衝擊？也是必須重視的問題。

考慮文化的差異性

我們社會上的一些觀念、人情與習慣，與歐美國家有許多差異。一些在歐美不成問題的事，在我們的社會中都成爲不易化解的難題；反之亦然。**在高層建築的規劃中也應考慮到這些文化上**

的差異性。

國立成功大學建築研究所因鑑於高層建築問題的重要性，舉辦了一次成功的研討會。論文集的內容充實精美。我們爲能够適時提供這一項服務深感榮幸，也向翁金山教授及全體工作同仁致最高謝意。

七十九年六月二十二～二十六日高層建築研討會論文集獻詞

落地生根　光大僑界

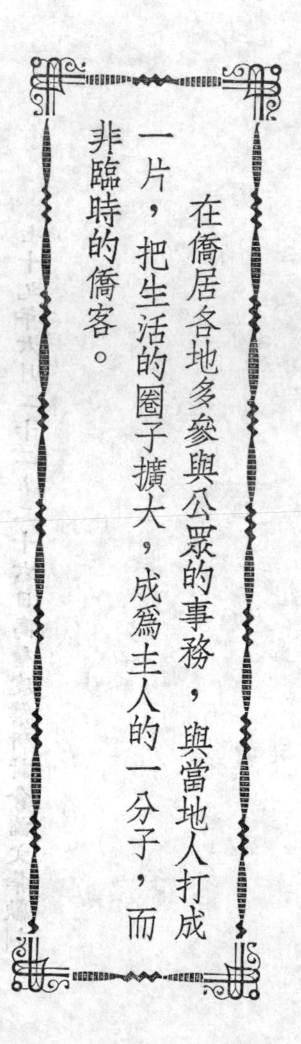
在僑居各地多參與公衆的事務，與當地人打成一片，把生活的圈子擴大，成爲主人的一分子，而非臨時的僑客。

國立成功大學歷年的畢業校友已超過五萬人，散居世界各地。其特點是：踏實、團結、愛國、愛校；能夠實實在在地從事本分的工作，願意爲團體的事務付出時間與心力，也關心國家的前途與母校的發展。這次美中各州的校友會編印通訊錄，囑寫幾句話，我除了祝福諸位校友與家人健康快樂，萬事如意之外，也盼能在工作上求專求精，在事業上求大求遠，**在僑居各地多參與**

公衆的事務，與當地人打成一片，把生活的圈子擴大，成爲主人的一分子，而非臨時的僑客。當然，在臺南的成功大學永遠是諸位校友的根。

七十九年七月二十一日「美中各州校友會通訊錄」賀詞

以實力為基礎　以前瞻為目標

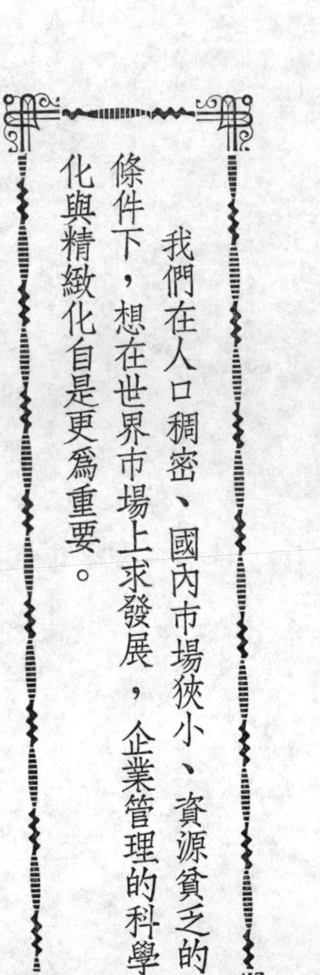
我們在人口稠密、國內市場狹小、資源貧乏的條件下，想在世界市場上求發展，企業管理的科學化與精緻化自是更爲重要。

企業的科學化與精緻化

現代化企業的經營首重「管理」。**我們在人口稠密、國內市場狹小、資源貧乏的條件下，想在世界市場上求發展，企業管理的科學化與精緻化自是更爲重要。**有鑑於此，近年來，大家對管理科學的研究日漸重視，青年們投入此一領域的意願也日漸提高。也因此，我們的企業管理研究所在創辦之初即有良好的師資陣容和素質優秀的學生羣。大家需要一個發表研究成果並與校內外學者交換研究心得的園地，《成大企研學報》於是誕生。發刊之初謹以外行人的身分表達一份祝賀與期望的心意。

希望這是一個有學術深度的刊物。論文的刊登要有嚴謹的審查制度，篇篇作品都要力求完美無缺。

學術研究貴在創見

學術研究的功力來自不斷地用功與鍛鍊，要多讀、多看、多做。論文的品質在於其中有多少作者的創見與發明。本刊正是把成大企研所師生的學術功力與創見發明呈現在大家面前的最佳媒體。

學術的研究與企業的經營一樣，都要以**實力爲基礎、以向大處遠處的**發展爲目標，我希望成大企研所的師生們也要以國際性的學術期刊和會議爲發表研究成果的園地。我們企管界的學者也要像企業家一樣，到世界的舞臺上去一顯身手。

七十九年十二月二十八日《成大企研學報》首刊賀詞

純真的心靈　唯美的感受

藝文活動就是一個團體或個人的精神活動的具體化。

用心感受美

藝文活動就是一個團體或是個人的精神活動的具體化。我們可以把心中的感受用音樂、用詩歌、用繪畫，用各種不同的藝術形式表現出來。我們心中的感受可以是美、可以是快樂、可以是憤怒，也可以是無奈，因此，要創作一件好的藝術作品，要有好的表現技巧，更先要有所需要表現出來的美、快樂、憤怒或是無奈的感覺。表現的技巧是可以練出來的，一個名貴的樂器是可以用錢買來的；但胸中的敏銳的感受或是靈感才是成爲一個藝術家最重要的要素。一個社會中有了足够多的、足够好的藝術創作者，有了足够多的藝術欣賞者，才是一個所謂有文化深度的社會。

創造有文化深度的社會

藝術文化的創作，不一定要在富裕的社會裡才會發生。在抗戰的時候，物質生活是非常艱苦的；但在那個時代，我們國民的心靈並不空虛。雄壯的愛國歌曲，在現在的富裕的社會中，反而再也寫不出來了。

利用時間欣賞美

隨著社會的工業化，我們生活和工作的步調愈來愈快了。沒有時間靜一靜，看一看，聽一聽，感受一下在我們四周美的事物、感人的事物。我常乘飛機上臺北，往往需要利用在飛機上的幾十分鐘時間看些會議資料或是打個瞌睡休息一下。但是，諸位有沒有注意過，飛機的窗口，就像一個鏡框，窗外的雲、海和山都是框中一幅一幅的圖畫，沒有時間看看窗外，欣賞這麼多幅的好畫是多可惜的事。大家忙忙忙，把我們的社會忙成了一片文化沙漠。

從另一個角度看，科技的進步，使藝文的空間比過去大得多了。前幾天中秋，我們賞月，中秋的月很美。太空人在太空梭中欣賞地球，地球比中秋月更美。問題是，忙碌緊張的太空人有沒有一點多餘的注意力來欣賞地球的美呢？

欣賞和關切的心

今天我們談藝術和文化，各種硬體的建設固然重要；在我們忙碌的心靈中，在事業心、上進心、功利心的夾縫裏，能多擠出一點空間來，放上一個欣賞和關切周遭事物的心，也許才是最重要的事。

八十年九月二十六日「全國青年藝文活動研討會」致詞

承先啓後

——校史稿序

六十年中的成、敗、得、失，累積的經驗，皆可做爲今後校務發展的重要參考。

累積經驗為校務發展的參考

國立成功大學自創校迄今已六十年，在歡欣鼓舞，共度甲子嵩壽之際，纂修校史，將六十年中，與校務發展有關的重要史實，做有系統的整理，詳加記載，意義至爲重大。後人讀之當知創業之艱，今日的成就與綜合性大學的規模，都是建築在歷年來全校教職員工辛勤耕耘，點點滴滴所打下的堅實基礎之上；六十年中的成、敗、得、失，累積的經驗，皆可做爲今後校務發展之重要參考。

與國家建設同步發展

學校是社會的一部分，校務的運作與發展，與外在大環境有密不可分的關係，六十年來世事國事之風雲變幻，也反映在我們的校史中。本校創校於九一八事變的同年，日治時代的十四年中，臺灣青年能進入就讀者，爲數雖然不多，但成績均較日本同學爲優。二次大戰結束，臺灣光復後，由於大陸上政情的急劇變化，前來本校任教的大陸學者均爲一時之菁英。過去的四十餘年中，由艱苦的民國三十、四十年代，到起飛的六十、七十年代，其中經過韓戰、越戰與兩次能源危機，校務與國家建設同步發展。本校校風純樸踏實，所培育的五萬餘畢業生，大多投入在各階段的建設工作中。

相與共勉力爭上游

本校過去的發展是階段性的，在日治時代所辦的是一個甚具規模，設備完善，擁有六個科的高等工業學校，是臺灣的最高工程學府，當時應無擴充爲大學的計畫。臺灣光復後之初期，本校改制爲省立工學院，是四個高等學府之一，在工程教育上居領導地位，由於原有校地的四周均爲軍事用地，取得較易，使本校在過去四十餘年中得有逐步擴充發展的機會。文、理及管理學院在創辦之初，均建立在工學院原有的基礎之上。醫學院的設立，使本校規模大幅度擴充，成爲一所完整的綜合性大學。在本校逐步發展的同時，國家教育也日益普及，公私立大學紛紛設立。本校現在之規模，是創校初期的數十倍，但現在國內高等學府校數，何止當時的數十倍！如何在教學研究及校務工作品質上，力爭上游，應該是我們每一位教職員工同仁，與每一位在校同學時加互勉的事。

承先啓後與時俱進

校史中的每一頁，都記載著前人辛勤工作的成果，都告訴我們，過去這個學校是臺灣的一個好學校，光榮的歷史和現在的成就，使我們每一個在校的成員和畢業的校友，感到自豪。隨著科技的發達，世界愈來愈小，我們要把眼光放遠放大，要多看看世界上最好的學校進步得多快，願校史正稿修成時，每一位在校成員與校友，都能以成功大學是世界上的一個好學校而自豪。

最後，此次校史纂修工作，編輯委員會召集人王廷山教授及全體委員，主纂石萬壽教授及全體工作同仁的備極辛勞，使校史稿得以順利出版，謹此致最高謝意。

八十年九月二十八日校史稿序

仁者嵩壽

成大化工系主任的辦公桌小而舊，但歷任的主任都不願換一個，因爲是當年賴老師用的，坐在那裏有一份榮譽感。

今年十月十九日欣逢賴再得老師八十嵩壽。爲了祝壽，成功大學化工系在這一天舉辦系友大會，並配合祝壽活動在十七、十八、十九日三天舉辦第五屆國際性電化學研討會。中國化學工程學會的《化工》會刊也將其十二月份的一期定爲賴老師的祝壽專刊。奇美文化基金會再度出資贊助印製賴老師的論文集，在系友大會中分發。這一連串的活動讓晚輩們又有一次認識賴老師的成就並向他學習的機會。

賴老師的成就是什麼？最主要的是：他是一個晚輩們的模範和榜樣。當年，在學術研究風氣處於低潮、環境不佳的時候，他做研究；晚輩們看了才知道什麼是學術研究，如何做學術研究，才跟在他後面一個一個地成長出來。晚輩們看著他的榜樣學習怎麼樣才是一個教授，怎麼樣才是一個學者；怎麼樣做事，怎麼樣做人。他愛護青年後進，常把成長的好機會讓給年輕人。**成大化工系主任的辦公桌小而舊，但歷任的主任都不願換一個；因為是當年賴老師用的，坐在那裏有一份榮譽感。**

這本論文集內的作品大部分完成於賴老師六十歲之前，自從擔任教務長之後，校務工作占去了很多學術研究的時間。我們在讀這些的作品的時候，不能忘記在那個時期沒有精密而自動化的儀器，沒有高速的電腦，沒有充裕的經費，也沒有很多研究生擔任助手；這些作品都是用手、用腦、用毅力完成的。

最後恭祝賴老師壽比南山。

八十年十月《賴再得教授科學論文集》序

人在海外 心向國內

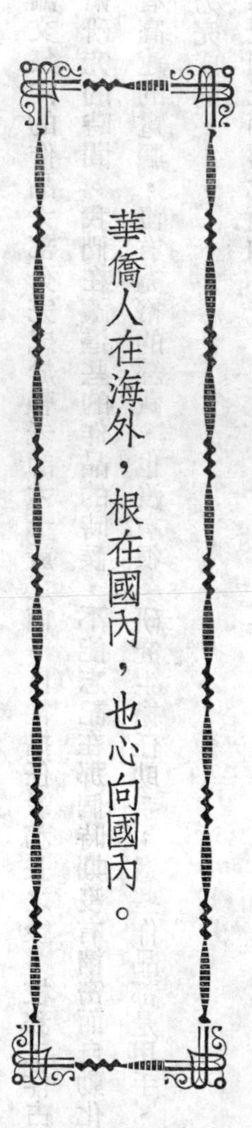

永遠以做為一個華人為榮

成功大學七十九學年度的傑出校友當選人吳德芳學長，吳夫人，諸位貴賓，諸位校友，諸位老師，諸位同學：

我們中國近代的歷史可以說是用血和淚寫成的。一百多年以來，歷經戰亂。在這個時代裏做一個中國人是很苦的。我們每一個國民都希望能做一個富強的國家的國民，能在外國人面前揚眉吐氣。但是，一次一次的戰亂和不幸的事件使我們的國家一直是不够富，也不够強。在這個時代裏，做一個海外的華僑也是很苦的。他們人在海外，根在國內，也心向國內。雖然我們的國家一直是不够富也不够強，在許多方面不能做他們的後盾，但他們永遠以做爲一個華人爲榮。國內需要他們的時候，總是會得到他們的幫助。他們在受歧視、受排擠的環境中生存，永遠不會忘記團結合作的重要。他們在窮苦的時候能吃苦、耐勞、奮鬥、上進；一旦在事業上有了成就，就會出錢、出力，用在社會服務的工作上，用在教育後代的工作上，用在在海外發揚中華文化的工作上。

致力發揚中華文化

我們的傑出校友吳德芳學長就是這些華僑同胞中具有代表性、模範性的一位。今年因爲評審程序的嚴謹，在許多位候選人中只選出吳學長一位。我們選他爲傑出校友，因爲國立成功大學爲了他在馬來西亞推行華校教育，發揚中華文化方面的成就和貢獻而感到光榮。他在海外爲母校爭光。他現在是五所僑校（小學、獨立中學和學院）的董事長和董事。這一個獎牌，也代表我們對千千萬萬愛國華僑的敬意。我們衷心希望國內的同胞們能團結合作，使我們的國家和民族早日富強壯大，也使海外的華僑同胞更能以做爲一個華人而感到驕傲和光榮。

七十九學年度傑出校友成就獎頒獎賀詞

做好分內工作

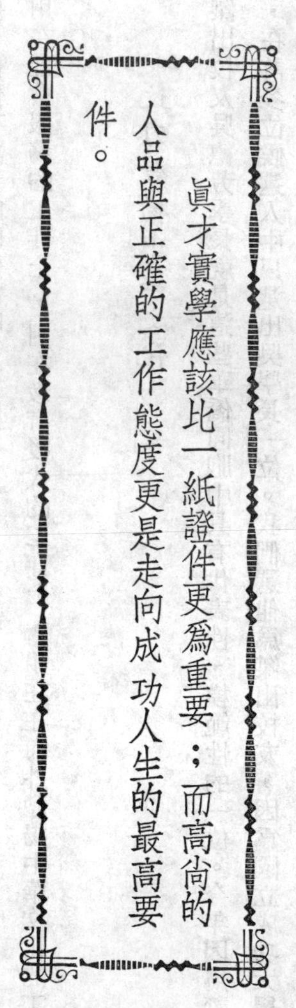

眞才實學應該比一紙證件更爲重要；而高尚的人品與正確的工作態度更是走向成功人生的最高要件。

成功人生的要件

空中商專的同學們都是好學而有上進心的在職青年。成功大學深以能爲這些有志於爲社會做更多高層次服務的青年提供進修的機會而感到光榮。

同學們在空中商專進修，目的應該是多方面的：進修的結果，可以獲得文憑和任用的資格；可以學到更多就業的能力；也希望能培養出一個受過高等教育的知識青年爲人、做事應有的態度和風格。

在我們目前的制度之下，文憑和任用資格對青年的就業是非常重要的；但是，**眞才實學應該比一紙證件更爲重要；而高尙的人品與正確的工作態度更是走向成功人生的最高要件。**

全心投入　做好分內工作

諸位同學都是在職青年，各有其分內的工作，並利用業餘的時間在空中商專進修。把分內的工作做好，應是諸位首要的職責。在同一個單位裏的同事中，難免有不同的類型。有的，拿到一件任務之後，總是會全力投入，盡全力把工作做得完美。因爲如此，更多的任務會落到他頭上來，使他比別人忙，比別人累。這類的青年朋友，看起來似乎很「吃虧」；但長期下來，在事業上能夠有所成就的往往都是這一類的人。因爲社會上所需要的是能做事也肯做事的人，不是善於用各種方法把分內的工作逃掉或推掉的人。一個負責盡職的人往往也是被別人所敬重，日子過得坦然快樂的人。

八十一年五月刊於《成大商專青年》

無悔的歲月

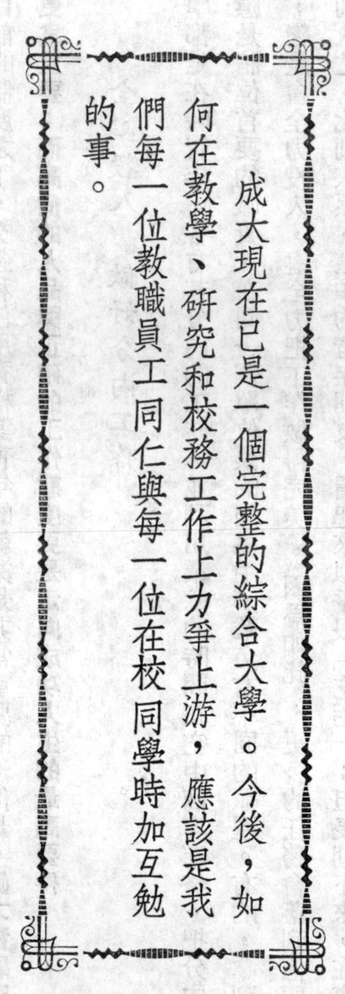

成大現在已是一個完整的綜合大學。今後，如何在教學、研究和校務工作上力爭上游，應該是我們每一位教職員工同仁與每一位在校同學時加互勉的事。

走過一甲子

西元一九三一年，中華民國二十年，日本昭和六年，也就是九一八事變、「東三省」變成「

滿洲國」的那一年，這個學校在臺南誕生，到現在整整一個甲子。在這六十年中，世界上風雲變幻，大東亞共榮圈、鐵幕、竹幕建立了又打破了；在我們國內也發生了多少可泣的事、可歌的事、令人痛恨惋惜的事，和使人歡欣鼓舞的事，昔日的愛國英雄志士現在已是白髮老人，昔日的前進分子現在已落居潮流之後。而我們的學校卻在臺南車站的東側默默地、穩定地成長著。成功大學能有今日的規模是歷年來全體師生員工專心向學、努力耕耘的成果。六十年的歲月累積了多少辛勞、多少歡笑、多少溫馨的往事、多少忘不了的回憶！讓我們寫下來吧！我們的學校是永久的，六十年過去了，今後還有許多個六十年，這本册子裏是成功大學在第一個甲子中最值得讓後人一讀的點點滴滴。

克難時代

民國三十九年我進入臺灣省立工學院化學工程系，當時，物質上相當艱苦，但也過了充實難忘的四年。很幸運地，四年中都能拿到「工讀獎助金」，一年級時是每月六十元，四年級時提高到九十三元，大約可以夠用來交伙食費。伙食是學生自己辦，伙食委員選舉產生。起初是男女同學在同一個伙食團，後來女同學們因爲覺得與食量大的男生們付一樣多的錢划不來，就另組伙食團，把省下來的米錢買好一點的菜。住的是C舍，一間房八個榻榻米，住四個人。我找了一塊長方形的木板，在屋的一角，使它兩個邊靠牆，不靠牆的一個角的下面支一根木棒，當作唯一的桌腳。在這個「克難」書桌上讀書，自己覺得頗爲得意。手中最貴重的財產是一根計算尺，是價值一百多元的日本貨，至今我還保存著。所用的課本多是香港翻印的美國書，價錢很貴，一年級用過的書到二年級時就賣掉了。賣了錢才能買二年級需要的書。課外活動也不少，四年級時與幾個同學發起籌組「化工學會」，是本校的第一個系會。成立之後，我管總務，也就是什麼雜事都要做的意思。編印的第一期《化工通訊》至今還保留著一本。

往下紮根

當時的課程偏重實務，一年級時要修兩個學期的工場實習：木工、翻沙、鍛工、鉗工、車工都要做一遍。女同學們工場實習的分數不會比男同學低，因爲導工們會幫她們。寒假暑假都要到工廠裏去，一共要實習滿六個月才能畢業。其他實驗的課程也做得相當實在。一年級的投影幾何，二年級的工程畫，在繪圖方面花的時間也相當多，因此，到了畢業的時候，實務方面的能力已經相當不錯了，同學們都很受工業界的歡迎。

埋首苦幹

畢業十六年之後，民國五十九年，我又回到當時的臺灣省立成功大學化學工程系當教授，那時校內有博士學位的教授爲數尚不多。系裏的教授和研究生們個個的數學程度都相當強。系主任賴再得教授把他在國際學術性期刊上發表的論文的目錄寫在大張的白報紙上，貼在研究室的牆上。這個目錄愈寫愈長，長得拖到地上。賴教授是我們的榜樣，長長的論文目錄是我們奮鬥的目標。努力做吧！研究生裝實驗裝置，我就脫掉襯衫，穿條短褲，幫他們吹玻璃，研究生們背後稱我爲「師傅」，就是沒有學問，只會用手做的老師傅的意思。賴主任走到我的研究室門口，對我說：「誰在做，誰沒有在做，我是都知道的。」我心裏想：「哈！你故意送個高帽子給我戴。」但高帽子戴在頭上，還是件舒服的事。

繼往開來

過去的二十年，退出了聯合國，與美國斷交，兩次能源危機，十大建設，十二項建設，十四項建設，……，是艱苦的二十年，也是快速發展的二十年，在這二十年中我們的校務與國家建設同步成長，成大現在已是一個完整的綜合性大學。今後，如何在教學、研究和校務工作上力爭上游，應該是我們每一位教職員工同仁與每一位在校同學時加互勉的事。這是一個快速進步的時代，把眼光放遠放大，使母校成爲世界上最好的學府之一是我們努力的目標。

欣逢母校甲子嵩壽，謹祝以歌：校慶宴，再拜陳三願：

一願母校千歲，二願國泰民安，三願如同鳳凰木，歲歲常嬌豔。

八十年十一月十一日六十週年紀念特刊

鳳凰之聲 海外飛揚

成功大學的工學院規模大，實力雄厚是事實；我們的校風純樸踏實，師生和校友們能普遍地受到社會和國際人士的信任和器重，也是事實。但成功大學絕不是一個硬邦邦、死板板，不重視文藝活動的學校。

成大是個活潑快樂充滿愛心與文藝的校園

社會上，甚至國外的人士，一談起國立成功大學，難免會有一個印象：「那是一個工科大學，是一個以工爲主的學校。」成功大學的工學院規模大，實力雄厚是事實；我們的校風純樸踏實，師生和校友們能普遍地受到社會和國際人士的信任和器重，也是事實。但成功大學絕不是一個硬邦邦、死板板，不重視文藝活動的學校。

到我們的校園裏來看一看：看我們有多少音樂、舞蹈和戲劇性的社團；看我們的鳳凰樹劇場中，每星期有多少次的演出；看我們有多少關心社會的服務性的活動在進行之中；就可以感覺到成功大學有一個活潑、快樂、充滿了愛心與文藝氣息的校園。成大合唱團的許多活動就是其中的一部分，這次赴港演唱，便是以嘹喨的歌聲把我們校園中團結合作、美麗溫馨的一面，展現給全世界看一看的好機會。

八十一年十二月二十九日成大合唱團赴香港演唱會賀詞

追求成功

把自己該做的事都很認眞地做得很好，對自己本分的工作能够專心、能够敬業的，就是成功。

成功的指標

我們附工補校的同學都是好孩子，都是用功、有上進心的青年，我們的同學因爲大部分日間要工作，晚上來上學，日子過得比一般高職或高中的學生辛苦，但是也鍛鍊得更成熟更懂事，諸位同學結業之後當然仍舊是非常有上進心的青年。我希望諸位同學瞭解的一點就是：上進的路有很多條，升學是一條上進的路，但絕對不是唯一的上進的路。我們每個人都應該追求成功，衡量成功的指標有很多種，有很多的錢，有高的職位，有高的學位，可以代表在這些方面的成功；但是代表成功的還有很多其他的指標。

如何做個成功的人

把自己該做的事，都很認眞地做得很好，對自己本分的工作，能够專心，能够敬業的，就是成功。我們並不需要爲追求成功而工作；而是認眞做事，能敬業樂羣的人自然而然會是一個成功的人。

做一個成功的人，不能斤斤計較於私利；對許多個人的利益，不能看得太重；要能够把大團體的利益，放在小團體的利益的前面；要實實在在做事，不能取巧；要有愛心，關心別人、瞭解別人、幫助別人。能够做到以上各點的，會是一個一生都過得快樂的人，也會是一個日子過得成功的人。

八十一年六月成大附工補校結業典禮致詞

兩岸一心致力環境保護

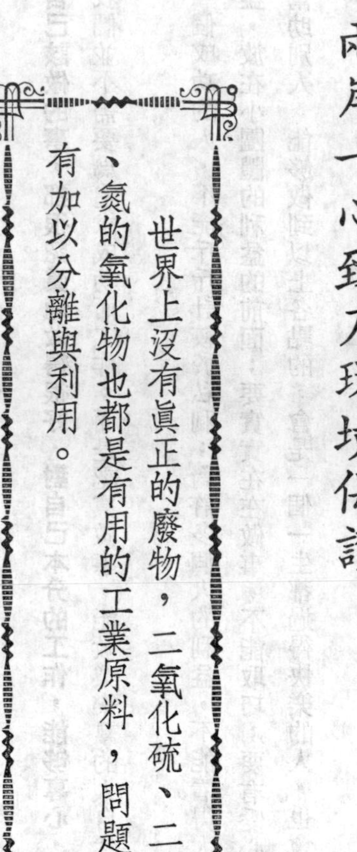
世界上沒有眞正的廢物，二氧化硫、二氧化碳、氮的氧化物也都是有用的工業原料，問題是有沒有加以分離與利用。

今天非常高興能夠到同濟大學來參加這次研討會。環境保護不只是大陸上的問題，也不只是臺灣的問題，是一個大家的問題，是一個全世界的問題。在大陸、臺灣和海外的中國人都應該，也有能力，爲解決這個世界性的問題貢獻一分力量。這應該是在今後三天的會議中大家交換心得與經驗的主要目的。

在這次會議中，我們用的語言，在大陸上叫普通話，在臺灣叫國語，在東南亞等海外地區叫華語。這是我生平第一次，在臺灣以外的地方、在一個正式的會議中、在講臺上，不用翻譯，用我自己的語言講話，我講的話大家都懂，大家也都講同樣的話，心中倍感親切。

昨天，自從下了飛機之後就受到熱誠的接待，這次會議的籌備工作一定非常繁重，我謹代表從臺灣來的每一位與會同仁向同濟大學高校長和全體工作同仁致謝。這次會議是由海外華人環保學會所策劃促成的，包括經費的籌募，等一下王抗曝博士會說明詳細的經過。我也謹代表從臺灣來的與會同仁向黃會長、這個學會的全體會員以及提供經費的環保工業和工程公司致謝。在臺灣方面的籌備工作是由溫清光教授和成功大學環境工程系的同仁擔任的，我也向他們致謝。

環境保護與社會進化相行不悖

環境保護的問題是工業化、經濟建設、生活水準提昇的過程中必然要面臨的問題，也可以說是社會進步過程中的一個必然的部分，必須同時加以解決。解決環境保護的問題所需要投入的資金是不能節省的，否則，所造成的環境污染要花十倍百倍的成本才能加以清除。

臺灣是一個環境負荷非常沉重的地方。每平方公里的人口數、機動車輛數、製造業家數、水泥生產量都是世界第一，而初級能源消耗量、養豬的頭數、工業生產價值和醫院家數則排名第二。這顯示在臺灣環境保護工作的重要性和困難度。

廢棄物的回收利用

過去，我們社會上沒有什麼污染和環境保護的問題。在那個時候，用過的酒瓶、看過的報紙都有人收買，糞便是最好的肥料，用過的塑膠袋都收集起來做成了拖鞋的底……。在生活較爲艱苦的時候，工資便宜，資源的回收和再利用做得徹底。因此，也就少了許多環境保護的問題。社會漸漸富裕之後，廢棄物的產量增多，回收與再利用變得並不經濟，環境保護的問題便愈來愈嚴重。根本的解決之道恐怕仍然是廢棄物的分離回收與再次、多次的利用。**世界上沒有眞正的廢物，二氧化硫、二氧化碳、氮的氧化物……也都是有用的工業原料，問題是有沒有加以分離與利用。**

加強教育及宣導

在環境保護的工作中，有許多工程和技術上的問題，有許多法規的制定與執行上的問題，也有許多教育與宣導方面的問題。這就是我們常說的三個E：Engineering，Enforcement 和 Education。在這三個E之中，如何以教育和宣導的方法，使工廠的業主有做好環境保護工作的意願、使我們的民眾養成遵守環保法規的習慣，也許是環境保護工作中最基本、最主要、也是最不容易做到的部分。

心得與經驗交流

在這個研討會中我們交換學術研究和實務工作的心得和經驗。在許多經驗中有成功的經驗也有失敗的經驗，而失敗的經驗也許是最寶貴的經驗。在環境保護的工作方面，曾經在一個地方發生過的問題往往在其他地方重複發生。例如有些河川已經汚染得相當嚴重了，我們除了要設法整治之外，在許多沒有受到汚染的河川處，我們不能等著它們被汚染了以後再去整治，而是要設法使它們不要受到汚染。

我來自成功大學，在我們學校裏有許多同濟的老校友和老朋友，有些已經來訪問過了，像史惠順教授、周龍章教授、劉長齡教授；有的因爲年紀大了出門不是很方便，像倪超校長、張象賢教授，他們都讓我帶來問候，問候李國豪名譽校長等前輩學者。

八十一年九月二十三日在大陸同濟大學「一九九二年海峽兩岸環境保護研討會」開幕典禮致詞

建立共識　解決問題

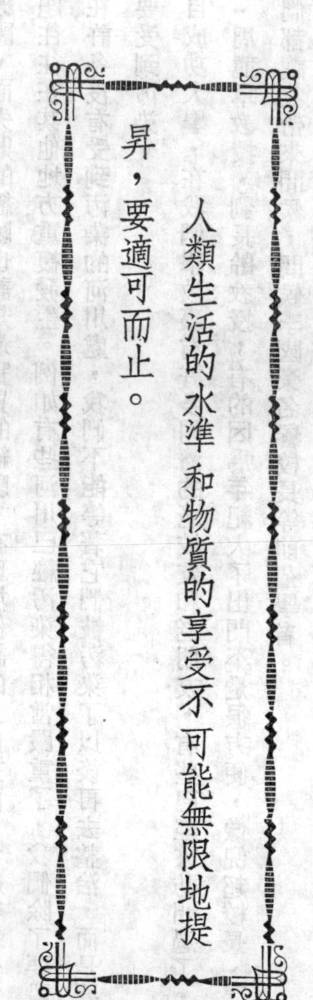

人類生活的水準和物質的享受不可能無限地提昇，要適可而止。

學術合作與交流

這是一次成功的研討會，在這一次會議中我們不僅交換了研究的心得和實務的經驗，更重要的是能够利用這三天的時間大家互相認識、瞭解。這是未來更多的交流與合作的一個好的開始。

環保工作永無止境

環境保護的問題是件隨著經濟的發展、人民生活水準的提昇而發生的。我們海峽兩岸的中國人的生活水準與世界上許多高度工業化的國家相比較，的確還有不少有待提昇的空間。因此，我們也還有許多環境保護的問題需要解決。環境保護的工作似乎是永無止境，永遠做不完的。

物質生活要適可而止

今天我願藉這個機會預測一個十年以後，也許二十年以後的一個熱門的研究課題，就是以生物工程的方法尋求一種高效率的能量和二氧化碳的 Sink 。我們燃燒石油或煤生成能量和二氧化碳。倒過來，葉綠素的光合作用就是能量和二氧化碳的 Sink，但速率不夠快，效率不够高，我們迫切需要效率和速率更高的能量與二氧化碳的 Sink 。另外說兩句也許言之尚早的話，就是：**人類生活的水準和物質的享受不可能無限地提昇，要適可而止。適度的物質享受才是最佳的生活品質，否則，地球將容納不下我們。**人不能勝天，也就是說，人不可能征服大自然，因爲人只是大自然的一部分。人要與大自然協調、合作尋求一個適度的平衡點。人與人之間的關係也應該如此。

這一次的研討會在上海舉行，我們感謝地主學校——同濟大學的高校長以及同仁們的熱誠招待。下一次的研討會預定要在臺灣舉行。我們非常擔心，到時候我們的接待工作怎麼樣才能與這一個星期相比！

最後，我預祝若干年後海峽兩岸的中國人，人人都能生活在富裕而清潔的環境中。

八十一年九月二十五日「一九九二年海峽兩岸環境保護研討會」閉幕式致詞

化工人的自省

> 什麼是化學工程？我們萬萬不能畫一個圈圈，把自己圈在裏面：圈內的工作是我們的職責，圈外的一切都與我們無關。

在年會召開之際，謹提出幾個有關國內化學工業、化學工程、化工教育和研究的問題就教於諸位專家、先進。

化工與民生

國內的化學工業，在全國的經濟建設和運作中，不論以其總產值或就業人口來看，都占有非常高的地位。這一點，一般社會大眾似乎並不知道。化學工業是一項重要的基礎工業，是材料和原料的供應者，任何新興的工業都要以化學工業爲基礎。這一點，社會大眾似乎也並不很瞭解。大家總認爲化學工業是汚染的製造者，但他們不知道環境保護的問題要用化學工程的技巧才能解決。凡此種種，都需要加強宣導來增進社會大眾對我們的瞭解。許多宣傳與宣導的工作已經在做了，但仍須進一步加強。眼光遠大的企業家自應瞭解社會形象的重要性，宣傳與宣導要以事實爲基礎。在製程中爲了降低環境汚染而做的投資是必要的，而且是最經濟的投資。否則，所造成的汚染要以更大的資金才能加以解決。

跨科技的工程

什麼是化學工程？我們萬萬不能畫一個圈圈，把自己圈在裏面：圈內的工作是我們的職責，圈外的一切都與我們無關。化學工程的領域應該是可以不斷地擴張而有彈性的。前面已經說過，許多工業汚染的問題應該用化學工程的技巧來解決；許多電子材料方面的工作，化學工程師應該比電機工程師更能勝任；許多工業上的問題都可以用生物的技巧來處理，這也應列入於化學工程的領域之內。總之，在許多新興的科技中，化學工程師都應該貢獻一部分的力量，也都應該積極參與。

培養工程實務人才

目前國內各大學的化工系中，課程內容的水準都相當高；但在培養學生實體的觀念，和動手與設計的能力與經驗方面似有待加強。尤其應該培養學生畢業後，穿上工作服，帶著工人在現場的第一線上打前鋒的意願。在另一方面，爲了使我們的畢業生，在二十年、三十年之後，隨時都有接受與學習當時的科技新知的能力，在學期間許多基礎性的課程，例如數學、物理、化學和語文，必須教得非常紮實。

推動學術界與工業界的合作

國內的各工程領域中，學術界與工業界的合作應屬土木類最爲密切；在各大學中，教授們的研究工作多是工業界的實際問題。其次是機械和電機類。在化工方面，學術界的研究風氣很盛，但與工業界的實質合作似嫌太少。這個問題牽涉到雙方的態度和需求。我們的學會在推動學術界與工業界的合作上，似應貢獻一些力量。

八十一年十一月二十九日中國化工學會第三十九屆年會理事長致詞

合作、友情、服務與協助社教工作的網

校友會的網是一面合作的、友情的、服務的與協助社會教育的網。

聯結校友的網

恭喜《成大商專校友》創刊！

國立成功大學附設空中商業專科進修補習學校創設於民國六十六年三月；到目前爲止，校友的人數已超過萬人。校友會的組織可以把每一個校友的個體連結起來成爲一個網，而《成大商專校友》這一份刊物正是這一個校友網上的線；使校友們之間的關係更親切堅強，使校友們之間的聯繫更密切順暢

合作的網

校友會的網是一面合作的網。許多工作與事業上互助合作的關係，會藉著這個校友的網建立起來。

友情的網

校友會的網是一面友情的網。同學的關係是一種最純潔的社會關係。校友們之間的溫情，會藉著校友會的許多聯誼活動發揮出來。

服務的網

校友會的網是一面服務的網。社會上有許多需要幫助的人，也有許多要以團體的力量才做得到的公益事務。校友們對於使我們的社會更爲樂利祥和的心願，可以藉著校友會的許多服務性的活動來完成。

推動社會教育的網

我們也希望成大商專校友會的網，成爲一面協助推動社會教育的網。諸位校友當年是抱著好學與上進的心進入成大商專，現在雖然大家都事業有成，但好學與上進的心應是永遠不變的。我們學校的電視與廣播教學節目，不斷地在改進與更新；諸位校友們現在雖然已不是學生了，但仍可不斷地收看收聽；也可以多鼓勵其他好學上進的社會人士多利用這些節目。空中教育是社會教育，是開放給社會大眾的。我們需要校友們的協助，多加宣導，使我們的電視與廣播的節目能被社會大眾充分利用。

八十二年一月二十九日《成大商專校友》創刊賀詞

慷慨割愛藏書 匡正社會風氣

王夫人、王府的諸位家人和親友、諸位貴賓、諸位新聞界的女士先生、諸位同仁、諸位同學：

我們以萬分感謝的心來接受王唯誠老先生捐贈他私人五十餘年來所收集珍藏的兩萬餘册書籍給本校圖書館。其中有經、史、子、集，有絕版、善本，還有抗戰前及抗戰期間的報章雜誌。這許多書籍的價值不是金錢所可能衡量的，是研究文史及社會變遷的最佳參考資料。

國立成功大學是一個由工學院擴充發展而成的綜合性大學。因此，我們圖書館裏在文史及社會科學方面的藏書大部分是改制爲大學以後所添購的，比較缺少早年的出版品，更缺少古籍善本。王老先生所捐贈的這一批書籍正好彌補了這一個美中不足之點。但是，這次捐贈書籍的意義絕對不止如此。因爲王老先生不是一個非常有錢的人，他生平沒有別的嗜好，唯一的嗜好就是書；而這兩萬多册書籍是他集五十餘年心血所收集的全部的珍藏。他的慷慨割愛有帶動社會風氣的作用，有匡正社會風氣的作用；會使我們的社會多了許多書香，也會產生更多的「愛書人」。我們除了感謝王老先生之外，也萬分感謝王夫人和王府全體的家人對這一次捐贈的支持。我們也非常慶幸成功大學有一位校友、工學院機械系的教授，目前兼任工學院院長的李克讓院長，他是王老先生的內弟，年紀小得很多的內弟。四十多年前因為送他來上學，王老先生才與本校結緣，才決定捐贈這一批書籍給本校。我們圖書館的李建二館長和全體同仁一定會非常重視、珍惜這兩萬多册貴重的書籍；會有系統的整理、妥爲保管。也希望本校的同仁、同學和社會人士能充分地利用這一批書籍。

王唯誠老先生年事已高，目前身體不是很好，住在洛杉磯一帶。王夫人爲了完成王老先生的心願，捐贈這一批書籍給本校的事，專程回國；今天又專程到臺南來。我們做了一面感謝狀來表示對王老先生、王夫人和王府全體家人的一點感謝的心意。最後，我們恭祝王老先生早日康復，也祝在座的每一位萬事如意。

八十二年二月十八日王唯誠先生贈書儀式致詞

與時俱進　歷久彌堅

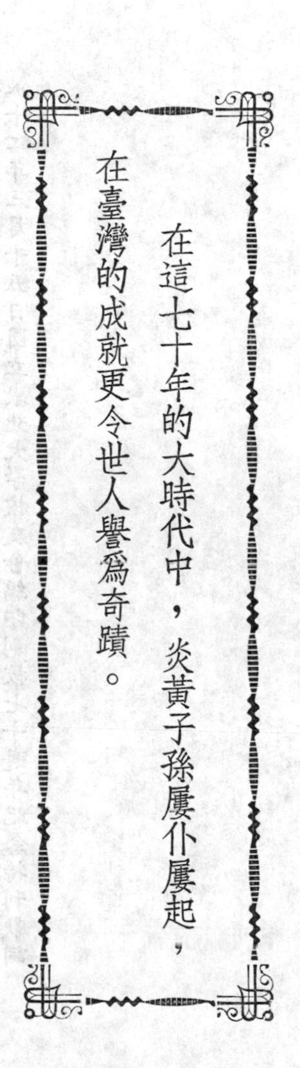
在這七十年的大時代中，炎黃子孫屢仆屢起，在臺灣的成就更令世人譽爲奇蹟。

國立東北大學校友會編印創校七十週年紀念特刊，理事主席陶佩濳先生函囑撰文或題詞。較之東北大學在臺校友諸先進，哲儒乃後學晚輩；能在此一特刊中占一角篇幅，至感光榮。回顧過去的七十年，世局風起雲湧，國家歷經變亂；北洋政府、滿洲國、大東亞共榮圈、鐵幕、柏林牆、蘇維埃聯邦……均成了歷史名詞。昔日的革命志士、抗日英雄，已是白髮老人；當年的前進分子，也已成了被改革的對象。滄海桑田、後浪前浪，能不令人唏噓？**在這七十年的大時代中，炎黃子孫屢仆屢起，在臺灣的成就更令世人譽爲奇蹟**。其中，東北大學校友諸先進自有不可磨滅之功。現在，雖身居臺島，仍當胸懷世界；年事雖高，智慧應更勝當年；尚可爲增進後世子孫的福祉與創造世界史上的華人時代，繼續貢獻心力也。

八十二年三月十五日國立東北大學校友會編印創校七十週年紀念特刊獻詞

以大師自期

黃華安同學，來自大馬，是一位有才幹、有天分，又肯用功上進的青年。在成功大學中國文學系就學的四年中，曾數度展出其詩、書、影、畫作品，深獲方家好評。現在將畢業，又計畫作巡迴展，並編印專輯，壯舉可嘉！

從事藝術工作，要有才華；才華之外，要練眞功夫；練眞功夫，須下死功夫，忌貪速成，忌雜而不精。作爲一個藝術家，要精於技巧，更要修人品，也要能屏除功利雜念。胸懷大度，心存仁厚的方能成恢宏佳作，渾然精品。今日之青年俊秀，多讀了書、勤行了路，細察過蟲魚鳥獸，草木山川及人間美醜百態，他年融會貫通，方是卓然大師。

此一專輯編印完成後，當珍藏數册，以期五十年後示之後輩。笑說：看！華安大師青年時期的作品也不過爾爾。盼黃同學努力不懈，更上層層藝術高樓，終能達此至高境界。

八十二年春《黃華安詩書影畫專集》序

成長的軌跡

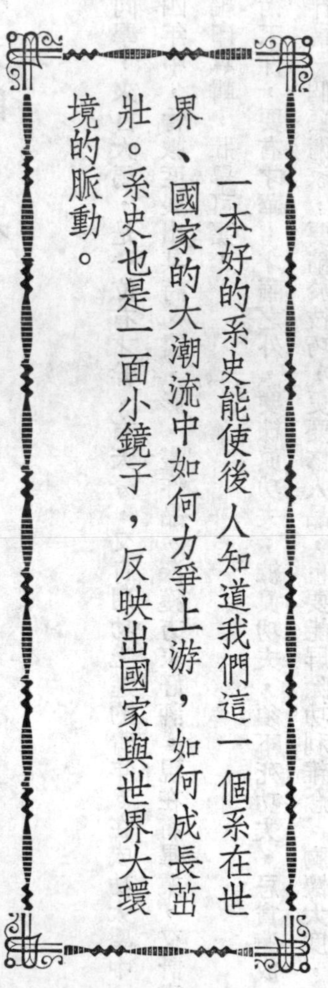
一本好的系史能使後人知道我們這一個系在世界、國家的大潮流中如何力爭上游，如何成長茁壯。系史也是一面小鏡子，反映出國家與世界大環境的脈動。

成長歷程的反映

編纂系史是一件重要的事。系是學校的一部分，也是國家、世界中的一個小部分。一本好的系史，能使後人知道我們這一個系在世界、國家的大潮流中如何力爭上游，如何成長茁壯。系史也是一面小鏡子，反映出國家與世界大環境的脈動。系務接力賽的棒子，也可以藉著系史的修訂與補充，一代一代地交下去。

完整的系史　傳諸後世

修史，是一件非常艱難的工作。我們非常感謝陳特良老師等幾位同仁和同學願意接受周澤川主任的委託，不辭辛勞，擔負起此一重任。

一本完整的史書，包括「紀」，「志」，「表」，「傳」等部分。「紀」就是大事紀，把歷年來發生的值得記下來的重要事實，按先後的次序一一列出。「志」就是把一些重要的項目挑出來，作較詳盡的記載。對一個系來說，也許可以有「課程志」、「學術研究志」、「實驗室志」、「房舍志」……等等。「表」是用來補充「志」的不足，把許多重要的史實依時間先後用列表的方式記錄下來。「傳」就是一些重要人物的傳記，例如：「賴再得教授傳」、「李石龍先生傳」……等等。

內容翔實　巨細靡遺

目前這一份系史，還只有「大事紀」的部分，幾乎全部取材自六十週年校慶時出版的「校史稿」。系史中的資料，也應該選錄一些最重要的國家大事與學校大事；而有關本系的部分應該比校史中的更詳細些才好。因爲有待補充與修訂的地方還很多，我建議把目前這一份系史稱之爲「系史稿」，以示鄭重。

在人力、物力、財力非常有限，而且過去的資料不易取得的情況下，系史編纂的工作能有目前的成績，應該算是非常令人滿意了。我們要向參與編纂工作的同仁與同學們致敬。

八十二年五月三十日為《化工系系史稿・正史篇》序

篳路藍褸　承先啓後

> 一些在當時的瑣碎小事，現在看來都能反映出那個時候的環境狀況和師生們爲學與做事的精神。

以史證今　篳路藍褸

系主任周澤川教授委請陳特良教授等編纂系史，其中包括兩部分：一爲正史，一爲野史。正史是以嚴謹的態度記載創系以來的各項大事；而野史則是邀請在校的同仁和系友們，以較輕鬆的語氣，寫一些對過去的回憶。雖號稱野史，但其中並無虛構的成分。每一頁中都是大家腦海中印象深刻的事實，讀之正可以了解本系六十餘年來在多變的大環境中，篳路藍褸，萌芽、成長、開花、結果的歷程。

反映師生治學做事的精神

一些在當時的瑣碎小事，現在看來卻能反映出那個時候的環境狀況和師生們為學與做事的精神。這也許就是「野史」的可取之處吧！在三十六七年之前，單元操作實驗室方才完工，但門外的水泥路面，是兩位年輕的助教——黃定加、石延平，調和沙、石、水泥，爬在地上鋪的。以現在學校的財力鋪一段水泥路面是小事一件，當然更不會勞動助教先生了。

承先啓後　貢獻心力

成大化工系現在的實力與規模是六十二年來全體師生員工一點一滴、一磚一瓦累積而成的。我們踏在這堅實的基礎上，不能忘記前人的辛勞；也要尊敬那些以現在的標準看來微不足道，但當年卻得之不易的工作成果。我們也都要盡一分力，加一些混凝土在這基礎上，讓後人能站得更高、看得更遠。

這一本所謂「野史」，目前的篇幅還不是很多；我相信以後會陸續有很多的文章加進來，成爲一本集體創作的好書。

八十二年五月三十一日《化工系系史稿・野史篇》序

盡力演出　適時交棒

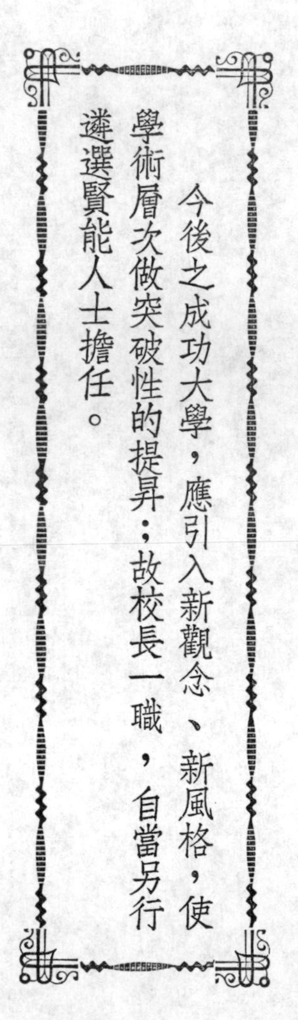
今後之成功大學，應引入新觀念、新風格，使學術層次做突破性的提昇；故校長一職，自當另行遴選賢能人士擔任。

為藩部長賜鑒：

哲儒自接任國立成功大學校長以來已滿五個學年，第二任期自今天起尚餘一年。過去五年內，在多變的環境中，本校之師生員工均能在和諧團結的校園氣氛內，共同謀求校務之穩定成長，教育與學術品質之提昇以及行政制度之改進。未來之一年內，哲儒仍當竭智盡力以求校務之繼續發展與成長。在此六年任期之內，個人若有任何理想與抱負，應已有充分時間加以實現。今後之成功大學，應引入新觀念、新風格，使學術層次做突破性的提昇；故校長一職，自當另行遴選賢能人士擔任。

在過去之一年內，哲儒曾在各種場合宣佈第二任期屆滿後不再留任之決定，應已獲得校內同仁之共識；數月前也曾口頭向　部長說明此一決定。哲儒也深具信心：在今後之一年內，本校同仁必能在民主、公正之原則下，團結和諧的氣氛中，與　鈞部合作，共同遴選最理想的人士繼任國立成功大學校長。

專此　順頌

暑祺

馬哲儒手啟

八十二年八月一日致函教育部郭部長

純樸踏實　求新求進

——成功企業的典型：華立企業

企業經營的成功，除了踏實外，另有兩個條件：一爲謀衆人之利，二爲多方面革新。

傑出校友的典型

張瑞欽先生是成功大學化工系校友，畢業十年之後創設華立企業；又二十五年，已在臺灣、大陸、東南亞及美國設分公司十一處，卓然有成。

成功大學有校友六萬五千餘人，散居世界各地，均能本著純樸踏實的校風實實在在地做事，老老實實地做人，因此也都在事業上有好的成就，而張瑞欽先生就是一個被母校引以爲教育成功的實例。

成功企業的條件

企業經營的成功，另有兩個要件：一爲謀眾人之利，一爲多方面求新。爲全體員工謀福利是團結合作之本，團隊的力量才能充分發揮，常爲客戶的利益著想才能確保穩定廣大的市場；要能在生產技術上和管理與經營的理念與方法上不斷地求創新求進步，才能在多變的大環境中長期保持領先的地位。華立企業，因爲做得到以上各點，才能有今日的成就。我一方面代表國立成功大學向這一位事業上有高成就的校友張瑞欽先生致賀，也以社會上直接間接應用到華立產品的廣大客戶的一分子的身分，向這一個以服務爲經營目標的公司致賀。

華立企業爲慶祝創立二十五週年，宴設圓山，冠蓋雲集，我們恭逢其盛，至感光榮。二十五歲是一個大生日，當然可喜可賀；二十五歲，還是一個年輕的公司，就像一位二十五歲的年輕人一樣，成長空間無限；我們不是祝它壽比南山，而是鵬程萬里，大展鴻圖，前程似錦。

八十二年十月七日華立企業股份有限公司成立二十五週年慶祝酒會上致詞

淺談論文的寫作

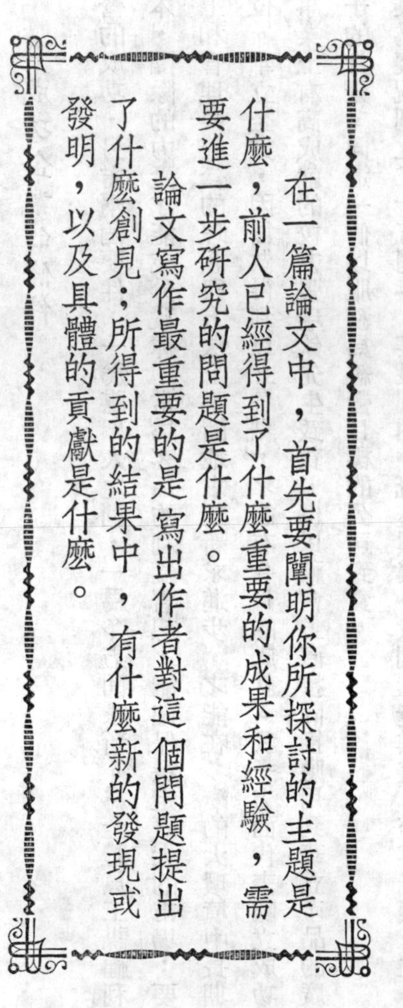

在一篇論文中，首先要闡明你所探討的主題是什麼，前人已經得到了什麼重要的成果和經驗，需要進一步研究的問題是什麼。

論文寫作最重要的是寫出作者對這個問題提出了什麼創見；所得到的結果中，有什麼新的發現或發明，以及具體的貢獻是什麼。

中國工程師學會在本校的學生分會是一個會員人數眾多的學術性與服務性的社團，舉辦許多有意義的活動，論文比賽就是其中非常重要的一項。初期是工程論文比賽，後來擴展成爲全校性的論文比賽，辦得愈來愈成功，一年比一年好。

備妥寫作的素材

寫論文是研究一個問題的最後一個階段的工作，其目的是要把所得到的結果讓別人知道。在研究的過程中，需要研讀許多資料以瞭解前人的成果和經驗。最重要的是要花許多功夫作實驗，或是作理論的導證，或是作數學的演算，或是作統計分析，……。這些功夫花進去以後，如果得到了一些值得告訴別人的研究成果，便是撰寫論文的素材。

闡明探討的主題

在一篇論文中，首先要闡明你所探討的主題是什麼，前人已經得到了什麼重要的成果和經驗，需要進一步研究的問題是什麼，有什麼重要性。然後要說明自己研究這個問題所用的方法、過程和所得到的結果。

提出自己的創見

論文寫作最重要的是要寫出作者對這個問題提出了什麼創見；所得到的結果中，有什麼新的發現或發明，以及具體的貢獻是什麼。這就是一篇研究論文和一道習題或是一篇試驗報告最大的不同之處。

八十二年十一月七日中國工程師學會成大學生分會論文比賽致詞

成功之路

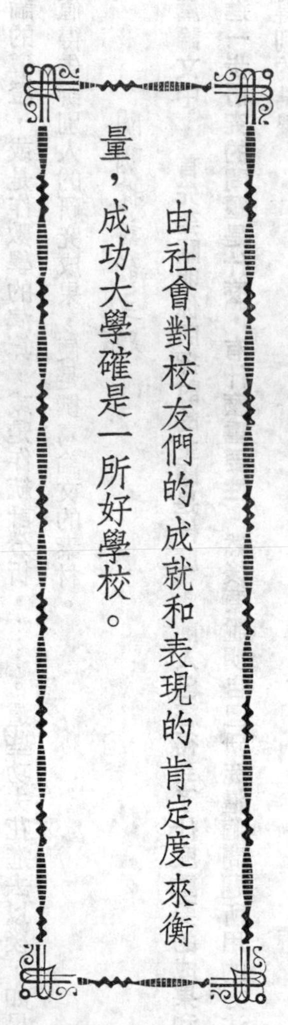
由社會對校友們的成就和表現的肯定度來衡
量，成功大學確是一所好學校。

校友表現　深獲肯定

世界上有許多學校，也有各種不同的方式來衡量那些是好學校，那些不是好學校。但是我覺得，以畢業生也就是校友們對社會的貢獻來判斷學校的高下，應該是一個非常可靠的方法。國立成功大學有校友六萬五千多位，散居在世界各地，都能本著純樸踏實的校風，積極進取；在工作上有好的表現，在事業上有高的成就。**由社會對校友們的成就和表現的肯定度來衡量，成功大學確是一所好學校。**這是自創校以來，歷年來全校的師生員工辛勤努力的成果。今天的三位校友傑出成就獎得獎人，就是在產、官、學、界有高成就的成大校友中具有代表性的三位。

母校以校友表現為榮

石延平學長自從本校畢業以後，就在學校裏服務，一直到現在，已經快四十年了。「桃李滿天下」這五個字對他來說不是一句恭維的話，而是事實。早年，在國內工程界從事學術研究的風氣還不盛的時候，他做研究，發表論文，帶動學術研究的風氣，起領導的作用，也起示範的作用。許多統計資料都顯示他是國內工程界中，學術研究成果最豐碩的學者之一。他多年來擔任學校行政工作，有許多的貢獻。企業界非常歡迎國立臺灣工業技術學院的畢業生，他的功勞很大，國立成功大學以石延平學長的成就爲榮。

林信義學長畢業於民國五十九年，是三位得獎人中最年輕的一位，他自基層做起，在工作中不斷地學習，學習工程科技，也學習如何應用管理的科學與技術來提昇工作效率與營運績效。在非常短的時間內贏得事業主與員工的充分信任，使中華汽車脫胎換骨；使員工生產效率成爲全國之冠，躍爲國內商用車的盟主，十大民營製造業中的新星。國立成功大學以林信義學長的成就爲榮。

葉永祥學長與石延平學長都是畢業於民國四十四年，葉學長在高雄港務局服務已經三十五年了。港務局局長是工程界中一個非常高的職位。他不是爬上去的，不是跳上去的，更不是空降掉下來的；而是由於三十五年辛勤工作的成果累積在他的腳下，穩穩當當地站在現在的職位上。他擔任過設計的工作，主持過多項試驗研究工作，完成了多項重大的工程。他的貢獻非常具體，可以一件一件數得清清楚楚，他的事蹟，可以做為公務人員的典範。國立成功大學以葉永祥學長的成就為榮。

八十二年十一月十日校友傑出成就獎頒獎致詞

圓一個青春大夢

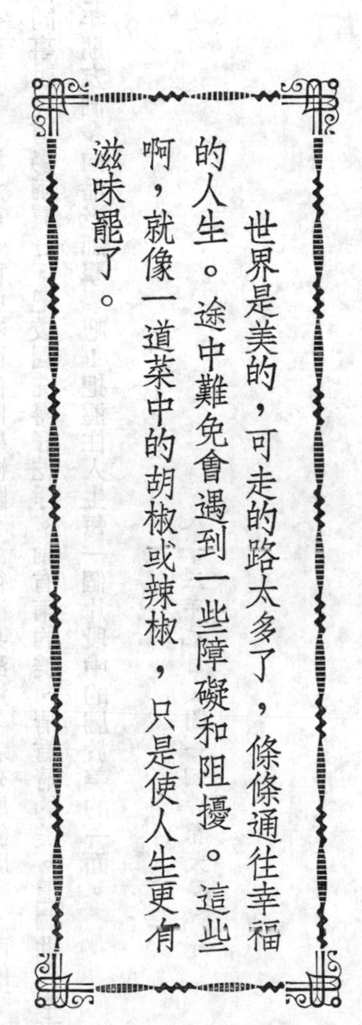

世界是美的，可走的路太多了，條條通往幸福的人生。途中難免會遇到一些障礙和阻擾。這些啊，就像一道菜中的胡椒或辣椒，只是使人生更有滋味罷了。

潘家羣老師以成功大學校友的身分要我爲他的新著寫序，我很樂意。因爲潘老師多年來獻身教育，有深厚的文藝造詣，著作多，在社會服務和青年輔導工作上也很有貢獻，成功大學以有這樣一位校友爲榮。

這本新著雖名爲《圓一個青春大夢》，但潘老師並不是叫青年朋友們用被子蒙著頭，從現實世界逃向夢境；而是叫他們睜開眼睛，看啊！**世界是美的，可走的路太多了，條條通往幸福的人生。途中難免會遇到一些障礙和阻擾，這些啊，就像一道菜中的胡椒或辣椒，只是使人生更有滋味罷了。**今天下了一場大雨，雨中有兩位同學慢跑，淋得滿身溼透，看來好舒服啊！雨停了，又聽到一位同事說，這場雨眞好，把校園洗得好乾淨。雨有雨的美、晴有晴的美。這個世界本來是美的，青年朋友們多向潘老師學學吧！把握住人生每一個片段中的屬於美的一面。

八十三年元月《圓一個青春大夢》序

成大之美

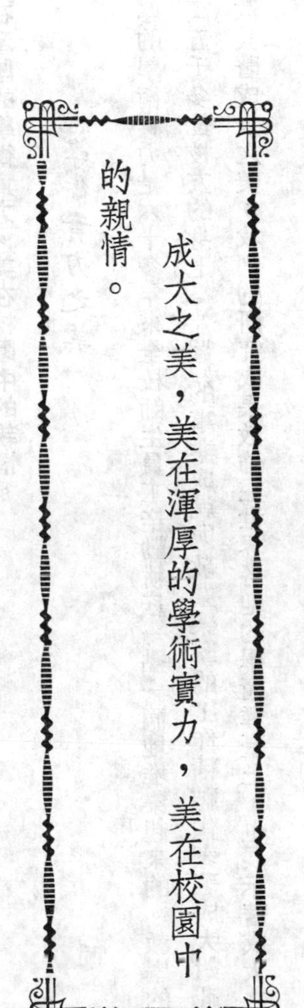

成大之美，美在渾厚的學術實力，美在校園中的親情。

庭園花木建築之美

若問：成大之美在哪裏？

答案常是：榕園美、成功湖美、工學路的林蔭美、盛開的鳳凰花美，舊的建築古色古香、新的建築巍峨堂皇，各有其美……。

若再試問：成大如果沒有這些庭園花木建築之美，就不美了嗎？

當然還是美的。

美在哪裏？

美在渾厚的學術實力，美在校園中的親情。

學術實力之美

渾厚的學術實力是六十多年來全校師生員工辛勤耕耘一點一滴地堆集起來的。教學的成果顯示在六萬五千多位校友的身上，他們的事業成就與敬業樂羣的工作精神代表著成大對社會的貢獻，也散發著成大之美；我們的研究成果散佈在世界各地的學術舞臺上，也展示著成大之美。

親情之美

在兒女的眼中母親永遠是美的。在眾多校友的眼中成大也永遠是美的。爲什麼？因爲這是他們的母校。在母親的眼中兒女都是可愛的。在眾多教職員工的眼中成大也是可愛的。爲什麼？因爲這個學校的每一寸都是他們胼手胝足經年累月建立起來的。如慈母、如愛兒，這是成大的親情之美。

欣賞過媽媽的首飾盒?裏面有戒指、耳環、頭飾、項鍊……，有的是外祖母的遺物、有的是婚禮時的飾物、有的是兒女們的生日禮、有的是至親好友的紀念品……，價值雖然不一定高昂，但件件都牽連著親情與友情。這本册子中所刊載的是成大歷年來的收藏品，都不是高價搜購所得，但件件也都代表著作者或贈與者對成大的親情與友情。首飾盒中的收藏品，穿戴起來會使媽媽倍加嫵媚；這本册子中所刊載的都是展示在校園中各處的藝術品，也可以使瀏覽者分享一下成功大學這個大家庭中的溫馨。

八十三年五月《成大典藏藝術品選集》序言

以恢宏的心寫宇宙中的美

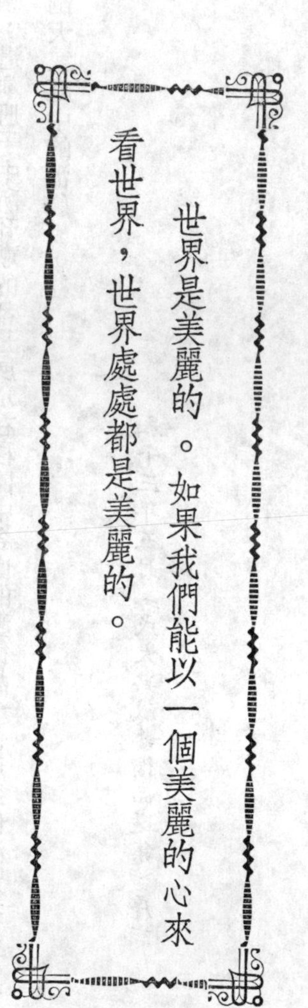
世界是美麗的。如果我們能以一個美麗的心來
看世界，世界處處都是美麗的。

《宇心》十八期的編輯同學要我寫一篇校長的話，不便拒絕；但這是一本外文系師生的刊物，其中都是文學的理論與創作，深怕文不對題污染了這純潔美麗的園地。

以美麗的心看世界

世界是美麗的。如果我們能以一個美麗的心來看世界，世界上處處都是美麗的。我們若把窗框當作畫框，不管是飛機或火車的窗、辦公室或教室的窗、厨房或臥室的窗，隨時隨地窗外都是一幅畫。青山、綠水、白雲是大自然之美，喧擾的菜市或工廠是社會的活力與生機之美……，都是藝術家描繪的題材。初生的嬰兒、青春的少女是美麗可愛的；滿臉皺紋的老人、全身汗臭的礦工、拾穗的農婦……藝術家們都能體會出也能抓得住他們的美。戲劇中有生、旦、淨、丑，由藝人扮演實際人生中的形形色色，舉手投足都各有其板眼。如果你能以欣賞戲劇的心來看人間百態，哈！每一個片斷都是藝術精品。

以長者的心來看世界

我們學校的員工子女幼稚園已經創設成功、開學上課了，大學部的同學們有機會時可以去參觀一下。許多四五歲的小朋友們也形成一個小小的社會，在這個小小社會中有英雄、有美人、有惡霸、有善士、有的強悍、有的懦弱……。但在一個二十歲的大學生的眼中看來，他們個個都是可愛的小天使，不覺得他們任何一個是可厭的。爲什麼有這種感覺呢？因爲大學生比幼稚園中的小朋友大得够多了，能够跳出他們的社會之外，站在他們的社會之上來看他們。許多四五十歲、五六十歲的老師們在看二十歲左右的同學們時，應該也可以達到如此的境界。人與人之間的許多問題、許多事情，如果我們能跳到外面、站在高處來看，以長者的心情來看，哈！都是可愛而美麗的，就像成大幼稚園的那羣小朋友一樣。

過得自豪也使世界更美

每到春節，客廳裏都要放幾盆水仙。水仙的花期並不長，年過了、寒假開學了，花也謝了。但在過年的幾天當中，幾盆水仙確是使客廳中多了幾分喜氣與花香。客人們都說，你家的水仙開得好，香而美。最近到加拿大的維多利亞城開會，處處都是鬱金香，不同顏色的鬱金香，告訴旅客們這是北方的春天。春天的花，秋天的紅葉，把這個世界點綴得多采多姿。蜉蝣是一種小蟲，朝生暮死，和我們比起來他們眞小呀！他們的生命如此短暫。在飛越太平洋的飛機上，放眼望去，這個世界眞大呀！大型的客機好似風中的一片樹葉，但我們的地球，甚至太陽系，甚至銀河系，在整個宇宙中都是小得微不足道。在無限的時空中我們何等渺小，與蜉蝣相較又差得了多少呢？讓我們在有限而短暫的生命中扮演好客廳中的水仙、花圃中的鬱金香的角色吧！要過得自豪，也使這個世界更美。

宇心，這個名字取得眞好！宇宙之中萬事萬物，處處皆有美，時時都是美。讓成大外文系師生，以恢宏寬厚的心發掘宇宙中的美，以生花的筆描繪出宇宙中的美。

八十三年四月刊於《宇心》第一八期

邁向世界一流大學的新契機

在六年的任內，我個人有許多收穫。在校長的職位上能有機會看到更多，學到更多，使自己生活的領域更爲寬廣，也使自己的生命更爲充實；但是，最重要的是在工作中結識了許多合作的好伙伴。

忙碌而愉快的六年

愈是工作忙的人，愈覺得時間過得快。六年的時間，我過得很忙，也很愉快。在這六年中承蒙本校同仁和同學們的合作，各級政府和社會人士的支持，使成功大學的校務能在穩定中成長進步，在這裏要向大家敬致最高的謝意。在六年的任內，我個人有許多收穫，在校長的職位上能有機會看到更多、學到更多；使自己生活的領域更爲寬廣，也使自己的生命更爲充實。但是，最重要的是在工作中結識了許多合作的好伙伴。從兩位教務長到工友，從全校的同仁中，發現了許多有熱忱、能做事、肯爲團體犧牲奉獻的人才。有時是爲了長期性的任務，有時是爲了臨時性的個案，大家都能發揮團隊的精神；有人打前鋒、有人守後衞，一起爲校務的發展開夜車、加班、打拼……。

一磚一石砌成金字塔

成功大學猶如一座金字塔，它現在的規模是自創校以來全體師生員工大家一塊石頭一塊石頭砌起來的。在過去的六年中，這個金字塔長大了許多；在每一個面上、每一個方向上都長大了許多。許多同仁爲了這金字塔的成長盡心盡力地搬石頭，許多同仁設計各種方法來提高搬石頭的效率，大家都出了非常多的心力。我的手中沒有任何籌碼來回報這些合作的好伙伴，只有心存感激，終生不忘。在這裏我當然要向我的內人和小孩致謝，她們的體諒、瞭解和支持使我在過去的許多年中一直沒有後顧之憂。

邁向國際上一流學府的關鍵點

今天，我雖然是卸任的校長，但不能只談過去，也要展望未來。我們希望，這一次的交接典禮是國立成功大學發展成爲一個國際上一流學府的過程中的一個關鍵點；我們相信國立成功大學因爲是吳京院士來接任校長，而在國內外學術界中有更高的聲望。學校的聲望是要以學術實力爲基礎的。所謂學術實力，包括教學、研究工作成果的品質和數量。

培養人文與科技並重的通識素養

國立大學負有多方面的社會使命：我們所得到的學生是聯考的優勝者，他們最擅長於以最快的速度寫出標準答案，我們的使命是使他們在四年的大學中學會讀書要求眞正的理解，遇到問題時能獨立思考，有自己的見解與創意。我們所得到的學生們，在高中階段實際上已經分了科，有志學人文與社會科學的忽略了數理，有志學科技的忽略了文史方面的課程，我們的使命是使他們在大學的四年中能補足應有的通識素養。

培養品德高尚誠實純樸的畢業生

我們要能夠在功利、現實、爾虞我詐的工商社會大環境中，培養品德高尚、誠實純樸的畢業生。這是一件困難但非常重要的使命。因爲科技進步快速，我們需要加強基礎課程以培養學生學習未來新知的能力；但另一方面僱主們往往又希望我們的畢業生，不經訓練馬上就可以擔當他們交下去的任務。因爲國內許多企業的規模不大，從事研究發展工作的意願也不高；社會企望大學也扮演企業界的研究發展單位的角色，希望大學在教學上，在研究工作上都要「配合」國家的各項建設。但另一方面又要求大學裏的學術研究的成果能夠「領導」社會和科技的發展，問我們：你們的學術水準比起世界上第一流的大學來，還差多少？以上所述，都是社會對國立大學的企望。一個好的綜合性大學，要樣樣都能做得到。

重視教學研究的持續性價值及實用性

校務的發展第一需要有人，第二需要有錢；但我認爲人可能是比錢更爲重要的因素。我們要使全體老師重視教學工作的重要性，不斷地檢討社會需要什麼？學生需要什麼？怎樣才可以把課程教得好，使學生學得紮實。我們要能使老師們的學術研究工作，不但要重視成果的量，更要重視其學術上的持續性價值，或是付諸實用的可行性。

因應教育經費緊縮之道

近年來，由於中央政府的財務日漸困難，教育經費的緊縮是很難避免的事。在此種情況下，我們當然希望教育部能把國立大學分級定位，而把本校定爲經費需求較高的「研究大學」；也希望能改進國立大學的預算制度，增加經費運用的彈性與自由度。但這些都涉及全國性的制度，不在我們自己的掌握之下。我個人認爲因應之道有三：第一是暫緩學校量的擴充，致力於教學研究品質的提昇。第二是在預算的編列和支用上精打細算，以使經費的運用更爲有效。第三是我們應該設法開闢財源，但不能爲了增加經費的收入而犧牲教學和研究的品質。

成大的新風格新氣象

在六年之前接任校長的時候，我自己有一些理想，大家對我有不少的期望；但六年之後，因限於能力和其他因素，這些理想與期望並沒有完全達成。在這六年的施政之中，有一些失誤和敗筆是因爲我的決策不當所造成的，我要向大家道歉，也向學校道歉。

今天我們歡迎吳校長，他是一位有高學術成就的國際知名的學者；他有理想、有幹勁；雖然多年在國外，但對本校的發展一向都非常關心。相信他一定能爲國立成功大學注入新風格、新氣象，把學校帶入更高的學術層次。

最後，祝吳校長成功，祝國立成功大學校運昌隆，祝在座的每一位萬事如意。

八十三年八月一日國立成功大學第八、九屆新舊任校長交接典禮致詞

第六章　做個成功的大學生

——與學生講話

好的開始

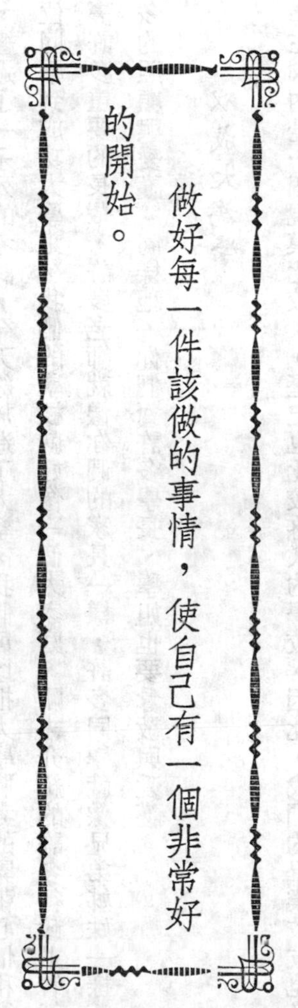

做好每一件該做的事情，使自己有一個非常好的開始。

新鮮原料製成良好成品

大家都知道，一年級的新同學叫做「新鮮人」。新鮮代表還沒有經過加工、還沒有受到污染，就好像我們剛從菜市場買來的新鮮的菜和水果一樣，一點都沒有腐敗，也沒有經過烹調。我們也常常說「好的開始是成功的一半」，也就是說，**新鮮的原料，究竟將來會變成一個很好的成品，還是腐爛掉的垃圾，就要看在這四年當中，各位同學的努力與用功**，以及學校裏許多好老師用心的教導。開始是非常重要的，今天是同學到學校來的第一天，從今天開始，希望都能做好每一件該做的事情，使自己有一個非常好的開始。各位同學從國中畢業參加高中聯考，高中畢業參加大學聯考，經過了一系列的考試，今天終於進了大學，我們可以把大學聯考的緊張心情稍微放鬆一點。各位同學到成功大學來，我們的學校就好像一個大家庭，剛才介紹的許多行政主管就是這個大家庭裏許多重要的長輩，許多老師就像你們的家長一樣，許多同學就像兄弟姊妹一樣，你們會受到很多的照顧與愛護。同樣地，你們對許多學長、學姐也要尊敬與愛護。

以成大為榮

成功大學在國內是一個規模比較大、歷史也比較悠久的學校。因此，我們的畢業校友也多，目前已經有四萬七千多位校友，包括大學部畢業的有四萬三千多人，碩士班畢業的有三千九百多人，博士班畢業的也有一百三十多位。這許多校友散佈在國內國外，在社會上都占有非常重要的地位。各位同學將來畢業之後，不論是在國內或是國外服務，都會遇到許多成功大學的校友，你們都會受到他們的愛護與照顧，就像在學校裏受到老師、同學的愛護與照顧一樣。我們學校在土地的面積上，也是一個比較大的學校，我們有七個校區，還有一個實驗場，大約共有九十公頃。我們有文學院、理學院、工學院、管理學院與醫學院五個學院，二十九個學系；這二十九個系裏只有八個學系尚未成立研究所，全校共有二十一個研究所，並且有十個研究所成立了博士班。目前我們大約有一萬一千多位大學部的同學，其中日間部有八千多位，研究所碩士班的同學有一千二百多位，博士班有三百多位同學，在學生人數上也是一個比較大的學校。我們目前講師以上的老師有七百多位。五個學院，有的比較大，有的比較小；有的成立得比較早，有的比較晚，但因爲我們是一所綜合性的大學，每個學院都是同等重要的。我們還有另一個特點，就是校風非常踏實。同學們在學校裏都是很實實在在地讀書、求學；老師們也都很實實在在地教學、做研究；畢業的校友在社會的工作崗位上，也都是實實在在地做事，這是一個非常重要的特點。我們的校友，在國內外都有很高的成就，同學如果注意的話，社會上的許多各種的得獎人當中，成功大學的校友所占的比率是相當高的。

奮勉精進　把握現在

剛才我講到大學聯考的緊張心情可以放鬆一點，但是各位同學上進的心千萬不可放鬆。因爲在大學的四年，將是非常辛苦的四年。如果你覺得考進了大學，就已經成功了，那麼你就完了。在一個人的一生當中，如果什麼時候覺得自己已經不錯了、很好、很成功了，那麼，這個人就是到此爲止，也就沒有再上進的希望了。各位同學考進了大學，現在是我們一年級的新鮮人，是辛苦的四年努力學習的開始，絕對不是結束。大學的功課是很辛苦的，是需要努力、需要奮鬥的四年。一個人應該要時常檢討過去，要把握現在，還要計畫未來。這其中，把握現在應該是最重要的事情。過去的事情已經過去了，未來的事情我們要規劃，但是不要心存太多的幻想。現在的每一個鐘頭、每一分鐘你是不是過得很充實，是不是過得很有意義，是不是把握得很好，是非常重要的。

上進心不可放鬆　功利心不可太強

剛才講到同學上進的心不可以放鬆，但是上進不一定就是功利，我希望同學上進的心不可放鬆，但是功利的心不要太強。在這個社會裏已經很少有衣食住沒有著落，生活有問題的人，如果有的話，應該也輪不到你。因此，我們的同學不必爲將來的出路、就業等等的問題過分的擔心。在成功大學，不管你學的是文學院、理學院、工學院、管理學院那一系、那一個行業，都是很好的上進之路。同學們要知道，人生是多方面的；我們衡量一個人時，要多方面去衡量他，不能單獨以金錢的多寡，或是寫了多少篇文章，或是什麼職位來衡量他。人生的成功也應該是多方面的，希望我們的同學將來在學校裏、在社會上追求的是多方面的成功，多方面的完美，而不是許多表面的、功利的或單方面的成功。

培養氣質　學習做人

諸位同學到大學裏來，在這四年的大學教育當中，除了學到許多課業之外，還要成爲一個受過高等教育的人，而不只是受過許多課業訓練的人。一個受過高等教育的人，走在路上，或是在公共場所，看起來跟一個沒有受過高等教育的人不一樣，什麼地方不一樣很難說，但是就是不一樣。在這四年當中，你不但要成爲一個專才，也要成爲一個通才。因此，在大學裏的許多課程，不管是專業的課程，或是一般的課程，每一門課程都是重要的，同學們都要認眞地學習，不可以認爲那些課程比較重要，而把另外一些課程忽略掉。除了課程之外，課外活動也是非常重要的，在課外活動當中，你可以交到許多朋友，你可以學習做人做事的道理，你也會學到怎麼服務別人、關心別人，進而關心我們的社會。

敬業樂業　理解創新

還有，諸位同學不管是在文學院、理學院、工學院、管理學院那個系，希望你在這四年當中，學著喜歡自己的行業，尊敬自己的行業。要知道，任何一個行業都是成功之路，但你要喜歡並尊敬你自己的行業，你才會成功。另外要提醒諸位同學的是，我們在準備高中聯考或大學聯考時，往往做了許多記憶的工作，今後在大學裏的學習過程當中，許多記憶的工作當然還是很重要，但是除了記憶之外，更重要的是要理解我們所學的東西。要懂得懷疑，不斷地想爲什麼。如果你覺得書上的一段話，講得並不是很對，那麼你自己的見解是怎麼樣，要學著創造自己的見解，絕對不只是記憶而已。當你的學問愈高時，你的理解與創造的能力就變得愈來愈重要了。

七十七學年度新生訓練致詞

大學生涯的規劃

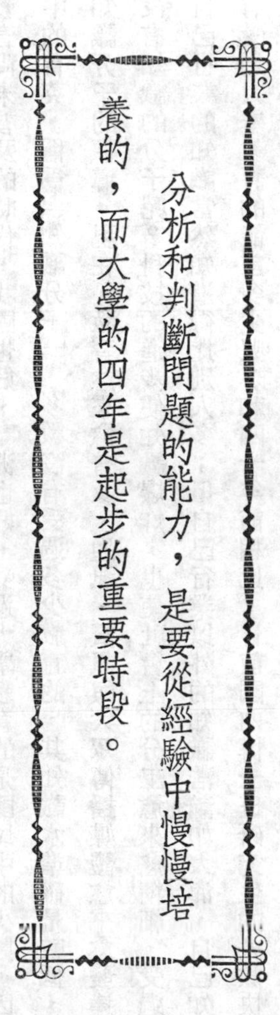

分析和判斷問題的能力，是要從經驗中慢慢培養的，而大學的四年是起步的重要時段。

五育均衡　日新又新

我接任校長的工作已經半年多了，在這段時間中也有過幾次對全校同學講話的機會。學校對同學們的期望，總括一句話，就是希望大家在這四年中都能變得更好，在德、智、體、羣、美各方面都能有最多的成長。要做到這一點，需要學校與學生雙方的共同努力。在同一班的同學中，大家受到的待遇相同，但成長的程度不一，這就要靠個人自己的聰明與努力了。

專業分工　由博返約

在過去教育尚未普及的時代，我國也好、歐洲也好，受過大學教育的是國民中的少數，因此便成為社會中的菁英，稱為「知識分子」。多數沒有受過多少教育的，其知識水準確是較低，各方面都需要知識分子的領導。現在，教育愈來愈普及，通訊、資訊與大眾傳播媒體愈來愈發達，誰是社會上沒有知識的分子呢？科技的進步使知識爆炸，也使社會上的分工愈來愈精細，受過大學教育的，自己行業的知識當然知道得比別人多；但自己行業以外的知識浩瀚如大海，自己知道的比那些沒有受過大學教育的能差多少呢？和四十年前相比，目前國內博士班研究生的人數快要和當年大學生的人數差不多了。而碩士、博士的教育也都是往「專」的方向而不是往「博」的方向發展的。現在和未來，大學生和未受過大學教育的人在社會上的角色是否還是一樣呢？實在是一件值得深思的事。

扮好社會的示範者角色

社會上的民眾往往把大學生看做「示範者」。同學們的許多行為上的細節，他們都在注意，都在旁觀。騎機車有沒有超速、闖紅燈？有沒有按規定停車？有沒有排隊買票？在校外住宿是否守規矩？……。他們把大學生當做學習的對象，連大學生都不遵守的規則他們也會跟著破壞。一些他們認爲人人應該遵守的規則，若發現大學生們並不遵守，也會使他們產生「國家沒有前途了」、「社會怎麼還會進步」的無望感。我們的同學們在社會上的角色，這一方面確是非常重要的。

注意安全　愛惜自己

我們對同學們的期望有許多層次，而一個最起碼，也是人人都應該做到的，就是希望每一位同學都不要因爲意外事故而受到傷害。安全（實驗室中的安全、運動場上的安全、交通安全……）是非常重要的。我在三月六日開學時對日間部、夜間部同學都提到這一點；但兩三天之後，就有一位夜間部會計系五年級的林同學因車禍而身亡，這是一件非常令人痛心的事。古人所謂「千金之子」，在家裏是爸爸媽媽的好兒女，對家庭對社會也都有許多責任；出了這一類的事故，其他的就都談不到了。

自動自發　愉快學習

學校裏最重要、也是最基本的是學生的課業。包括上課、課前的預習、課後的作業、實驗與實習等等。成果如何，有賴於老師的認眞執教、學生的用功學習和教學環境的不斷改進。在學生方面，能够主動地用功最爲重要。做爲一個大學生就不能再希望老師用各種強迫或半強迫的手段來使自己用功了，要能够在學習中尋找興趣、培養興趣。任何一種行業，耕耘都是辛苦而收成都是喜悅的。每一位同學都是自己農場的主人而非奴工；耕耘的工作要自動自發起勁地去做才行。

涵養美育　陶冶情感

我們希望大學生在學校裏能接受到文學、藝術、人文、社會、科學、技術……各方面的知識與素養。其比重可以因爲院、系的不同而有所差別，但重要性則是一樣的。藝術的眼光使我們看到人間事事物物美的一面。一個年青少女的畫像是美的，一個雞皮鶴髮老人的畫像也可以是一件非常美的藝術精品。坐在火車上往來於臺北、臺南之間時，不妨把車窗當做一幅畫的框，用欣賞的眼光去看，你會發現每一幅畫都是美的。人生與世界時時處處都有它美的一面等著我們去發現、欣賞與享受。

積極進取　良性競爭

我們多年來處在一個地窄人稠的環境中，人與人之間的競爭較爲強烈是必然的現象。在一個地大物博、資源豐富的環境裏，不甚求上進的人也可以生活得相當好；但在我們的社會中，則人人需要求上進、需要有進取心。由於全民的積極進取和良性的競爭，我們才有了今日的建設成果。也因爲如此而自然而然地演變出許多「公平」的比賽規則（聯招的制度即是一例）和勝負的標準（社會上的價值觀）。

主動學習　思考理解

我們的聯招制度是很公平而客觀的，因爲我們的社會不允許它有絲毫的不公。美國大學入學的審查制度中便可以有許多主觀的判斷，因爲他們的社會可以允許他們那樣做。我們的聯招制度雖然公平，但也產生了一些相當嚴重的負面影響。高中的聯招引導了國中的教學，大學的聯招引導了高中的教學，使我們中等學校的教育在訓練學生寫出標準答案和記憶的能力方面下較多的功夫，在培養學生獨立思考、有見解、有創見和理解、推理的能力方面自然就較爲欠缺了。我們的同學們進入大學之後，要了解自己過去受的教育在這方面的欠缺，在學習的過程中要重視理解和推理，對問題要學著有自己的見解，對別人的見解也要學著有正確的判斷力。我對於國內科技方面的教育的感覺是：學生們理論學得相當多、很會考試；但對理論中最基本的部分了解得並不一定很透徹。理論與實體間也不一定能拉得上關係，動手實做的能力更是差得很多。一個十七、八歲的美國孩子往往可以從爸爸手裏得到一輛舊汽車，視如珍寶，在毛病百出時都要自己動手想辦法修理；一個同年齡的我們的小孩，腳踏車壞了是自己推到店裏去修理，還是爸爸替他推去呢？

我想，只要他聯考可得高分，爸爸媽媽什麼都會替他做的。這些在進入大學之前科技訓練上不足的地方，都希望能在大學的四年中補起來，更希望我們的同學們能主動地在這些方面多注意、多下功夫。

享受工作　享受生活

我們的社會自然而然地把各種的科系或行業排成一個優先次序表。目前就業情況好、待遇高的科系如醫學、電機就排在前面；就業情況差些或待遇較低的就排在後面。這個次序成了聯考的勝負標準，也成了社會上的價值標準，它使年青人在選擇科系或行業時把自己的性向和興趣當成較爲次要的考慮因素，這是一個非常有趣的現象。有人說我們的社會愈來愈現實，大家「向錢看」，在困苦和急難的時候，錢當然重要，但在一個富裕而制度化的社會中，錢眞的那麼重要嗎？選擇最合於自己性向、最有興趣的行業，讓工作與享受合而爲一，快快樂樂地過一生，不是更好嗎？一個人爲什麼一定要走社會所「公定」的成功之路呢？爲什麼不可以自己設計自己的成功之路呢？人生是多方面的，我們不能只以事業或財富或學問……來衡量一個人的成功。人的成功是許多因素的總和，還包括：對人是不是一個忠實的朋友、在家裏是不是一個好兒女、在社會中是不是一個有貢獻的公民、每天的日子是不是過得充實而快樂……等等。

從經驗中培養判斷力

人是社會的動物，在家庭中也好、學校裏也好，或是社會上，都不斷地有許多有待解決的問題。我希望同學們能學到的是：要能深入問題、看清問題的根本與細節，也要能站在高處看清問題的全貌，也要能看得遠，看到問題的未來，並能站在各種不同的角度或立場來看問題、分析問題。只見樹而不見林、只見林而不見樹或是只見到現在而不了解過去和慮及未來，都無法得到較爲正確的答案。**分析和判斷問題的能力是要從經驗中慢慢培養的，而大學的四年是起步的重要時段。**能關心社會上的問題是年青人可愛的地方。社會上的許多問題，極度的穩健而不加改進或不加深思就動大手術都是不對的，我們需要一些經驗與智慧，在兩個極端之間找出最佳點。

七十八年三月三十日給全校大學部同學的信

學習思考、判斷、有見解、能創造

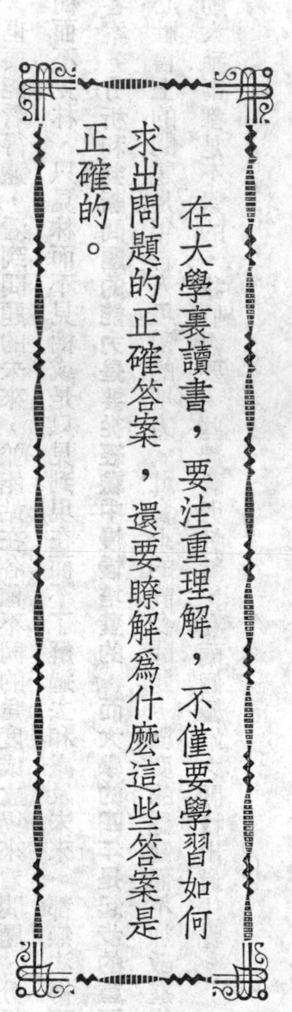
在大學裏讀書，要注重理解，不僅要學習如何求出問題的正確答案，還要瞭解爲什麽這些答案是正確的。

注意理解　活學活用

四年的大學生活會是很辛苦的四年，也會是很愉快的四年。從今天開始，諸位就是大學生了。在大學裏讀書和在中學裏不一樣的一點是：老師不會再逼著你們去用功，諸位同學更要自己知道主動地用功。**在大學裏讀書，更要注重理解，不僅要學習如何求出問題的正確答案，還要瞭解爲什麼這些答案是正確的。**要學習思考、學習判斷、學著有自己的見解，還要能夠創造。

紮好基礎課程

一年級的大部分課程都是一些基礎課程，諸位同學一定要實實在在學得好才行，千萬不要因爲課程的內容和高中所學的有一些相似或重複，就以爲自己已經會了。一定要把一些基本的觀念瞭解得很清楚才行，作業、習題、實驗、實習也一定要實實在在地做好。剛才我講到，四年的大學生活是很辛苦的四年，因爲要把書讀好，不是件容易的事情；四年的大學生活也會是非常愉快的，因爲讀書本來就是快樂的事。除了讀書之外，同學還可以選擇參加自己喜歡的課外活動、社團活動，結交許多新朋友，這些都是非常愉快的事情。除了學業以外，你們還要在這四年當中學做人、學做事、學著服務及關心別人。一個受過大學教育的人和一個沒有受過大學教育的人，會有一些不同的地方，希望四年之後，這些不同之處能夠在諸位同學身上看得出來。

過得安全、健康、有自信

我也希望你們每一位同學在這四年當中都過得非常安全、健康。今天早晨七點鐘在臺南市立殯儀館有一個告別式，追悼本校醫學系三年級的黃諠如同學，她在兩星期前因爲車禍去世了，這是一件非常不幸的事情。看到那種悲傷的場面，我和訓導長及黃院長都有一個相同的感覺，那就是為了大家的安全，學校如果做了一些規定而使許多老師、同學有不方便之處，只要能夠增進校園裏的安全，即使受到一些抱怨也是值得的。諸位同學一定要注意自己的安全，尤其是交通安全。不但自己要守交通規則，也要小心別人不遵守交通規則。如果不是非常必要的話，我希望諸位同學盡量不要騎機車；如果是非騎不可的話，也一定要戴安全帽。在外面吃飯，除了注重口味之外，也要注意營養的均衡及飲食衛生。這些都是非常重要的事情。

成功大學是一個好學校，是一個有歷史、有基礎、有學術成就、還有很多傑出校友的學校。我希望諸位同學對學校要有信心，尤其是對自己的學系要有信心，更要對自己有信心。希望諸位同學在這四年的大學生活裏，能夠過得又充實、又愉快、又成功。

七十八學年度新生訓練致詞

妥善規劃大學生活

> 什麼事情一定要做，什麼事情可以不做，取捨之間，要把眼光放得遠、看得大。不要爲一些眼前的小利而浪費寶貴的時間。

做好學生的本分

怎麼樣的學校才是好學校呢？充實新穎的圖書儀器設備、寬敞的房舍、幽美的校園都非常重要，但並不是最重要的。**我認爲成爲一個好學校最重要的條件有三點：第一要有好老師；第二要**

有好學生；第三要有好的讀書風氣。羅致和培養最好的老師是學校的責任；做最好的學生是諸位同學的責任；培養最好的校風和讀書風氣是要靠我們全體師生員工大家來共同努力的事。

善為利用時間

四年的大學生活是人生中非常重要的一個階段。諸位在這四年中要成熟、要長大、要成爲一個受過高等教育的人。在大學四年中，要學的、要做的事情太多了。因此，如何規劃時間、如何善爲利用時間，非常重要。**什麼事情一定要做，什麼事情可以不做，取捨之間，要把眼光放得遠、看得大。不要爲一些眼前的小利而浪費寶貴的時間。**

主動積極

諸位同學在大學四年中當然要用功讀書。進了大學以後和過去中學時代不一樣的一點是要能主動地用功讀書，不再是被動地爲了通過聯考而讀書。大學的老師不會再像中學老師那樣逼學生用功，諸位一定要靠自己積極主動才行。諸位同學所選擇的系不一定是自己的最高志願，但一旦選定了，就要設法去喜歡它。每一個系的功課都是很有意思的，但要學得好，都得下許多功夫。上課之前如果能把課本先看一遍，學習的效果會好很多；習題、作業、實驗都要很認眞、實實在在地去做。我們讀書要求理解，要求眞正的懂，而不是學習很快地把標準答案求出來就可以了。

同時要培養對自己所選擇的行業的興趣，要喜歡自己所學的東西。如果為了功利、為了趕時髦而勉強去學自己並不喜歡的行業，將是一件痛苦的事，恐怕也不會學得好的。

學習做人做事的道理

大學生活是多采多姿的。諸位在這四年當中，除了要把功課學好以外，還要學習做人做事的道理。四年裏，你會認識許多朋友，參加許多課外活動，也可以選擇加入一些自己所喜歡的社團等等。在課外活動中培養團隊合作和服務的精神，也是大學教育中非常重要的一部分。在平時，你要多觀察、多思考，那一位老師、那一位同學，或是那一位社會人士，他的行為、他的為人處事足以做為自己的榜樣，值得你去學習的。對自己一言一行也要多加注意，因為別人也都在觀察你、向你學習。教育是教學相長的，希望你在學習的同時也能成為別人的榜樣。

七十九學年度新生講習致詞

過實在的大學生活

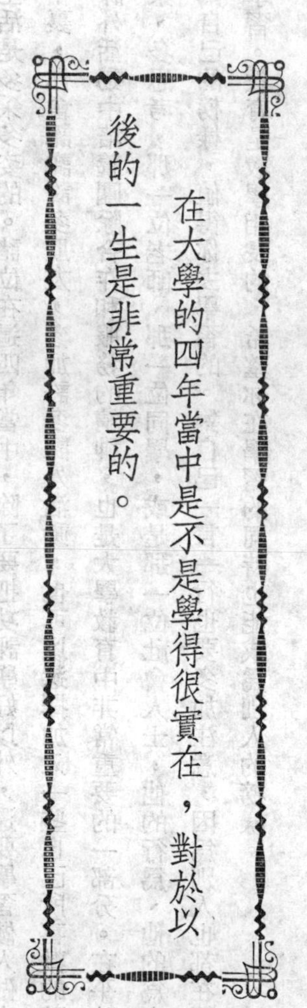
在大學的四年當中是不是學得很實在，對於以後的一生是非常重要的。

學得實在

前幾天我到成功嶺參加了諸位的結訓典禮。成功嶺的軍訓是很緊張、很辛苦的。在此之前，準備大學聯考的一段日子也是非常辛苦的。這些緊張辛苦的日子已經過去了，從今天起，又要開始另一個階段的很忙很辛苦的日子，今天我在這裏很鄭重地告訴諸位新同學：上大學的四年應該是非常忙、非常辛苦的四年，也是你們一生當中非常重要的四年。**在大學的四年當中是不是學得很實在，對於以後的一生是非常重要的。**在大學的四年當中你們要學的東西很多：要把課業學好，還要學如何做人，以及做事的態度。在這四年當中你們要從一個高中畢業的小孩變成一個受過高等教育的知識分子。

讀書要求理解

在課業方面，大學生讀書要求理解。讀書不是只要考試的時候考得出來就算了，要能讀得懂。讀書的目的在求聯考得高分的時期已經過去了，讀書的目的在於能寫出標準答案來的時期也已經過去了。諸位現在是大學生，大學生讀書要求理解，要求懂。最好的學生，會在上課之前把老師要講的課本先看一遍，這樣才能事半功倍，讀書的效率會非常高；次一等的學生是上課之後才把課本看一遍；再次一等的學生是等到快要考試的時候才把課本看一遍；再次一等的學生是等到快要考試的時候才找些考古題之類的東西背一背。我希望諸位同學都盡量地做第一等的最好的學生。一般的課業重要，實驗實習的課程也重要。我們常以設備是不是充實來比較一個學校或是一個系的好壞。所謂設備是什麼？就是實驗和實習的設備。這些設備是你們的系主任，費了很大的力氣才爭取得來的，你們要善加利用才好。

學習做人

諸位在大學的四年當中，也要學習做人。在諸位的四周有許多同學、老師和社會上的人，你們要學著觀察，誰的言行舉止、所做所爲可以做你的榜樣，這些人你就要向他學習；誰的言行舉止、所做所爲是一個壞的榜樣就千萬不要向他學。除了和自己的課業有關的書籍以外，也要找時間多讀一些自己課業範圍以外的書。所謂讀萬卷書，行萬里路，所指的書是課業範圍以外的書。

我們也要不時地警惕自己，我的言行舉止、所做所爲別人也時時在看，在比較；我們要學著做別人的好榜樣，而不是壞榜樣。

參與社團

學校裏有許多社團，參加一些健康的課外活動，也是大學教育中相當重要的一部分。如果課業是吃一頓營養豐富的飯菜的話，課外活動就是菜裏的調味料。課外活動使大學的生活多采多姿，同學們可以在課外活動中學會了如何做事。在社團活動中服務熱心的同學，往往就是畢業之後事業上成就比較高的。

傳承與使命

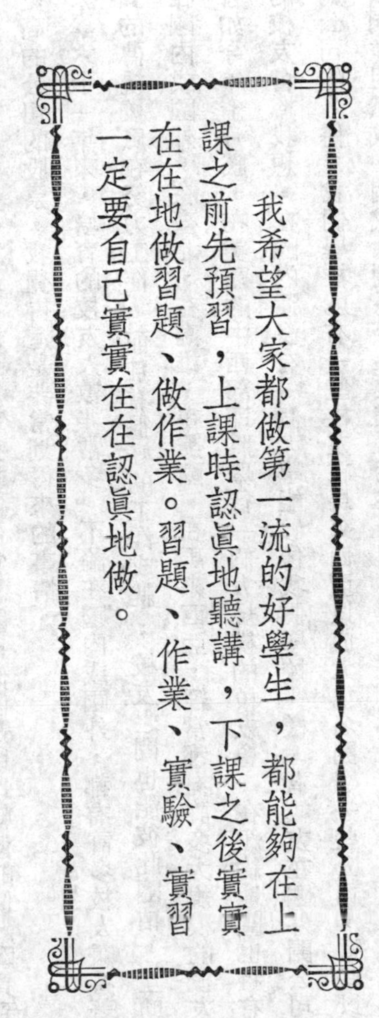

我希望大家都做第一流的好學生，都能夠在上課之前先預習，上課時認眞地聽講，下課之後實實在在地做習題、做作業。習題、作業、實驗、實習一定要自己實實在在認眞地做。

優良樸實的校風　相互扶持的校友

成功大學在臺灣的南部，這樣的地理位置有比較占便宜的地方，也有比較吃虧的地方。因爲南部離繁華的大都市比較遠，所以我們多數的老師都是很專心地在學校裏從事教學與研究的工作，沒有太多的外務。也因爲這樣，我們的老師們教學工作的品質比較實在，做學術研究的工作也比較認眞。另一方面，如果我們把學校比喩做一個公司的話，我們這個公司的業績一向都很好；但是因爲在南部的關係，使得我們公司股票的行情稍爲偏低，而不能很正確地反映出我們實在的業績。不過，這樣對諸位同學來講，反而比較占便宜；因爲你們是以比較低的價錢購買到實際上價値更高的公司的股票，我覺得這是非常划得來的事情。

成功大學六十一年來，培育的校友人數非常多。不論在國內或國外，都有許多校友秉持著我們非常踏實的傳統校風在努力工作，而且有很好的工作成就；校友之間也能彼此團結，互助合作。不論在國內或國外，在臺北、在高雄、在美國、在馬來西亞，經常都有許多大規模的校友會的活動。譬如今年十月底，在美國的中西部即將舉行一個大規模的校友會，在紐約地區也將有一個大規模的校友會。我想，在國內還沒有一個大學能够像我們學校一樣，有校友在國外開公司而以校名做爲公司的名稱。我們學校就有一些校友在馬來西亞以成大爲名開了一些公司，這些以成大爲名的公司並組織成一個成大關係企業及成大產業集團。這樣的聲勢，不是其他學校能跟得上的。諸位同學將來畢業以後，自然也是成大的校友，也會有機會互相幫助，互相合作。

主動用功　獨立思考

諸位同學現在已經從高中生變成大學生了，以後的日子不是苦盡甘來，而是另一個階段的辛苦日子的開始。諸位進了大學，尤其進了成功大學，如果想要做一個成功的大學生，恐怕從今天開始，你就要很用功才行。因爲大學生與中學生有許多不同的地方。做爲一個大學生，你要能够主動地用功讀書。過去在高中唸書或在補習班補習的時候，都有老師會逼你用功讀書；到了大學裏來，教授還是會勉勵你用功，但是不會像中學時逼得那麼緊，所以你自己必須要知道主動地去用功、主動地去追求學問。諸位同學過去是爲了考試、爲了分數、爲了升學而用功；現在你要爲了充實自己而用功、爲了用功而用功，不要現實地只爲了爭取分數、爭取文憑，或只爲了某種目的而用功。要自己主動地用功。「主動」是非常重要的，如果你做不到，就不會是一個成功的大學生。除了主動用功之外，大學生讀書還要求理解，要學著有自己的創見。過去，諸位同學在過分重視升學的高中教育之下，爲了拿到分數，往往只注重問題的標準答案，只要考試的時候，能够將標準答案寫出來，能够得到分數就好了，至於自己對這個問題到底懂不懂、到底理解了幾分，大概就比較不那麼重要。諸位同學過去難免是受著這樣的教育，現在，進了大學之後，就不能再這樣了。遇到了問題，你不但要能够把答案找出來，更要懂得爲什麼會有這樣的答案，要主動去理解。對於這個問題的正確答案還要想一想，我自己對這個答案是不是同意？如果同意，我爲什麼同意？如果不同意，我爲什麼不同意？我自己的見解是什麼？在大學裏求學問，要開始學著有自己的見解，培養自己的判斷能力，而不是老師告訴你什麼是標準答案，然後你把答案背下來，考試時，把答案寫出來，拿得到分數就了事。這是非常重要的一點。

做個第一等的大學生

大學生在學校裏，可以依其讀書、上課的態度，分成好幾等。第一等的學生，他會在老師上課之前，自己先預習一遍，把不懂的地方畫出來，等到上課的時候，再特別聽老師講解自己原來不懂的地方，這樣，學習的效果就能事半功倍，這就是第一流的好學生。第二流的學生是上課時認眞聽講，考試前再復習功課，但沒有做好課前預習的工夫，所以，學習的效果就打了一些折扣。而第三流的學生，恐怕是連考試之前都沒有充分地準備好，考試之後再來懊悔而期待下次能够彌補過來。下面還有第四流、第五流的學生，我就不再講了。現在諸位同學都剛進大學，**我希望大家都做第一流的好學生，都能够在上課之前先預習，上課時認眞地聽講，下課之後實實在在地做習題、做作業。習題、作業、實驗、實習一定要自己實實在在認眞地做**。自己做與抄襲同學的成果來應付老師，兩者的效果相差很多。現在諸位同學也許體會不到，你們的系主任跑到校長那裏爭取儀器設備經費，爭得面紅耳赤，爲的是什麼？還不是想多購買一些儀器，讓你們在實驗的時候，能够多學到一點東西。我當校長的，跑到教育部去斤斤計較，爲的也是希望多得到一些經費，讓各系能够多買一些儀器設備。如果我們辛辛苦苦去爭來的一些經費與設備，同學們沒有好好去利用它，是非常可惜的事情。

參加社團　擴大視野

前面提過，做為大學生，不是苦盡甘來，而是辛苦日子的開始。但是，大學的生活除了努力在課業上用功之外，也有多采多姿的一面。大學的生活就好比是一桌菜或是一盒便當，在這一盒便當裏面，有米飯、有蔬菜、有魚、有肉；這些東西就好像是課程、實驗、實習、作業一樣，是非常營養的東西，吃了之後，會使我們長大、茁壯。但是這盒便當裏，如果只有魚、肉、菜、飯，沒有一些調味料的話，吃起來一定覺得淡而無味。所以裏面也要加一些鹽、醬油或是醋，有時候還加點胡椒或辣椒，有了這些調味品，可以使你的大學生活更多采多姿，更有味道；這些調味品就是各位同學的課外活動。今天有許多社團在中正堂周圍擺攤子招募新社員，諸位同學可以選擇加入自己有興趣的社團。從這些課外的社團活動當中，你會認識結交到許多新朋友，你也有許多機會去學習如何做事、學習怎麼服務別人、如何與別人相處。在你的周遭，隨時隨地都會看到許多同學、許多老師以及社會人士，你覺得那一個人可以做你的好榜樣，他的為人處世值得你效法學習的，你要跟他學習；覺得那一個人的行為舉止是一個壞的榜樣，你要引以為警惕，不要使自己變成他那樣；同時也要注意自己的形象，盡量使自己能够做到在別人的心目中是一個好的榜樣。學習如何做人、如何做事，也是大學教育中非常重要的一部分，希望諸位同學都能好好學習。

八十一學年度日、夜間部新生講習及開學典禮致詞

大成人　大成人

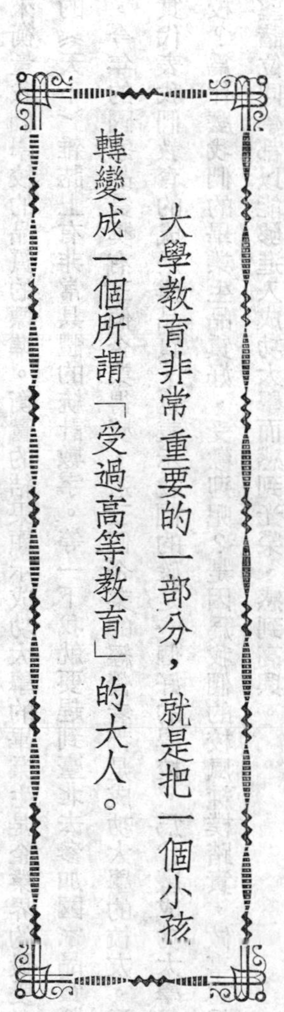
大學教育非常重要的一部分，就是把一個小孩轉變成一個所謂「受過高等教育」的大人。

成功大學有五個學院：文、理、工、管理和醫學院，最近還成立一個不屬於這五個學院的政治經濟學研究所。我們學校不論是在學生的人數，老師的人數，硬體的設備或是預算的金額方面，都僅次於臺灣大學，是規模第二大的國立大學。一個學校不能只講規模有多大，量有多少，學校的品質應該是更重要的。

校友傑出　校風樸實

成功大學是一所很好的學校。怎麼樣才算是一所好學校呢？就好像工廠一樣，要以它的產品的品質來衡量。目前我們有六萬五千多位校友（你們畢業的時候，就會超過七萬五千人），這許多校友散居在世界各地，都是我們學校的產品；他們在社會上做事的能力、為人處世的態度，都是別人拿來衡量我們學校的品質的標準。衡量的結果顯示成功大學的畢業生是企業界的最愛，今年四月份的《天下》雜誌上有非常具體的統計數字。等一下我就要趕到臺北去參加國家品質獎的頒獎典禮，今年的國家品質獎有三個企業得獎，這三個企業的經營者都是成功大學的校友。這些具體的事實代表我們教育的成果與品質，也表示我們的確是一個好的學校。為什麼成功大學是一個好的學校？為什麼我們的畢業生品質好、受歡迎呢？是因為我們的校風純樸踏實，做事認真、實在。希望諸位同學都以能夠進入成功大學而感到光榮、感到高興。

一流大學的條件

現在我想跟諸位同學談一談「怎麼樣才是一所好的學校？」以及「在一所夠國際水準的好的大學校裏，都做些什麼？有那些功能？」

一個好的大學最首要的功能就是教育，為社會培養人才，包括：

一、大學部的學生——大學部的畢業生是社會上的基層人才。

二、研究所的學生——碩士班、博士班的畢業生是社會上比較高層次的人才。

三、學校的老師是培養人的人，也是被培養的人。在一個好的大學裏，一位年輕優秀的學者，應該有機會成爲一個世界級的大師。也因此，許多優秀的學者願意到好的大學裏來任教。

一個好的大學的第二個功能是學術研究的功能。教授們在學校裏除了教學的功能以外，另一個很重要的職責就是從事高深學術的研究。這些學術研究要配合社會的需求，也要能够領導社會的發展與變遷，走在社會潮流以及經濟與科技進步的前面。所謂「鼓動風潮，造成時勢」，引導社會向正確的方向發展是從事學術研究工作者的一個很重要的使命，一個好的大學要能够在世界的學術界中占有一席之地。我們在學術上研究的成果方面也有很多具體的數目字顯示出成功大學確實是一所好的學校。今天因爲時間的關係，就不一一舉例說明了。

一個好的大學不是一個關起門來的象牙塔。她除了教學與學術研究的功能之外，應該還有服務社會的功能；要配合社會的需求做研究工作。我們學校經常都有許多建教合作的研究工作在進行中。要能與社會打成一片，譬如我們每年暑假都配合臺南市政府辦理老人大學，許多阿公、阿媽都與高采烈地到成功大學來上課；在學生方面，也有許多服務性的社團，像慈幼社、炬光社、服務團等等，他們每年都辦「小天使運動會」、殘障兒童、智障生的運動會，還有爲盲人辦理爬山活動，這些都是非常可愛也非常有意義的活動。另外，我們也將校園開放，讓校外人士來做晨間運動、散步、照相。成功大學彷彿是臺南市裏的一座公園，一個民眾休閒的好去處。我們的同學當然也會走到校園外面去，社會上的民眾把成功大學的學生當作榜樣，你們走在路上，一舉手、一投足，都會受到社會大眾的注意。我希望我們的同學都能發揮在社會上優良的示範的作用。

下苦功夫　學真本領

諸位同學，因爲課業很重，大學的四年是非常辛苦的。一年級的基本課程最重要。諸位同學剛剛考過聯考，是聯考的勝利者；但是，不要以爲一些基本課程在準備聯考時唸過了，有些題目會做、會很快地得到了標準答案就够了。這是不够的，讀書的目的不是要很快地求出標準答案，而是要能够眞的懂，眞正了解基本原理，要能理解、能思考、能有自己的意見。讀書要下眞功夫，尤其是在年輕的時候，在學生時代學到的東西才是最實在的本領。以前我曾經教過自己學生時代沒有學過的課程，教了一遍之後，覺得自己學得還不如學生學得實在；因爲學生是親自做習題，做作業，親手做實驗，是被別人考，而不是考別人，這樣實實在在地學習才學得徹底。我希望每位同學都能够喜歡你們所選擇、所學習的科系。有人一輩子都找不到適合自己的行業，一輩子都找不到自己喜歡的工作，這種人一輩子都會過得很痛苦，註定是一個失敗者。但是另外有一種人，不管他在那裏，不論他做什麼，都覺得很合適，都能够喜歡他所做的事情，這種人一輩子都會過得很快樂，也註定是一個成功者。

剛剛我講大學四年是非常辛苦的四年，但是這四年也會是多采多姿，非常愉快的四年，是非常值得回憶的四年。諸位同學要量力參加課外的活動，在活動中學合作、學服務、學幫助人、學領導，也學習被領導，還可以認識許多朋友。**大學教育非常重要的一部分就是把一個小孩轉變成一個所謂「受過高等教育」的大人。**在學校裏要多觀察，看誰可以做爲好榜樣，誰是錯誤的示範。每一位同學都有四年的時間在學校，但是每一個人所得到的會相差得很多；有的滿載而歸，有的卻空手而回。大學四年是人生當中最珍貴的時光，我希望每一位同學都能好好珍惜、好好利用這寶貴的四年。

負責盡責　回饋社會

還有一點要提醒諸位同學的是，大學的學生，尤其是國立大學的學生，每年每個學生要花掉多少國家的稅金呢？以成功大學爲例，如果把學校每年的預算除以學生人數，那麼每位同學每年要花掉老百姓交的稅金大約是三十多萬元。這個數字比你們交的學費多很多，所以你們都是社會的「負債者」，你們有使自己成長爲一個有用的人的責任；要對家庭負責，也要對自己負責。要充分利用這四年寶貴的時間使自己成長爲一個很有用的人。

八十二學年度新生開學典禮致詞

活出自己來

做你自己最喜歡做的事情，就是最好、最適合
你的工作。

選擇所愛　愛所選擇

今天是我第一次以校長的身分與諸位四年級的同學講一些話。你們快畢業了，難免會考慮到畢業後就業與工作的問題。實際上，諸位同學在大學聯考選填志願時即已想到過這個問題：我將

來從事什麼職業最好。大家在塡志願時，總是以臺大醫學系或電機系或外文系等等爲第一志願，都是往公認的最高目標跑，這並不是一個很正常的現象。我覺得年輕人也好、社會人士也好，在選擇行業時，應該選擇自己最喜歡的行業。自己感到最有興趣的行業，就是最適合你的行業，不必一定要選擇最熱門的行業。許多熱門、比較尖端的行業當然很好，但是許多並不很尖端、很熱門也可能是很好的行業。

總之，**做你自己最喜歡做的事情，就是最好、最適合你的工作**。我們沒有必要擔心將來的生活有沒有問題、是不是能找到工作；像這類的問題，只有在國家社會很艱苦的時候才會發生；而等到國家社會眞的很艱苦的時候，你學什麼都不會很好了。如果國家很安定、社會很繁榮，你根本不必考慮職業或生活問題。比如我問諸位一個問題：你所認識的親戚朋友當中，在臺灣社會裏那一個人生活有問題、吃飯有問題？恐怕沒有。即使在臺北火車站地下道的叫化子，也都是職業性的叫化子，他的收入說不定比一般人還多。既然沒有生活有問題的人，也就輪不到你有生活的問題。那爲什麼不做你喜歡的事情，你所最感興趣的工作呢？比如一個音樂家，他只喜歡彈鋼琴，彈鋼琴對他來講既是工作，也是一種享受；那麼他在工作時便是在享受，他一輩子就做著他喜歡的事情，而生活也不會有問題。

在工作中找尋興趣

我們不必跟著社會的熱門隨波逐流，跟在大家後面跑。但是什麼樣的工作是你最喜歡的呢？恐怕每個人要在工作當中去尋找樂趣、在學習當中尋找興趣。在社會上有很多人，他永遠是懷才不遇的。這類的人，不論在什麼地方工作，總覺得環境有什麼問題、同事有什麼問題、工作性質不適合他等等；但是換了一個地方，還是有各種不同的問題，他一輩子都覺得自己很有才華，可惜別人不能配合。但是有另一類的人，他很容易適應環境，在任何工作上都找得到自己喜歡、感興趣的一面。我認為這是一種良性或惡性的循環。

當一個人覺得他所在的行業很好時，他工作的態度自然而然就變得非常好，因為他很好，別人也就對他很好。這種良性循環好像螺旋一樣一直升上去，他在所處的環境裏就變得相當吃香。如果一個人處處都覺得沒有意思，自認為是千里馬，可惜伯樂一直沒有出現，結果他一輩子都過得很不高興。如果只要有人讓他去拉車，他就高高興興地拉，而且拉得很好，也許就被發現而變成千里馬；如果讓他拉車的時候，他不肯好好拉，則即使是隻千里馬，伯樂也不會發現他。這就是說，我們在許多工作中要選擇你覺得最有興趣、最有意思的工作。但是不管你做了什麼工作，都可以在工作中尋找樂趣，你對你的工作有興趣，就能表現得好，自然能得到高的成就，得到別人的肯定。

敦品勵學　愛人愛己

我們在任何一個團體裏，都有各種不同的人才，那一類的人能獲得更多做事的機會、做更多的事情呢？「聰明」是非常重要的。當然聰明之外，還要有幾分的努力，光是聰明而不努力是沒有用的。而除了聰明和努力之外，一個人的品德與操守更是重要，可能是事業成功與否最重要的條件。我常跟同學們說，你們考試時不要東張西望、不要作弊；如果你有一點舞弊的行爲給老師看到了，留下了壞的印象，倒沒有什麼太大的關係，因爲等到你在社會上做很多事情時，這位老師可能已經去世了或者是退休了，他對你作弊的不好的印象可能沒有太大的影響。但是如果你用一些非法的手段得到一些利益，跟你同年齡的這些人，大家看在眼裏記在心裏，等到二十年之後，在工作上需要找些夥伴的時候，他如果還記得這件事，就不會找你；他會找一個老老實實、雖然不很聰明但有品德有操守的人合夥。

有時候一個人很聰明，但是聰明反而會被聰明誤。他很多事情都算得很清楚，覺得做了划得來就肯做，沒什麼好處就不肯做。但是恐怕在一個團體裏更需要很多肯做儍事的人，他不去計較划不划得來，凡是對團體有利益的事，他就儍儍地替大家服務，往往過了很多年之後，那些很會算的人好像很少有出頭的機會，眞正能出頭的往往是那些肯做儍事的人。

學有專精 持志有恆

有時候，我們看到一些國內或國外的知名學者，在學術上的確是很有成就；但是我們跟這些人談話之後，覺得雖然他很聰明，卻也不見得比我們聰明那麼多倍；好像他也並不是非常的努力、每天晚上都開夜車、拚命地用功。那麼他在學術上或工作上爲什麼有這麼高的成就呢？主要的原因可能是他在學校拿到博士學位當了教授或是公司裏的研究員之後，便選定了一個研究題目，在這個領域裏，他就老老實實地做上十年、二十年，當然在這個題目上他就成了一個非常有名的人。如果這個人一天到晚東張西望、一山望過一山高、跳來跳去，當然就比不上別人了。

日前我們理學院的物理系和化學系辦了一個資優班，集中南部地區高中的資優學生每個週末來上課。我跟這些學生講了以下的話：我希望我們的同學對自己要有信心、覺得自己的能力是夠好的，同時對我們國家社會的環境也要有信心。三十多年以前，當我自己還是我們這個學校——省立工學院的學生的時候，我們學校開始跟普渡大學合作；當時的合作其實只是單向的合作，普渡大學幾乎樣樣比我們好，錢是他們出、人也是他們的，完全是一種「美援」的情形。現在，我們再談與美國學校合作時，就要有所選擇了。在美國有些學校的確相當好，但是也有很多排名不低的學校我們已經比他們強了，那些名不見經傳的學校就更不用講了。現在我們國內不管是政治、經濟、社會的發展或是學校裏的學術水準，最近幾年進步得都相當快。現在再把我們學校與美國學校相比，已經不是跟普渡大學合作的那個時代了。

前幾年，我看到了美國某大學電機系教授們的著作目錄，由於多年來看慣了本校電機系教授的著作目錄，再看他們的資料，覺得怎麼算都比我們差一些。而這個大學的電機系在美國各校的電機系裏的排名是第十九、二十左右，由此即可估計本校許多學系在美國排行榜裏人致的位置了。我們整個社會的環境都在進步。比如說，我現在是成功大學的教授，在學校裏還有一些當年我的老師，而與我年齡相仿的這一輩的教授們的學術成就大致上會比七十多歲的老師們高了一些。現在學校裏三十多歲的教授們，再過一段時間後，他們的學術成就一定比現在五十多歲的教授們又要高些。等你們到了社會上，你們的成就又會比他們高了一些。在工作的成就上常常是青出於藍、更勝於藍。只有在武俠小說裏才總是徒弟不如師父，八十幾歲留白鬍子的人就是武功最高強的人。而在實際的生活當中，徒弟應該比師父好，一代比一代強。

曾經在一個研討會上——當時我是工學院院長——我在致開幕詞時曾經這樣說過：今天來的這幾位客人的年齡跟我差不多，他們拿到博士學位之後就在美國或日本或歐洲做研究；而我拿到博士學位之後回到了臺灣來，二十年後的現在，我承認他們的學術成就比我高很多；但是在座的有許多年輕副教授，我相信再過二十年之後，你們再跟美國、日本、歐洲的教授相比時，未必會輸，甚至有許多會贏過他們。當我在講這些話時，在座的年輕副教授可能有人覺得：當然我有信心到時候會比他們強。但是也許有人的反應卻是：不可能，我怎麼行呢？如果他的反應是前者，二十年後，他多半是會贏的那一類；如果反應是後者，二十年後，他恐怕就會是輸的那一類。現在我在諸位同學面前講這些話，不知道你們心中的反應是有信心呢？還是沒信心？

七十七學年度第一學期對四年級學生講話

有效掌握奮鬥過程

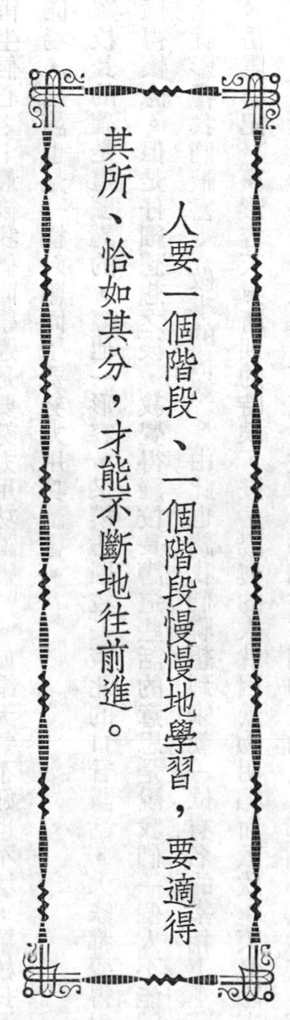
人要一個階段、一個階段慢慢地學習，要適得其所、恰如其分，才能不斷地往前進。

操持堅定　不受影響

自從我接了校長的職務之後，有許多場合要上臺講話。有時候自己覺得講來講去都是類似的幾句，同學們聽來聽去也都是那些話，時間久了，難免就會把這幾句話當成一個模仿或說笑的題目。比如今年九月初，我應邀去了美國一趟，到各地看到很多校友。其中科羅拉多州的丹佛市有個校友會開成立大會，開會之後有個餘興節目，就有一位早期校友模仿當年羅校長講話的語氣。他說，在每一次的開學典禮或週會時，如果天氣非常好，他就說「今天風和日麗，象徵著我們成功大學……」結論是「各位同學應該要努力用功讀書」。如果天氣非常壞，他就說「今天風雨交加……風雨生信心……最後我們同學還是要努力用功讀書」。如果天氣不好也不壞，羅校長還是以天氣做開場，結論也是一樣勉勵同學要努力用功讀書。

當年羅校長的確是這麼講的，經他一形容，又模仿羅校長東北的口音講話，大家都覺得很好玩，也很值得懷念。但是仔細想想之後，我覺得羅校長講這些話的意思是說我們一個人不能因為天氣的變化就影響我們讀書、做事的情緒。由此也讓我們聯想到宋朝一位有名的宰相——范仲淹，他在〈岳陽樓記〉裏形容天氣晴朗的時候，登岳陽樓的人就因景物明媚而歡欣；天氣陰雨的時候，登樓的人就因景物晦暗而悲傷；而范仲淹——一個有宰相胸懷的人，卻「不以物喜，不以己悲」，總是「先天下之憂而憂」。當然，我們每個人並非都是宰相，但是我們每一個人都是他自己，因此，不管是春、夏、秋、冬都要實在地讀書、實在地做事；不要因為天氣的陰晴變化而受影響，也不要受到外在環境因素而有很大的高低起伏。雖然我們都是有血有肉的人，而不是機器人，難免在某個階段效率會高一點，某個階段效率會低一點。但是過了幾十年之後，大家互相比較一下就會發現：那些起伏變化小的，累積起來的成就就會比較大；起伏變化大的，累積起來的成就恐怕就會比較少。

腳踏實地 樣樣學習

我常有與社會人士談話的機會，他們的企業難免會用一些我們學校畢業的校友。他們常會感嘆「現在的年輕人不行了……不像我們當初……」，年紀大的人也常常會講什麼「世風日下，人心不古……」等等的話。雖然這類的話講了幾千年世界並沒有毀滅，國家也沒有垮，但是總有一些道理在裏頭。比如說一個年輕人畢業後到工廠或公司去做事，他會看一看這個單位有些什麼技術可以學的，他會很願意、很努力地去學這些技術。但是這些單位眞正用的儀器設備或技術上的東西實際上並沒有那麼多，說不定二、三個星期或一、二個月就學會了，這樣他會覺得再待下去就沒有什麼學習的價值、沒有什麼長進了，他就想再到另外一個單位去。這樣的年輕人是很用功、很求上進，總是不忘充實自己。

但是對一個工作單位來說，它所需要的不僅是一個經常只是要充實自己的人，任何一個單位總是需要一些能夠做事情的人，這就是爲什麼老一輩的人經常要批評現代年輕人的道理了。事實上，這個年輕人在這個單位時，除了努力學習技術上的東西之外，常常忽略了還有許多技術以外的東西需要學習。比如你的部屬當中有人吵架了，怎麼去化解爭吵？有人工作效率很低，如何去提高？像這許多工作上的實際問題，你的確需要二、三年的時間才能眞正學會。如果你在工作的每個階段都是採取腳踏實地、樣樣學習的做事態度，你就有去做更多更重要的事的經驗和能力，而使你更受到上級或下級甚至同輩分的人所欣賞。

善用環境　發揮自己

有時候，許多年輕朋友難免會評論他的工作環境好還是不好。但是，在同樣的工作環境裏面，有的人就長進得比較多，有的人成長得就比較少。任何一個環境都有它好的、值得學習的地方。有的人到了一個工作環境，他就能去適應這個環境、利用這個環境來表現他的工作成績，甚至可以征服環境，把自己周遭的環境變得更好；但是也有許多人遇到不太理想的環境，就在那裏抱怨、在那裏等待，等待一個好的、適合他的環境來找他。總認爲要有一個他認爲滿意的環境，他才能做事、才能發揮他自己。那麼他可能等了二、三十，年這個環境還沒有到來，而他在這二、三十年之間也不會有什麼成就。

反而是比較能適應環境、利用環境，甚至改變環境的那些人，二、三十年下來，他會有很多很多工作的成果呈現出來。比如說我們的男同學畢業之後，就要到軍中去服兵役兩年，在這兩年當中，以職業生命來講，有的人可能是一片空白，不知道自己學了些什麼；但是有的年輕朋友到軍中這兩年，他可以學到很多的歷練與經驗。軍中的任何一個單位都有它可以學習的地方，如果你藉服兵役的機會把軍中能學習的都學到了，那你在這兩年當中就會過得很充實。比如在許多年以前，化工系就有這樣的同學，他到軍中去服役的時候，就跟部隊長官關係弄得非常好。軍中需要做一些研究，這位同學就經常回到系裏來爲這個研究工作找資料、跟系上教授討論，想辦法解決問題。這個同學是位非常優秀的同學，正好又碰到非常開明的部隊長；雖然這樣的機會並不太多，但也不是不可能發生。如果你服役的時候，能得到這樣一個關係的話，對自己來講，這兩年就會過得非常充實。

一個年輕人在一個環境裏要經常不斷地去學習，但是人生的目的不在學習，而是在做事。在工作當中，你自然就會有許多學習的機會。比如在一個班級、一個系裏或是任何一個團體裏，往往總有一、二位特別熱心、特別肯犧牲自己的時間替大家做許多服務工作的人。這幾個人表面上看起來傻傻的，很肯犧牲自己來服務別人；但是實際上等到許多年過去之後，大家都知道，能做事的就是這幾個人，很多需要做大事的機會都會落到這些人的頭上來。有時候，我覺得一個人在讀書、做事情的時候，也許是愈聰明愈好，但是在做人方面還是傻一點比較好。如果在做人方面太聰明、總是不肯吃虧、什麼事情都算得很清楚、覺得事情划不來就不做，那麼他一輩子恐怕不會有什麼成就了。因爲很多事情不見得都是划得來的事情。

前天是我們工程師學會開年會的日子，每年的年會都要表揚幾位「優秀青年工程師」。在選拔優秀青年工程師時，有一個相當長的審核過程，由各單位推薦候選人之後，分成很多組，每一組由幾個評審委員來負責面談，面談之後再初選和複選。在南部的化工組方面，我們有三個評審委員，一位是工業技術學院石院長、一位是高雄煉油總廠裴總廠長，還有一個是我。我們一一與五位候選人面談之後，我就跟另外二位評審委員說：這五個年輕人他們工作得都很努力，工作的態度、工作的成果各方面都非常好、非常優秀。但是我覺得這五個年輕人好像都很不會表現自己。如果讓我們三個人再年輕三十歲，而許多老練的經驗和技巧也都沒有忘掉，又有這五個年輕人工作的態度、工作的表現與成績，那麼競選優秀青年工程師，得獎的機會一定非常大。我講了這些話之後，石先生就說：不是這麼一回事，在這個年齡就應該是這個樣子，當我們在他們這個年齡時也是這樣。如果這個人只有二、三十歲，而他的言行舉止卻像是一個五十幾歲的樣子，那麼他恐怕不會有什麼出息。聽了之後，我覺得很有道理。當我們在三十年以前的時候，我們同輩之中有幾個看起來很聰明、很成熟的人，好像也沒有做出太多事情來；比較有成就的反而是當年看起來比較傻的那些。當你在軍隊裏面，如果你的職位還是一個班長或排長的時候，那你就要像一個班長或排長。如果你表現出來的舉動像一個將軍那麼老練，那恐怕你不會是一個好排長。等到你變成一個將軍時，如果你還是像一個排長一樣，打仗時也是帶頭衝鋒陷陣，那恐怕你也不是一個很好的將軍。前幾天我到臺北開會時，遇到我們學校一位年輕的教授，他就跟我說，他來成功大學已經五、六年了，剛來時對許多事情火氣都很大，到現在，他覺得自己處事方面已經比較圓熟了，這就是成長了。也就是**人要一個階段、一個階段慢慢地學習，要適得其所、恰如其分，才能不斷地往前進。**

記得三十多年以前，我大學快畢業的時候，班上辦了一個謝師宴，請所有教過我們這一班的本系以及外系的老師吃飯。在吃飯的時候，我們請系主任、每位老師、每位同學都起來講幾句話。當時讓我印象最深刻的是一位老師講的幾句話，我到現在還記得，這位老師就是我們歷史系的吳振芝老師。她非常簡短地說了兩點，第一點，她說：「我們同學將來畢業之後，功利心不要太重。」人追求一點功利是難免的，但是人生並不是以功利爲主要目的。很多事情如果是我覺得有興趣、喜歡做、應該做，做起來會覺得很痛快、很喜歡，雖然不見得有什麼功利可得，但我還是去做它。如果是不喜歡的事情，做了之後雖然有什麼功利可得，但是我做起來總是覺得怪怪的，不喜歡做它，那我就不去做它。如果你爲了得到好處而勉強去做，那麼你的日子就會過得蠻痛苦的。人的一生不是在追求功利，而是日子要過得很高興、很舒服、很痛快。第二點，她說：「如果一個人，他在人生的任何一個階段感覺到他成功了，那麼這個人恐怕就到此爲止了。」如果一個年輕人，他在高中時非常成功，一旦大學聯考錄取了很好的學校，他就覺得「我成功了」，那麼他恐怕就到此爲止，沒有什麼長進了。如果你在成功大學很辛勤地讀了四年，拿到畢業文憑之後，就覺得「我成功了」，恐怕一生的最高點也僅止於大學畢業了。

有時候，我看到很多在學術上或是事業上很有成就的人，尤其是從國外回來的專家或有成就的學者到學校來，見了他們之後，我常常有一種感覺，就是：他們都特別聰明嗎？或者他們都特別用功嗎？好像也不見得。他們也是該休假的時候就休假，該玩的時候也出去玩。但是他們之所以很有成就，可能有一點非常重要的就是，他一旦得到一個職位之後，比如說他在國外得到一個大學的助教授職位之後，就選定了一個他自己喜歡的工作或研究的領域，在這個研究領域裏就一直連續地鑽研二、三十年。你想，如果這個人不笨也不偸懶，只是連續地研究，每年發表兩篇論文，三十年就發表了六十篇，在這領域裏他自然就是專家了。我講這些話的意思是說你們以後在選擇自己行業的時候，最好不要把你的力量過分分散。如果你除了一份工作之外，下班之後還要去玩玩股票、又想買點房地產，家裏又經營了一個果園等等的話，那麼恐怕你什麼都做不好。如果你專心經營一種行業，比如經營房地產，幾十年之後，你就有可能成爲一個大富翁。一個人的精力畢竟是有限的，將來諸位同學畢業之後，應該選定一個自己喜歡、有興趣的工作，好好努力、好好發揮，相信每一位同學二、三十年之後，都會很有成就的。

七十八學年度對四年級學生講話

成功的指標

在社會上，在任何一個工作單位裏，能夠有高成就的，恐怕是那些肯做事，願意把時間、精力投注在工作上，實實在在做事的人。

今天在座的都是四年級即將要畢業的同學，我們常常聽到「畢業之後要如何如何」之類的話。我想，人生是連續的，猶如一場馬拉松式的賽跑；而「畢業」只是馬拉松賽程中的一個點、一個指標而已，並不代表太多的意義。重要的是能夠把每一段、每一段的時間，不論是讀書、做事、運動或是遊玩、休閒，都能夠很投入地過得很充實；而不是迷迷糊糊地，什麼事都不做地讓時間空白著過去。各位同學畢業考試考過了，研究所入學考試也考過了，在服兵役或是準備就業之前的這段時間，你有沒有爲自己安排做些什麼？人生中像這類空檔的時間可能經常會遇到，怎麼樣把這些空檔的時間做有效的運用，也是蠻重要的事情。

我們的年輕人，個個都很有進取心，很少不想上進的。社會上人人也都想追求成功，到底成功的定義是什麼？什麼是成功的指標呢？現代許多人可能以金錢的多寡做爲成功的指標。一個做生意的商人，他工作的目標就是要賺錢，怎樣以合法的手段賺進最多的錢，是商人成功的指標。如果職業不是商人，而是教授，那麼以「錢」爲成功的指標就沒有多大意義了。教授們最重要的指標應該是課堂上所教授的課程，同學們有沒有學得很好，同學們對我敬愛不敬愛，同學們畢業後有沒有很好的成就，以及個人學術研究方面，著作的品質與數量、研究的成果有沒有被肯定採用等等，這些都是在學校教書或從事學術研究的人成功與否的指標。有的人認爲身體的健康與長壽才是成功的指標，他每天都早睡早起，注重營養，而且每天都保持一定的運動量，於是看起來比實際年齡年輕許多，很有福氣的樣子。但是如果這個人一年到頭、一天到晚都在鍛鍊身體、修身養性，可是你問他在這一生當中做了些什麼事，卻好像什麼事都沒有做，只是在修養自己，使自己活得很久，結果他的成就就是活得很長壽。

成功的指標有時候是看職位的高下，比如做官的人，好像官大成就就大，官小成就就小。說到做官，我要順便提一下，在學校裏，系主任不是官，院長不是官，訓導長、校長都不是官，所以我很不贊同有人在我面前說「諸位長官……」這句話。剛才提到職位的高下，我覺得職位雖有高下，但是在精神上大家都應該是平等的；每個職位，只要能認眞投入，把事情做好，都是值得我們尊重的。比如各位同學大概都注意到了，就是走進光復校區，看到路中央的花圃，大家都耳目一新、有口皆碑地稱讚說：「成功大學好漂亮啊！」那位負責花圃的工友對他的工作非常投入、非常認眞，別人都知道他做得很好，他自己也知道別人對他的工作讚賞有加，這樣投入工作的日子，他過得很充實也很快樂，而且也得到別人的尊敬。有許多人雖然不是居高位，也不是很有錢，學問也沒有特別好，但是他們每天都能認眞地從事本分的工作，而且做得很實在，於是他們經常能够享受到完成工作的滿足感與成就感。

總之，成功的指標是很難定論的，要看你從事的是那一種行業。「人往高處爬，水往低處流」，追求成功，是很自然也很好的現象，但是不能因過分追求而走火入魔。比如有錢的人要做金錢的主人，而不要淪爲守財奴；從事學術研究的人，要能活用知識，而不要變成「科學怪人」型的人；追求長壽的人，有時候寧可多做一些事情，也許身體會受到一點影響，會很累，但是總是做了一點事情，而不至於一生空白度過；追求高職位的人，要能够稱職地把工作做好，否則即使居高位，得不到別人的尊敬，也不能算是成功。

人與人之間常常會有一種比較的心態，同學與同學之間也會比來比去。比如各位同學畢業後，有人繼續讀研究所，有人先去服兵役，有人則開始就業，各人朝各人不同的方向去發展。過了五年、十年之後，如果大家回來開同學會再聚一堂時，就會有人比職位、有人比金錢、有人比家庭、太太、兒女等等。也許你會覺得自己好像樣樣都比不上別人。但是，我覺得，只要你日子過得很充實、很快樂，知道自己在做什麼就足夠了，何必跟別人比呢？比如有一位同學現在還在學校讀博士學位，而另一位同學已從國外拿到博士學位回到學校來當副教授，這時候如果在系館裏碰面了，一定會很不好意思。其實，在社會上，每個人都應該對自己有信心，如果你自己覺得自己的素質、才智與努力都不比別人差，只是目前的成就比別人差一點，而差一點就差一點，有什麼關係呢？人生的路很長的，一個人到底有多少成就要等到蓋棺之後才能論定，只要你自己對自己有信心就足夠了。

最近我們附設醫院婦產科有一位很年輕、很優秀的醫生，他因家庭的關係，想要辭掉附設醫院的工作自己開診所。在這裏，他面臨了一個兩難的問題，我就跟他說，這要看你是從那個角度來考量。如果在附設醫院裏工作，在醫學方面，有很多學習與進修的機會，許多年之後，在醫學或醫術上可能成爲一個婦產科方面很有成就的專家。如果是自己開診所，在進修與研究方面的機會可能就減少了一些，但是因爲他是一位很優秀的婦產科醫生，每天都忙於接生，經過了十年、二十年之後，可能接生了成千上萬個新生兒，這對社會也是一個非常大的貢獻。這樣的貢獻，跟一個在醫學方面很有成就的醫生來比，那一個貢獻大，實在是很難定論的。這完全要看你自己的興趣在那裏？

有一則「伯樂與千里馬」的故事，說明知遇之可貴，相信是大家耳熟能詳的。但是有許多人常常自認爲自己是千里馬，因爲得不到伯樂的賞識，就終日鬱鬱於自己的不得志，每天做事都無精打采地，結果一輩子都過得很不痛快。如果有另一個人，他不敢自認爲是千里馬，可是他每天都苦幹實幹，老闆交代他做什麼事，他都能實實在在地完成工作，這樣他日子就過得很快樂，而不會一天到晚在那裏唉聲歎氣。各位同學不論是在校園裏也好，將來到社會上做事也好，周遭總會有一個工作與生活的環境。在每一個環境裏也總會有一些不盡理想的地方；你一方面要使自己適應這環境，另一方面也要設法改變這些不理想的地方，而不要希望環境來適應自己。比如各位同學在校園裏，如果看到那些地方比較髒亂一點，你是很忿怒地要別人把校園弄乾淨了，你才能安心念書呢？還是一方面隨手撿起你所看到的紙屑果皮，一方面寫張紙條建議總務處派人把髒亂的地方掃乾淨來得直接有效呢？在每個環境裏，如果有什麼不理想的地方，你應該試著採取一點行動，做點什麼事情使它改善過來，而不是只是在那裏生氣地希望別人能夠把環境改變得好一點。

剛剛我提到了現在的年輕人都很有進取心，很願意學習。這本來是一個很好的現象，但是如果你的目的只是在學習，到了一個工作崗位，把技術學會之後，就又換到別的工作崗位，一天到晚都在學習，那就不見得會受歡迎。因爲公司或工廠的老闆，他是希望你來做事的，我們的社會也是需要那些能做事、肯做事的人才，而不是一個只是要學習又不能學以致用的人。所以，各位同學畢業之後，將來到社會上工作，應該以做事爲主要目標。在做事的過程當中，你自然會學習到許多寶貴的經驗，諸如如何把所在的部門的人事管理好、如何提高這個單位的生產效率、把機器設備保養維護得很好、同事之間維持和諧的工作氣氛等等，也都有許多學問在裏面，並不只是技術性的東西才值得學習。**在社會上，在任何一個工作單位裏，能够有高成就的，恐怕是那些肯做事，願意把時間、精力投注在工作上，實實在在做事的人。**希望諸位同學都是肯做事，受社會上需要與歡迎的人才。

七十九學年度對大學部四年級學生講話

第一流大學應有的條件

> 我覺得大學也好，中學也好，學校就是一個培養「人」的地方。

今天我想跟諸位同學談的是目前我們在社會上常常提到的一個話題——什麼叫做「第一流的大學」？一個一流的好的大學需要具備什麼樣的條件？

何謂「第一流的大學」

我覺得大學也好，中學也好，學校就是一個培養「人」的地方。大學是一個讓年輕人成長的地方，也是一個把許多年輕的老師培養成在學術上有成就的學者的地方。學校裏培養學生，也培養教授，所以怎麼樣才是一個一流的大學，要看她培養出來的學生是不是第一流的學生，她培養出來的老師是不是第一流的老師。那麼，怎麼樣看她培養出來的學生和老師是不是第一流的呢？學生方面，要從許多畢業的校友在社會上的貢獻以及其他人對這些校友的評價如何來衡量；老師方面，就要看他教出來的學生是不是優秀的好學生，同時也要由這些老師在學術上的成就來評定。

第一流大學所具備的環境條件

學校是否擁有可以讓學生學習得很好，也讓老師成長得很好的環境，應該是非常重要的一件事。所謂學校的環境，可以分成四方面來說：

一、學校的風氣

一個學校的校風可能是這個學校是不是好學校最重要的一個因素。學校裏，同學們是不是都很用功唸書，老師是不是都很認眞教學，那是一種無形的氣氛。在一班同學當中，如果有一、二位同學讀書的態度特別好，就會把全班同學讀書的風氣帶起來；一個系裏如果有一、二位老師特別認眞地做研究，也可以把系裏的老師們做學術研究的風氣帶得很好。我舉一個小例子：以前我在化工系擔任系主任的時候，在系館的二樓開放了一間教室供同學們晚上自修。有一天夜裏十二點左右，我正要回家的時候，突然聽到一聲很大的喊叫聲，我以爲自修室裏面出了什麼事情，趕緊跑過去看看，原來是幾個同學在自修室裏討論熱力學的問題。熱力學有些觀念不太容易弄懂，他們已經在那裏研究了很久，最後終於把問題弄清楚了，大家好高興，所以就忘形地大叫了起來。當時那一班裏有這麼幾個用功的同學，所以那一班同學讀書的風氣就特別好。老師也是一樣，譬如我們學校化工系有位賴再得教授，現在已經八十歲了，當年他教學和讀書的態度以及做研究的精神都可以做爲年輕教授們的榜樣，年輕的教授都跟他學習，所以一個系裏，甚至整個學校的風氣都受到他的影響。我們成功大學的校風一向以「純樸踏實」著稱。純樸踏實並不代表保守，也不代表墨守成規，而是一種「誠誠懇懇待人，實實在在做事」的態度。個人也好，學校也好，應該要放眼天下，看看世界上最好的學校是什麼樣子，世界上最好的學校裏的學生是怎麼唸書的。我們要放眼世界，但不能好高騖遠；目標可以訂得很高，但還是要按部就班、實實在在地做事情。

二、學校成員的素質

一個好學校另一個重要因素是成員的素質，也就是學生和老師是不是都很優秀。如果一個班上的同學都很好，這個班上大概很難有學生會變壞；如果一個系裏的老師都很努力地做學術研究，即使有幾位想把步調放慢一點也會不好意思。所謂學生的好與壞，我們並不能完全以考試分數的高低來衡量。譬如有一位同學每次考試都拿第一名，但是其他同學向他請教問題時，他都推說沒時間，只知道自己一個人埋頭用功，同學請他幫忙做一些服務的工作，他也不肯做；而另外一位同學，成績也相當好，其他同學需要幫忙時，他都很願意幫忙，也做了許多服務的工作，所以成績不如剛才那位好。如果他們兩個都考取了研究所，我要選其中一個做為我所指導的研究生的話，我當然會選後者，而不會選那個老是拿第一名卻不肯服務別人的人。學生的品質，應該從多方面來看，包括學業成績，也包括做人做事的態度。另一方面，學校老師的品質也非常重要。過去我們有夜間部學生，但是並沒有專任老師的員額，都是由日間部的老師來兼任。從這學年開始，教育部會把夜間部將近兩百個老師的員額分四年逐年撥給我們。在這四年當中，我們將聘請將近二百位新的老師，如果這些新老師都是以很嚴謹的態度來選聘的話，將來我們學校的師資陣容就會愈來愈堅強，把成功大學發展成世界上最好的學校之一的理想才會愈來愈近。如果我們浮濫地把比較差的老師聘進來的話，對我們成功大學將來的發展就形成了一大障礙。所以我都一再地提醒各系、各院及教務處等單位，在聘請老師時，一定要以很謹愼的態度把最優秀的年輕學者或是非常有成就的年長的學者聘請進來，這是學校非常重要的事情。

三、軟體的支援和完善的行政制度

要成爲一個好學校，第三個因素就是要有許多軟體的支援以及完善的行政制度的配合。國立成功大學是個公立的學校，辦理一個公立的學校就像經營國營的事業一樣，往往有許多無奈的地方，譬如一些行政制度有時候就難免有僵化的現象。我們在許多行政制度及服務態度方面，各單位一直都很努力地在改進，大家都很辛苦，但是做出來的結果還是很難令人滿意。例如行政電腦化的程度，例如行政人員服務師生的品質以及像宿舍熱水供應的時間、摩托車停車的空間等等生活上的問題，要改的地方還是很多，我想這些都需要時間一步步不斷地改進。

四、硬體的設備

一個學校是不是好學校，第四個條件要看硬體的設備如何。目前學校在硬體設備方面，比較容易做到的可能是爭取更多購買圖書儀器設備的經費。近年來，由於政府的財務情況還不錯，我們學校各系在購買儀器設備方面都有相當的進展。我們的許多實驗室如果跟美國或其他較先進的國家相比的話，並不會比他們遜色；許多外國人到我們學校參觀時也是這麼認為，有時候覺得甚至比他們還好。但是在購買儀器設備這一方面，我就經常要問各系一個問題，就是有沒有把應該用在大學部學生身上的圖書儀器設備經費眞正用在大學部的教學上？還是把它用到教授們的實驗室去做高深的研究了？如果是後者，那對大學部的學生就比較不公平。關於這一點，校長的立場可能跟大學部學生的立場比較相近。在圖書方面，目前我們總圖書館的藏書有七十四萬册。美國一個規模跟我們差不多的相當好的學校，藏書大概都有二、三百萬册，相差得還相當多。但是我們也不可能用一筆錢一下子就把一、二百萬册書買來，還是要慢慢地增添，這是一個有待努力的地方。目前比較難做到的大概是購買校地的問題，但是近幾年來，我們在購買校地的工作上，成果雖然不是很令人滿意，但也還不錯，只是我們蓋房舍的速度卻總是跟不上學校的成長。最近幾年，我們研究所成長得很快，四年以前，我們有一千四百多位研究生，現在我們有將近二千五百位。每個研究生來了，學校就要有一個合理的空間供他做研究，所以空間需求的壓力增加得很快。學校不斷地造房子，還是跟不上需求的增加。然而，也有另外一種聲音在說：我們的學校快要變成一座水泥森林了。我想誰都不願意把學校變成一座水泥森林。怎麼樣把學校裏的環境規劃得很好、房舍造得很夠用、教學研究的空間分配得很恰當，同時又擁有足够的綠地及活動空間，是一件很費心思的事情。

舉例介紹本校早期兩位優秀的老師

不知道這幾天各位同學在報紙上有沒有看到一則消息，就是美國最大的飛機製造公司——波音公司的代表前幾天到臺北來參加國際航太科技展暨第三屆航空工業會議的時候，特別送給我們成功大學一個講座，每年由波音公司選派專人來本校做系列演講。波音公司爲什麼要送講座給成功大學呢？主要是爲了要紀念一位曾在本校任教的航空工程方面的傑出教授——王助先生。他生於民國前十八年，十幾歲就畢業於英國德蘭木（DURHEM）大學，並且留在英國擔任我國軍艦的監造官，後來又考進美國麻省理工學院（MIT），二十三歲拿到 MIT 航空工程的碩士學位（當時有七個人拿到這個學位，其中有五個是中國人，二個美國人）。王助拿到學位後就跟一位志同道合的同班同學一起到西岸的西雅圖與另一位名叫「波音」的人共同創辦了一家飛機製造公司，也就是現在波音公司的前身；當時王助即擔任第一任的總工程師，爲波音公司設計製造了第一架水上飛機。過了不久，大約在民國六、七年的時候，我們的國家需要發展航空工業的人才，他就回到國內貢獻所長，在福建的馬尾海軍基地擔任飛機製造廠的總工程師。抗戰前、抗戰當時以及抗戰後，都在不同的航空工業單位擔任很重要的職務。民國三十八年大陸淪陷，政府遷臺之後，王助先生就住到臺南來，民國四十四年開始在成功大學執教，直到民國五十四年病逝。波音公司爲了紀念他，送給成功大學一個講座，還有一個以當初他設計的第一架水上飛機的造型，用水晶玻璃做成的飛機模型。

前幾天我在臺北接受這個講座。在那種場合本來應該講一些歌頌的話，但是我很想講幾句不是很中聽的話。就是說像王助先生這樣傑出的人才，回到國內來之後，國內有沒有一個很好的環境讓他發揮他的專長與才華？他從民國四十四年就到成功大學任教，我們有沒有提供一個夠好的環境讓他能做出更多的東西來？根據我們的記錄，恐怕沒有。我覺得非常遺憾！本來我想講這些話，但是有人勸我最好不要講這些令人不愉快的話。後來在那個宴會之前，我到教育部去，在趙金祁次長辦公室，我也向他說我想講這幾句表示遺憾的話；趙次長說：可以啊！當然可以講，爲什麼不能講？等到宴會時，我還是用了原來準備好的講稿，而沒有說出那些可能令人不愉快的表示遺憾的話。但是我心裏仍然爲我們成功大學沒有能提供他一個很好的環境來發揮所長而感到遺憾。而王助先生在成功大學的這段期間，的確是教了許多學生，許多當時的學生都從他那裏得到了很好的指導。現在我們機械系的馬承九老師談起王助先生，也對他很敬佩。

另外，民國七十年左右，我的一位博士班研究生做博士論文時，發現一九五五年左右在美國機械工程學會的雜誌上就有一篇論文用統計的技巧來解沸騰熱傳送的問題。這篇文章到一九八〇年代仍然廣爲學術界所引用，而這篇論文的作者就是當年我們機械系的張燕波教授。那篇文章發表的時候，我自己剛從成功大學畢業，但是我在學校當學生的時候，並不知道我們的機械系有這樣一位出色的教授。在當時我們學校的設備等都不是很完備的環境中，就有教授能夠寫出一篇在二、三十年之後仍爲大家所引用的論文來，實在是一件不容易的事。

本校的師資現況與今後努力的方針

剛才介紹早期我們學校的兩位老師，他們都很傑出、很優秀，但是我們並不能說我們學校因爲有過王助教授、有過張燕波教授，就表示我們成功大學的師資很好；我們要看的是學校各方面的總值，要看的是全校的平均值。一個學校的師資好或不好，往往可以用量化的數字來比較。最近常常得到一些大陸上的資料，發現大陸人士什麼事情都喜歡排名次，學校、畫家、個人等等都喜歡排名；在美國的許多學校、學系也都喜歡排名。這許多排名並不見得都很正確，但是總是代表著一些訊息。譬如教授們的學術研究成就，大致上可以從許多國際上的統計數字來看，這在文、史、法、政方面比較困難，在理、工、醫、農方面就比較容易用數目字來表示。其中一個就是在《科學索引》(*Science Citation Index*) 中收集的雜誌上面發表的論文的數目，如果把全國每個學校（包括臺灣及大陸上的學校）的數目字都拿來排名的話，我們成功大學大概是排在第五名。另外，如果看《工程索引》(*Engineering Index*) 上面所引的論文的數目的話，以臺灣的學校來講，臺大、清華、成大這三個學校的數目字大致都差不多，都是二百多，只是個位數的差別，今年是臺大第一、清華第二，我們排在第三，但是我們與臺大相比也差不了多少，如果把大陸上學校也放在一起比的話，我們仍是第三。我們是二百多篇，MIT是四百多篇，東京工業大學是世界上在《工程索引》上論文數目字最多的學校，有五百多篇。目前我們已經達到MIT以及東京工業大學的一半；如果論文是一個可靠的指標的話，我們目前的地位已經相當不錯了。到了這個幾乎是全國最好的地位的時候，校長以及每位教授自己都要想一想，我們是不是還要繼續追求高產量的數字，還是我們情願不增加數目字，而更重視教授們發表的研究論文的品質。也許一個教授本來每年可以發表五篇、十篇論文，現在這位教授有了這種高產量的地位之後，是不是要考慮改變一下今後努力的方針；譬如兩年才發表一篇文章，但是這篇文章對他的研究領域很有衝擊力，在學術上非常有貢獻等等。今後是不是應該要向這種追求高品質的方向修正，而不是繼續追求一個很長的論文目錄？我想我們學校裏的一些在學術上成就較高的教授們是到了應該要想一想的時候了。

掌握大方向 注意小細節

八十學年度對大學部四年級學生講話

通常，學校與學校之間，不論是師資陣容、學生素質、各項行政措施或是舉辦各種學術研討會、學生活動等等，都會有一種比較的心理。譬如今年六月我們的畢業典禮邀請錢復先生來演講，過了一個星期，另一個學校也邀請他去參加他們學校的畢業典禮。從電視上，我們看到了錢復先生在那個學校演講的鏡頭，覺得他們的秩序比我們差很多。果然不多久，那個學校的訓導長見到我們學校的訓導長，就問說：「你們畢業典禮是怎麼辦的？錢復先生說你們辦得比我們好很多。」我聽了這個消息，心裏就覺得很舒服、很高興。今天在座的都是四年級的同學，我希望下學期你們的畢業典禮，除了行政單位的努力規劃之外，各位同學都能跟學校合作，能够辦一個簡單又隆重的畢典業禮。一個學校是不是好學校，不能只看單方面的好或不好，很多小細節我們也要留意。剛才提到的那個學校，我們在畢業典禮的秩序上贏了他們，但在宿舍供應熱水的時間方面，他們就比我們的時間長，這一方面我們就輸了；所以我們要研究怎麼樣改進，使熱水供應的時間能够加長。總之，不管是大的政策方向或是小的細節措施，各方面都能够兼顧並且做得很好的學校，才是一個最好的學校。

掌握人生　活在當下

> 如果你能夠把人生中的每一個鐘頭「想做什麼？」「做了什麼？」「學到了什麼？」都掌握得很好，這樣累積起來的人生，就是一個成功的人生。

如何規劃與掌握時間

我們常常可以從許多文章或許多演講中看到或聽到專家們談到所謂的「生涯規劃」，教導人們如何規劃自己的人生等問題。我們對於自己的人生，如果能夠規劃出一些努力的方向與目標是非常好的。你可以有長程的大目標、努力的大方向、大計畫；也可以有中程的目標與工作計畫；也有短程的目標、方向與計畫；甚至有「現在我要做什麼」的一個當前的工作計畫。但是，中長程的大目標通常都比較空泛，因而往往會隨著各種主客觀環境因素的改變而加以修正或變動。譬如你問一個四、五歲的小孩：「你將來要做什麼呀？」他可能會說：「我要當警察。」因爲他看到街上穿著漂亮的制服、拿著警棍正在值勤的警察很神氣，當時就會想當警察。但是等到他讀了國小，大約八、九歲的時候，你再問他時，根據自己對社會的初步認識，他的志向可能就改成了想當總統。再等到國小快畢業或是讀了國中，對自己的了解以及對社會的認識比較清楚了之後，他對自己人生的長程目標又會加以思考與調整了。也許這時候，他發現自己喜歡寫文章，或是自然科考得好，於是又計畫想當個作家，或是科學家，也說不定。等到大學四年級即將畢業的時候，他的長程目標就比較具體實在了，但是還有許多可以調整的彈性與空間。

有效的利用眼前

但是，不管你遠程的目標是如何地計畫、如何地調整，我覺得，眼前自己手裏的時刻才是最容易把握，最應該把握，也是最珍貴的。**如果你能夠把人生中的每一個鐘頭「想做什麼？」「做了什麼？」「學到了什麼？」都掌握得很好，這樣累積起來的人生，就是一個成功的人生。**如果你不能把眼前的每個鐘頭的時間做有效的利用，即使你有多麼好的長程的目標與計畫，都很難實現。譬如今天早上從八點二十分到九點十分，我們有幾十分鐘的時間在這裏。對我來說，我希望在這幾十分鐘裏，能夠把想跟同學講的話講得很好、很有效果，所以我應該盡量在事前想一想講話的內容，企圖把這段時間利用得最好。對諸位同學來說，你也應該想一想，在這段時間裏如何才能夠把時間利用得最好。如果你能夠很仔細地聽進去我講的話，經過思考與消化之後，你覺得那一段話我講得很有道理，那一段話或那一句話你不同意我的觀點，如果能夠做到認眞聽講並仔細思考的話，那你就是把這段時間利用得很好。如果你因爲下一堂課有一個考試，但是校長講話的時間你又不好意思不來，於是你就坐在那裏偸偸地、積極地在準備下一堂的考試，這樣你這段時間並沒有浪費掉，只是把它利用來做別的事罷了。或者是你還在宿舍裏睡覺，根本就沒有來，如果這段時間你確確實實地睡了覺也還是好的(當然我不能鼓勵同學不要來)。但是最怕的是，在這段時間裏，你既沒有聽我講話，也沒有偸偸地準備別的功課，也沒有睡覺，而是什麼也沒做、糊里糊塗地把時間混過去了。如果你一生都是這樣，也沒有很努力地工作，也沒有很認眞地上學，也沒有痛痛快快地玩過，也沒有實實在在地睡覺，只是渾渾噩噩地讓時間一段一段地流逝掉，那麼，你的整個人生也就這樣糊里糊塗地過去了。所以，把眼前的時間掌握好，把手邊的工作做好，可能比訂定中長程的計畫還更重要。

妥善利用空檔時間

諸位同學應該都有坐火車或飛機的經驗。我自己因爲公務的關係，常常坐飛機到臺北去。在飛機上的時間快者四十分鐘，慢者五十分鐘至一個小時。如果你能够事先準備一些書籍或帶一些工作，一坐下來就馬上拿出來工作或看書，那你就很有效地利用了這段時間。天氣好的時候，如果在飛機上，你也可以欣賞窗外的雲與山的景色，如果在火車上，可以欣賞窗外的田野風光。飛機或火車的窗子，你可以把它想像成圖畫的鏡框，一個個窗子就好像一幅幅圖畫，連起來看就好像在欣賞一部景色優美的電影，很有「江山如畫」的感覺。如果你在欣賞窗外的風景時，覺得身心很舒暢、很愉快，是在享受人生，而不是在發呆，那麼這段時間你也沒有浪費。有時候，在火車或飛機的途中，坐在你身旁的人也許是一個職業與我們距離很遠的人，你也可以找機會與他聊天；在聊天當中，你可以了解到在社會上各種階層裏扮演不同角色的人，他們對許多事情的想法與看法，這也是一種收穫。或者是在上飛機、坐火車之前，你因爲工作很忙、功課很重或是運動很累，下了車之後又有許多事要去做，於是你上車之後，就專心地閉目養神或睡覺，等下了車之後就能够很有精神地去做事，那麼，這段時間你也是利用得很有效。但是，如果你坐在車上，也沒有欣賞風景，也沒有看書，也沒有跟別人聊天，也沒有睡覺，只是糊里糊塗地讓時間過去，那麼，這段時間在你的人生當中，實際上就是一段空白。如果你的人生當中有許多一小段一小段的空白，這樣累積起來的人生就蠻可惜的。

取其所長 適應環境

此外，人要有適應環境的能力，不要有「春天不是讀書天，夏日炎炎正好眠……」之類的敷衍日子的態度；不然，一年到頭就會因爲各種外在的藉口而把自己的人生糊里糊塗地混過去了。春天有春天的景致，夏天雖然炎熱，冬天雖然寒冷，但是都各有各的特色，你可以好好利用每個時節的各種特色，或去遊山、或去玩水、或去滑雪等等。不管你在那種環境裏，都能夠試圖去喜歡這個環境，然後好好地利用這個環境，那麼，你就能夠從這個環境裏得到你所能得到的最好的收穫。現在你們都是大學四年級的同學了，剩下一個多學期就畢業了，在畢業之前的每一天的時間都是非常珍貴的。不管你是繼續升學或是選擇就業，每個同學的心裏一定都在規劃著畢業之後的方向與目標；爲了達到這個目標，能夠把握住每天的每個鐘頭的時間，應該是最重要的。四年級下學期大都是選修的課，每位任課的老師都各有各的專長與特色，他上課所講的內容，不見得讓你百分之百的滿意與接受；但是，你要能懂得取其所長，要能夠吸收每位老師的專長，然後把它變成你自己的東西。講到「取其所長」，就想到很久以前我在臺北師大附中讀高中時的一件事。當時的校長是宗亮東先生。在那個時候，一切都還很混亂，學校裏的老師的素質參差不齊，有的老師很優秀，有的老師實在不怎麼樣。當年宗校長就是勉勵我們要「取其所長」，我對這句話的印象很深刻，到現在都還記得當年宗校長講這句話時的口氣與姿勢。但是，高中的學生有幾個能聽進去的？校長講話的時間，同學們難免會有不得不來，來了之後也不見得仔細聽講的現象。

把握機會 利用環境

畢業之後，男同學大都會去服兵役，在軍中可以學到許多學問，也有許多工作值得去做。有一位現在在我們學校裏已是蠻資深的教授，當年他研究所畢業去服兵役的時候，因爲在軍中表現良好，他的長官就交給他一個很有意思的研究工作，而且給他很大的自由，使他在研究工作上需要回到學校來找老師討論或是找資料時，隨時能夠外出到學校來。於是他在服兵役的那段時間，不但替軍中做了一些很有意思的研究工作，同時也使自己更充實；兵役期滿時，還得到了一個獎章。諸位同學也可以好好地利用這兩年當兵的時間，使自己學習到更多的學問與能力。我最小的弟弟從成大礦冶系畢業，服完兵役到美國讀研究所的時候，我正在美國做事。見了他，就很訝異地問：就憑你這麼一個老實內向的人，竟然到金門去當了兩年的排長，而且帶的都是一些大上十幾歲的老兵，這兩年的時間你是怎麼帶下來的？他說：我帶得不錯呀！雖然都是一些想像中很難帶得動的老兵，但是只要你很誠懇、很實在地對待他們，愛護他們，需要的時候幫助他們，他們自然會感覺得到，以後排長如果有事情找他們，他們自然會跟你合作。所以我這位小弟在那段服兵役的時間裏過得很充實，也學到了很多待人處世的道理。退伍之後，部屬們還送給他一個「領導有方」之類的紀念牌，而且整個人變得更成熟、更有經驗，已經不是原來那個在學校裏功課不錯的學生而已了。所以，任何時間、任何環境，不管你做什麼事情，都有許多學問在裏面。只要你好好利用它，就能學到更多，過得很充實；如果你沒有好好把握，任意讓時間空白著過去，它就變成你生命中一段空白的歲月。

不斷學習　再學習

現在的年輕人都很有上進心，有許多年輕人求上進的方法就是不斷地學習、再學習。譬如一個工學院的學生，畢業之後到一家工廠的某個部門去做事，他在很短的時間裏就把那個部門的技術問題都學會了，然後就要求再調到另一個部門繼續去學習；如果覺得這個公司已經沒什麼技術可學了，就換另一家公司，再繼續學習。許多年輕人抱持這樣一個不斷學習、不斷充實自己的工作態度。這樣的學習態度應該是很好的，但是如果你學了又學之後，永遠不懂得將自己所學的做一些回饋的話，這種學習態度實在是有待商榷。因爲每個公司的老闆或同事，他們並不需要也不歡迎一個一直在充實自己而不懂得奉獻自己的同事，他們要的是一個能爲公司做事的同事。如果你的工作態度不是一直在學習，而是不停地做事，你手上接到一個工作之後，就盡力地把這個工作做好，不管接到任何任務，都能盡力去做，你就會得到你的老闆、你的上級以及你的同事的賞識與尊重。而且在你不停的做事的過程當中，實際上也學習到許多寶貴的經驗，這些經驗都是很實在、眞正有用的東西，而不只是一些表面上的技巧。社會上比較需要的也是眞正能做事的人。

一個眞正能做事的人，即使職位不高，他也能得到周圍的很多人的尊重，而把自己的人生過得很充實、很快樂。

注意安全　愛惜自己

另外，我想利用這個機會跟同學們講兩件事。第一是交通安全的問題。去年與前年發生的交通意外事件不多，我們訓導處的同仁認爲是因爲我們交通安全的宣導工作做得還不錯。但是，這個學年開學之後，意外的交通事件卻頻頻發生，有同學受重傷，甚至有同學因爲車禍而死亡。這種意外對學校來說，是一件很令人痛心、很嚴重的事情。希望諸位同學不要以爲這種事情不會發生在自己的身上，最近發生不幸事件的同學都是很優秀的好孩子，當初他們的心裏也並不認爲這種事情會發生在自己身上，結果卻不幸地發生了。所以不論你是騎腳踏車或是走在馬路上，尤其是騎機車，都要隨時注意自己的安全。每次，我的小孩（現在已經到北部讀大學了）回到臺南來，騎著腳踏車要上街的時候，我都會跟她說：「騎腳踏車要小心！」她就會跟我說：「囉嗦！」現在我在這裏跟你們講這些話的時候，你嘴巴不好意思說，心裏大概也在嘀咕著：「囉嗦！」但是，如果這樣能夠減少或避免不幸事件的發生，我寧可一再地囉嗦。第二是同學們停車的問題。學校附近的民眾對我們同學們停車的現象很不滿意，每每到下課吃飯的時間，附近馬路上就幾乎停滿了同學們的車子。如果你爲自己的方便，把車子停在巷子的出入口，或是停滿了慢車道，使得別人出入巷口不方便或是阻塞了交通，而讓別人對我們的同學們產生不好的印象，那是很划不來的。如果你明明知道車子騎出去，停車的地方不好找，要去的餐廳也不是很遠，建議大家把車子停在校園裏，多走幾步路過去，那麼附近的交通就不會那麼擁擠阻塞了。希望諸位同學對自己的言行舉止都能夠加以注意。

八十一年十二月七日對大學四年級學生講話

掌握現在 創造未來

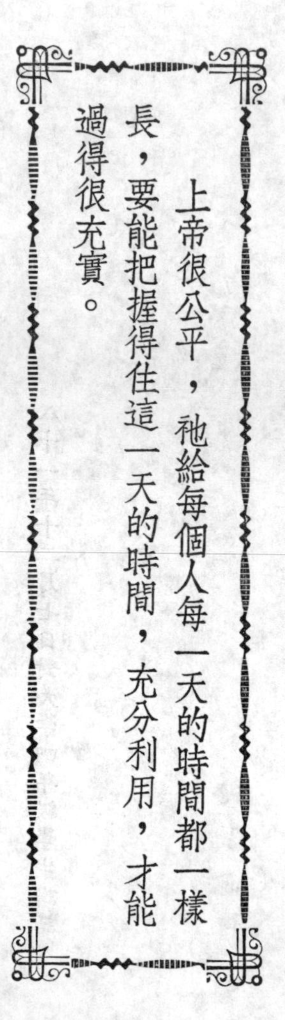

上帝很公平，祂給每個人每一天的時間都一樣長，要能把握得住這一天的時間，充分利用，才能過得很充實。

瞭解自己的興趣

今天在座的都是四年級的同學，可能大家比較關心的是：畢業之後何去何從？將來長程發展的前途如何？……等等諸如此類的問題。男同學畢業後還有兩年的兵役期，女同學畢業後馬上就要面臨抉擇，心裏難免會有些擔心。我常常跟自己的小孩講：你看看在臺灣這個島上，會有多少人沒得吃、沒得穿、睡在地下道裏？是有，但是極少，而且也輪不到你，所以不必太擔心將來的出路。畢業之後到底要做何種選擇？最重要的是你要問問自己眞正喜歡的是什麼？如果你覺得自己的個性比較適合在學術方面求發展，那你可以進碩士班、博士班取得更高學位。當然諸位同學也瞭解目前臺灣的情況有所謂「高學歷高失業率」的現象。不過也不必因爲這個原因，使你本來想求更高的學位，做更高深的學術研究的興趣，因此而放棄了，這是沒有必要的。重要的是要想清楚你自己的興趣所在。

活出自我來

今天下午三點學校要召開直升碩士班的甄選會議，有部分同學就可以提早進入學術研究的領域。如果你對學術研究眞正有興趣的話，進入研究所就讀是一條很好的路。你可以進國內的研究所，也可以選擇到國外進修。如果我們把國內與國外研究所的教育品質做一比較的話，在工程方面，以美國來講，研究所裏的許多課程都會經常要你做習題與作業，逼你考試等等，這些方面做得比較嚴。國內的研究所，課程方面大都教得很好，只是逼得稍微鬆一些；但是在畢業論文方面要求得比較嚴，往往一篇碩士論文完成之後就可以在國外相當好的學術性期刊上發表。成功大學工學院很多研究所的博士候選人，必須要在國外相當好的期刊上發表二篇至三篇文章，才能拿到博士學位。像這樣的要求就比美國的許多學校嚴格了些。

另外，有些國外的學校，例如日本，就以研究爲主，課程上並沒有特別的要求。所以我們很難評論誰比較好，誰比較壞。大致來講，國內研究所的教育品質與國外相當好的學校相比，是相當不錯的。在國內讀研究所有一個好處，就是你在當研究生的這段期間，跟國內的工業界、企業界或許多單位都可以慢慢地建立起關係；當你拿到學位準備就業的時候，你就占了地利的優勢了。要是選擇到國外進修發展，過去，大家好像有一種觀念：出國就一定要很成功才能衣錦榮歸，光宗耀祖。我覺得心理上必須要打破這種想法。一個年輕人到國外去奮鬥，如果成功了，那麼他留在國外也好，回來也好，都沒有關係。但是，如果在國外並不成功，那就要回來，因爲臺灣才是你的家，才是屬於你的地方，而不要認爲只有成功了才能衣錦榮歸，失敗了就不好意思回來而淪落在國外，日子過得很慘。到國外留學的一個最大的好處就是可以開闊眼界，多去見識見識國外的世面。你在國外的社會裏生活了一段時間，除了學習課程上的專業知識之外，也會學到很多專長以外的各種風俗民情以及迥異於國內的生活習性。所謂「讀萬卷書，行萬里路」。雖然現在資訊很發達，大家都可以從電視上看到各地的名勝古蹟，奇風異俗，但是這跟自己親身去經歷，畢竟不一樣。有機會去體驗一下國外的社會，多見見世面，對個人的成長及修養是非常有助益的。當然，在國外有許多非常有名的學校，學校裏有許多非常有名的老師，如果你有幸去跟名師學習的話，對你的助益當然是非比尋常的了。

不要自我設限

同學們畢業，開始工作之後，有一點很重要，就是不要替自己設限。不要認定那些事情才願意做，又那些事情就不願去做。各行各業，只要腳踏實地、認眞努力地做，都是頂天立地的工作。現在社會上對時下的年輕人有個不滿意的地方，就是大家好像都想立即的成功，希望自己一畢業，短期內就能夠成功；好像即溶奶粉、即溶咖啡、速食麵之類的東西。將來諸位同學到社會上做事，最好不要有這種速成的想法，還是要確實穩固地打好基礎，一步一步認眞地做、實在地做。盡量做你自己眞正喜歡的工作，不要太追求社會上的行情；行情會時高時低，一味追求行情，可能你就永遠追在時代的後面。如果你找到一份自己眞正喜歡的工作，不管行情的高低，這工作永遠都是你所喜歡的。

充實地過每一天

反過來說，我們也要學著喜歡自己的工作。有的人，只喜歡他所喜歡的，如果得不到，其他的就都不喜歡，這種人永遠都覺得不得其所；但是有的人，做什麼他都喜歡，都會好好去做，這種做什麼就喜歡什麼的人，一輩子都會活得很高興、很快樂。其實年輕人也好，年長者也好，都不要太功利，不要把錢、權、學歷或職位看得太重要。一個人這一生到底成不成功，要等到蓋棺才能論定，而且也不是用世俗的眼光來算的。我不是基督徒，但是我認為應該用上帝的磅秤來稱。上帝的磅秤包含許多因素，除了錢、權、學術地位之外，還有親情、友情、受尊重的程度等等很多很多因素。如果你每天就寢時都覺得這一天過得很充實、很快樂，那麼將來你在上帝的磅秤上的分量應該是蠻重的，也就是你的這一生算是蠻成功的，雖然你可能沒有賺很多的錢，也沒擁有很大的權力。所以不要太功利，只要你能掌握現在，樂觀進取，每天都過得很充實，很有成就感，很快樂地過完這一生，那麼你在上帝的磅秤上就會很有分量。

掌握現在　樂觀進取

前天，教育部訓育委員會的常務委員鄭石岩先生應邀到學校來演講並與導師們座談。演講中，鄭先生曾舉兩段愛迪生的小故事。有人問愛迪生：你這一生當中最大的挫折是什麼？耳朵被打聾了，是不是你最大的挫折？愛迪生卻說：耳朵聾了，別人對我的閒言閒語，我就都聽不到了，這也不壞呀！可見愛迪生先生對於他耳聾的事情是以正面的態度來面對。耳聾當然是壞事，但是耳朵已經聾了，難過也沒有用，不如樂觀一點往正面的意義方面去看待。又有一次，在他的晚期，有一天實驗室突然失火了，把他的實驗設備以及許多研究的成果都燒毀了，愛迪生卻對他兒子說：快把你媽媽找來，這一生當中很難得見到這麼大的火，叫她快來看，不看的話，以後恐怕沒機會了。大火已經發生了，實驗室也被燒毀了，難過、痛哭流涕都無濟於事，不如往好的一面看。由這些小故事也可以看出愛迪生先生是一個能**掌握現在，樂觀進取的人**。

把握時光　充分發揮

我常常搭飛機到臺北開會或洽公，上一次搭飛機的時候，坐在我旁座的是一位年紀很大的老人，看到他以輪椅代步，上下飛機都需要別人扶持的樣子，使我覺得，每個人都會經歷小孩、青年、壯年、老年的階段，每一個階段都有每個階段該做的事。孩童時就盡情地玩耍，年輕時就用功讀書，畢業後努力做事，上年紀後也許也像這位老人一樣坐著輪椅，需要別人半扶半擡才能夠上下飛機。就好像一朵花，有發芽、成長、盛開的時候，也會有枯萎、凋謝的時候。不管花開得多麼燦爛美麗，過一段時期，它總是會枯萎、會凋謝。就像我家院子圍牆上的紫藤，前幾天花盛開得很鮮豔、很漂亮，今天就有點失色了。所以我們要把握時光，充分去享受每一個階段的特色，並且發揮每個階段該有的功能，這樣，你就能夠過得很充實，很有成就感。我常常舉一個蠶吃桑葉的例子。蠶是吃桑葉長大的，每隻蠶都覺得桑葉很好吃，每天都吃得過癮。然後長大、吐絲、結繭，最後「春蠶到死絲方盡」。如果在很多蠶當中，有一隻很有思想的蠶，牠想：桑葉雖然很好吃，每天都吃得很過癮、很快樂，但是吃到後來，還不是吐絲、結繭，然後死掉。這樣一想，他就沒有胃口了。當別的蠶都在享受吃桑葉的樂趣，吃得津津有味的時候，牠卻沒有吃，而在那裏發呆、發愁。每隻蠶的一生的時間大致都差不多，當別的蠶歷經吃桑葉、長大、吐絲、結繭、絲盡的階段後，牠也瘦了，死了，並沒有比別的蠶活得更久。如果我做蠶的話，我情願做個快樂地吃桑葉的蠶。**上帝很公平，祂給每個人每一天的時間都一樣長，你要能够把握這一天的時間，充分地利用，才能過得很充實。**昨天晚上中正堂有一場同學的舞會，好多男同學、女同學都去參加，玩得很高興。如果有一位同學，他覺得參加舞會很無聊，不想去，也不想唸書，做什麼事都覺得無聊，只在那裏發呆，那就好像不吃桑葉的蠶一樣，沒有充分利用時間做自己該做的事。

掌握現在　創造未來

我們在小學，中學，甚至大學時，都做過一個作文題目，叫「我的志願」或「我的人生觀」。有的同學的志向就立得很高、很遠、很大。如果志向立得太大，容易對眼前的處境不滿意；因爲眼前的情況離他的目標太遠了，離目標太遠，日子一定不好過；日子難過，就更不滿意；如此惡性循環，反而不容易達成所立的志向。如果另一個人，每天手裏有什麼事，他就好好地將它完成，很樂意地做他手上的每一件事情，這樣的人，也許將來的成就反而很高。也就是說如果你懂得**掌握現在**，就更能够**創造未來**。所謂掌握現在，並不是指眼光短淺，只看到現在；相反的，我們要訓練我們的眼光能够看得遠，要學著能够跳到問題的外面來看問題，而不是把自己陷在問題裏面。在空間上是這樣，在時間上也是如此；你要能够回顧過去，遠瞻未來，而不要只在原地打轉。

同學們在學校也好，將來在社會上做事也好，都要多讀書。這裏所指的讀書，並不只是本科系專業的書，還要多讀你的本行、你的工作以外的書。讀書可以了解許多古今中外的天下事，旅行可以多見識世界各地的世面。在書本裏面，也可以看到許多無法親身經歷的大世面，也可以看到許多自己平時沒注意到，而作者觀察到的細微的事情，也可以欣賞自己所尊敬的人的風範。讀書使自己的胸襟更加開闊，眼光更加遠大。一個人的一生當中，大學的四年是最值得珍惜的，這四年的時間，諸位同學已經過了大部分了，剩下的半年多的時間，你們要更加地珍惜，更加努力地去把握。

積極培養好的工作能力與態度

今年大學聯招期間，爲了爭取更多好學生能選塡成功大學的各系，我們在替學校做廣告、做宣傳時，都會提到今年四月《天下》雜誌的一篇調查報告。它對當前臺灣一千大製造業與三百大服務業做了問卷調查，其中有一個題目是：你們最喜歡那個學校的畢業生？結果，得到分數最高的是成功大學，而且遙遙領先，比第二名的學校高出很多。在同一篇調查報告裏，《天下》雜誌也問這一千三百個大企業：你們企業界最重視那些工作能力和工作態度？答案統計的結果：

專業知識——四七・九%

積極主動——四七・四％

對公司的忠誠度——四六・五％

團隊合作——三二・四％

彈性、可塑性、學習能力——二九・一％

苦幹實幹——二七・二％

溝通能力——二一・六％

獨立思考、分析的能力——一一・七％

前三項是企業界用人時最注重的條件。諸位同學要用功，培養豐富的專業知識，也要養成積極主動的習慣以及保持對人忠誠的態度。將來在社會上做事，要能够腳踏實地，敬業樂羣，培養自己的學習能力，使自己具有彈性、可塑性等等，都是很重要的工作能力與態度，而這些都需要一點一滴慢慢培養出來的，不是臨時可以勉強得來的。

另外，報告資料顯示，企業界最不喜歡的員工的工作態度是：

不虛心、學習態度欠佳——六九％

個人主義——五六・三％

耐心不足、輕易跳槽——五四・九％

好高騖遠、不够踏實——五三・一％

不願吃苦——二五·四%

不够獨立、不能積極主動——一八·三%

缺乏開創精神——一一·三%

接受挫折能力差——六·一%

以上資料提供給同學們參考。我們希望諸位同學都能積極培養好的工作能力與態度，也都成爲最受歡迎的年輕人。

八十二學年度對大學四年級學生講話

積學廣識 學以致用

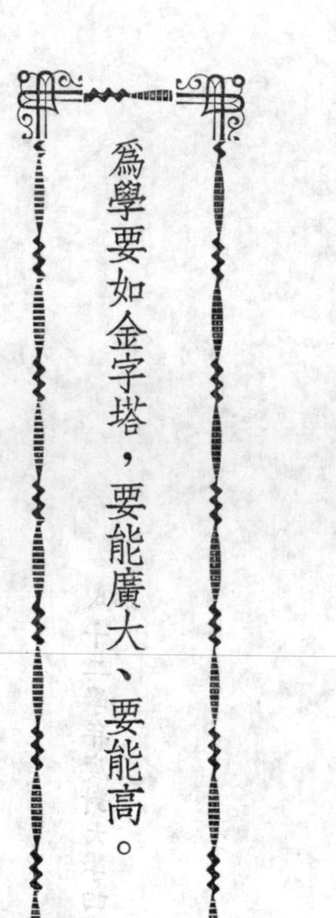

博學專精

胡適之先生曾經講過：「為學要如金字塔，要能廣大、要能高。」就是說我們的知識要像金字塔一樣，本行的部分要求高求深，跟本行比較有關係或關係較遠的部分也要學。譬如我自己是學化工的，一些文學作品、政治、經濟、社會的書籍也要讀一些；即使是武俠小說或是電視週刊，也總比什麼都不唸要好。如果有一個人，自己本行的東西讀得很多，而本行以外的就一點都不讀，知識的領域便很高很專但很窄。這樣的人如果是學科技的，就難免有科學怪人的味道；如果是學文史的，就難免有冬烘先生的味道了。如果另一個人他樣樣都讀，但都不專精，把時間、能力薄薄地分散在很廣的領域上，這樣的人樣樣都知道一點，卻沒有一樣是他的專長，如此便難免過了很久仍然一事無成。

資料的消化利用

現在也許大家會覺得我們成功大學的圖書館的藏書和期刊不够多，查資料不是很容易，不像在國外的一些大圖書館裏很容易就可取得很多資料。的確我們的圖書館的藏書並不是很充足。但是我覺得，我們取得很多資料之後，有沒有去讀它、讀了之後懂不懂、懂了之後會不會應用；在這讀、懂、用之間愈往後愈不容易做到，取得資料的步驟還是最容易的部分。包括我自己在內，往往發現一個資料很好，我們學校如果沒有，就用館際合作花一、二個禮拜的時間從其他學校或國外找來，桌子上往往堆了一大堆資料。但是更重要的是取得資料之後要去讀它、懂它、用它。

資料的分析選擇

現在不論國內或國外都有一個相當普遍的現象，就是期刊、資料非常多。不像古時候要發表一篇文章很不容易，直到十九世紀，全世界的期刊、雜誌仍然沒有多少。早期的人因爲發表一篇文章很不容易，所以他們都是句句斟酌、很慎重地把文章裏每一段文字、內容寫得很仔細。這樣一來，往往每一篇文章都是很重要且值得看的好資料。但是現在，世界上的期刊、發表文章的地方愈來愈多，寫文章的人也愈來愈多。另外有一個普遍的現象就是做研究、發表文章的壓力愈來愈大。譬如講師要升副教授或副教授要升教授，一定要發表多少篇文章才能升上去；一個博士班的學生，一定要在學術性的期刊上發表多少篇文章，才能拿到學位；教授與教授之間也會互相比較，發表文章多的就可能得到國科會、教育部的獎勵，如果沒有就會不好意思等等。研究者的上進心、功利心以及來自社會的壓力，使他必須想辦法發表許多文章。這種現象在國內國外到處都非常普遍。因爲要發表文章的人多了，自然期刊就愈來愈多；於是，如果有一個問題要上圖書館找資料，幾乎一下子就可以找到一大堆相關的資料。這就好像塑膠袋一樣，過去物以稀爲貴，大家都很珍惜；現在到處都是塑膠袋，卻變成一種汚染。因此我們拿到這許多資料之後，更重要的是要能够分辨得出來那些是好的、値得參考的，那些是錯誤的，那些是重要或不重要的以及其可靠性等等。

有時候我們看一篇論文，雖然是很好的雜誌刊出來的東西，但看起來，實際上卻像是一個習題。現在工技學院院長石延平先生是以前我們學校工學院院長，他就曾對我說：現在大家做研究好像都在做習題。到底一個研究與一個習題的差別在那裏呢？做研究有許多創見在裏面；做習題的話，就是以別人做好的東西爲樣版依樣畫葫蘆。如果是做實驗，就換一個條件、裝置稍微改一改；如果是做理論，就把基本條件改一改也就做出一篇文章來，再改一改又是另外一篇；像這類的文章，就使人感覺習題的成分比較高。當然每篇文章都有若干習題的成分、若干研究的成分，它的價值到底有多高，就要看習題與研究所占的百分比了。我的意思並不是說做習題就沒有用，你照著樣版做典型的工作，是實驗也好、理論的計算也好，有時候別人就等著你的結果好去做設計的工作，往往也是蠻有用的。但是你拿到一篇文章後，要能判斷它到底有多少習題的成分。在找一些資料或數據的時候，同樣的問題在不同的文章裏所得到的答案可能差得很多，這時候你要懂得判斷與取捨，是平均起來用呢？還是採取那一個數據。

資料的研讀

任何一篇文章都有其價值與可取之處，因此你拿到一篇文章之後，首先要看看這篇文章是值得仔仔細細地詳讀呢？還是瀏覽一下就可以了。如果這篇文章很有持續性、一般性的價值，那可能就值得你深入地去了解。如果這篇文章只是針對某個問題做很詳細的計算或實驗，譬如針對某種型式的麥克風所做的研究，如果你是經營這種麥克風的人，那他的研究對你很有用處，你就可以仔仔細細地讀它；但是如果過了幾年新型式的產品上市了，他這篇文章就失去實用性的價值了。但是即使是這樣的一篇報告，他所用的處理方法及經驗，往往也有通用性、值得參考的價值存在。所以你在研讀這類文章時，要能够將比較有價值的部分抓住。這就跟學校裏老師上課一樣。記得我在師大附中上學的時候，當時臺灣剛光復，附中是新成立的學校，學校裏各色各樣的老師都有。那時候的校長宗亮東先生就對我們說：你們在老師上課的時候，要能够取其所長。一篇好的文章裏面有許多值得思考、理解的要點；比較不好的文章重點就比較少，但總有可取之處，你要能够把它找出來。

痛下苦功　熟能生巧

在我們讀書、做研究的初期階段，你拿到一篇論文，往往需要一行一行仔仔細細地研讀；讀到一個方程式，你要在紙上詳細地導證出來；讀到一個地方看不懂了，就找出它的參考文獻來看；參考文獻看幾行之後又讀不下去了，於是你又找出它的參考文獻來，再去讀，一篇論文往往需要花很長的時間去讀。這功夫雖然很辛苦，卻是一個必經的階段；等到功夫日積月累、時間一久，你自然成了老手，眼睛一瞄便能把文章的要點抓住了。但是你不要在年輕、眞功夫還沒到家的時候就充老練，那時候你不見得能抓得到要點。記得很久以前，我剛拿到學位在美國一個研究室裏做事；我的老闆是一位七十多歲的老先生。當他唸博士學位的時候，並沒有用過新的儀器，也沒有讀過數學，他的數學知識大概還不到微積分的程度。有一個雜誌拿一篇文稿請他審查，他就拿給我，讓我替他看。我接到這樣的任務就帶回家仔仔細細地看，然後將這篇文章裏的毛病條列在紙上交給他。但是我看他花了不到半個小時的時間，就把這篇文章的致命傷、最大的缺點指出來了；而這個致命缺點在我那紙上並沒有列出來。這篇文章有很多數學的演算，而我的老闆數學又不好，爲什麼他能夠眼睛一瞄就把要點抓到了呢？這就是所謂的「薑是老的辣」的道理了。而往往從嫩薑變成老薑的學習過程中，就是需要下很多功夫才行。做研究就是這樣，你下過很長時間仔仔細細研讀的苦功夫，看多了，自然就有這種本領了。

謙虛求進　舉一反三

另外，我們讀書、做研究還要能夠具備舉一反三的本領。世界上的研究工作是永遠做不完的，對某一個題目並不是做到某一階段就結束了。通常研究做得愈多，就愈感覺到自己不知道的愈多，需要做的問題也就愈多。就好像在一棵樹或西瓜的藤上，你可以看得出那個地方會是一個生長點，從這許多生長點就可以長出許多新枝來。同樣地，看到一篇論文之後，就可以知道文章裏面那裏可以繼續研究，那裏是可以另外發揮的新題材，那裏只能到此爲止。看了別人的成果要能夠得到啟示，產生新的構想；很多事情都免不了要以別人的成果與知識做爲基礎，但更重要的是要加上你自己的創見。創見非常重要，但並不是胡思亂想，也不是牽強附會。研究成果並不是胡思亂想或牽強附會就能做出來的，它要靠幾分的聰明以及更多的功力；而功力就是自己多讀、多寫、多做練出來的。等到自己的能力培養出來之後，要對自己的能力有信心，但切勿妄自尊大。

釐清基本觀念

還有，我們讀書、做研究很重要的一點就是基本的觀念要正確、清楚。也就是我們高中、大一所唸的普通物理、普通化學以及微積分等，那些基本觀念要理解得很清楚。如果別人做出來的結果跟自己的基本常識不一致的話，那麼這個結果可能就有問題，因爲你的基本觀念往往是對的，除非你的觀念不清楚。上次許翼雲教授來演講就講了一個例子，當他在伊利諾大學當研究生的時候，有人去演講，講了一些數學上的導演，他聽著聽著就睡著了，等到演講快結束時才醒過來，然後他看著主講人所導出來的結果，一下子就指出來那些地方恐怕不對；主講人一看果然不對，就覺得這個人好厲害，在演算的過程中他都沒有聽，怎麼一醒來就能把毛病挑出來呢？原來一個很複雜的問題如果把它簡化成最簡單的情況，複雜的方程式也就變成簡單的方程式；如果這個簡單的方程式跟他最基本的物理常識不一致，那一定是錯了；既然結果錯了，原來的架構也就錯了。所以我們看一篇論文，要看它的邊界條件取得對不對、是不是合乎最簡單的情況。等到你年紀漸長了，往往會從國科會或教育部或別的學校收到一些別人的論文請你審查；你拿到這些論文之後，首先要看他的基本假設對不對、邊界條件合不合理。通常論文裏的演算與實驗大概都不會錯，可能錯的話，會錯在基本假設與邊界條件的取決；如果取得不合理，後面的演算和實驗就都不用談了；然後再看他最後導出來的結果對不對、是不是合乎一般的基本常識。

眞積力久　觸類旁通

以上講了這麼許多，不管你是碩士班的階段或是其他做事或研究的階段，**讀書就是要下眞功夫、多讀別人的東西，等到下了很多功夫、基礎很穩固的時候，也要能想到一些正當而取巧的方法，學著走捷徑，學問才能觸類旁通。**在學校裏不論是教授或是研究生，都享有學術上很大的自由度。如果是在公司或工廠上班，就非解決某些問題、達成某些目標不可。但是在學校裏做研究，要的就是一些好的成果；至於這些成果是什麼似乎並不太重要，只要在你的研究領域裏是一些有價值的成果就可以了。本來預計研究的路是這麼走的，過了一段時間之後，如果發現換個角度所得到的成果可能更好，就可以換個角度做下去。並不一定非要得到原來想得到的成果不可。小時候我們都讀過一則「愚公移山」的寓言，爲什麼我們要叫他愚公呢？如果你的房子前面有座山，那你把房子搬到山頂上或山的另一邊去不是比移座山要容易得多嗎？在你的研究過程中，如果碰到一座山，你可以爬過這座山或從山腳繞過去，而沒有必要硬鑽個山洞走過去。也就是說，你不能遇到一座山就向你的教授要求貴重的儀器設備，不然鑽不過去，研究就做不好，你應該想盡各種辦法繞過去。

也許諸位同學現在還不會覺得，傅訓導長可能跟我有同感，就是像我們這一類的人的一生當中，最舒服的大概就是當研究生的階段了。因為這時段你比高中生、大學生有更大的自由度；你們所受到「非做什麼不可」的壓力較少、需要負的責任也比較少。希望各位同學能好好地享受並珍惜這段時光，好好地定下心來下眞功夫讀書。

七十七年十二月十九日對碩士班研究生講話

永遠前進

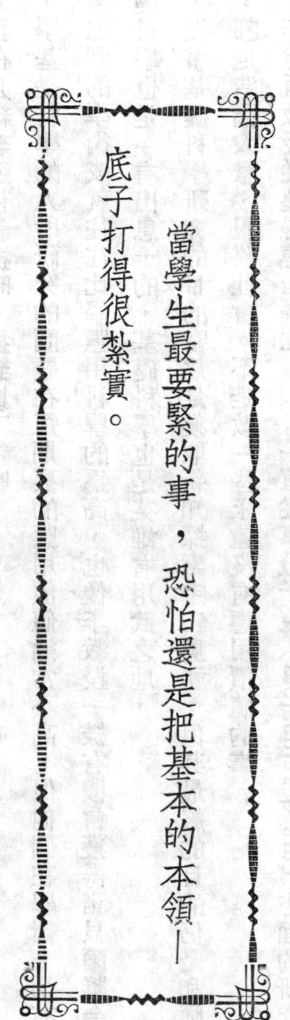

當學生最要緊的事，恐怕還是把基本的本領——
底子打得很紮實。

最近我常思考對碩士班的同學要講些什麼？上禮拜四剛好有三位諾貝爾獎得主來訪，一位是西博格博士（Dr. Glenn T. Seaborg）；一位是唐尼斯博士（Dr. Charles E. Towres）；一位是李遠哲博士。我們在格致廳舉辦了一場座談會。我聽過以後有一個感覺，就是：我自己也不錯。因爲他們所講的和我過去在許多不同的場合跟同學所說的差不多。所不同的是：他們是大明

星，講話的時候，大家擠得坐無虛席、站無虛位，走廊、臺階也都是人。而我講的時候，大概須要點名，大家才會來，來了也是把耳朵關了起來。

李遠哲的成功

那天我在介紹李遠哲教授時，提到以下幾點：

一、學基礎科學的人所研究的問題在短期裏的應用價值通常不高，但他們在學術上卻有較高的天空。他們的學術成就往往比學應用科學的爲高，也像李教授一樣有機會獲得諾貝爾獎金。因此學基礎科學也是「有出息」的，基礎科學也是英雄有用武之地。

二、從事基礎科學研究的目的當然是獲取新知探索宇宙奧祕，但其最終的目的仍是和應用科學一樣，都是造福人羣、服務社會。不是做一些永遠沒有應用價值的事。

三、李遠哲教授從獲得博士學位以來，一直從事分子束（molecular beam）方面的研究。長期專注於一個領域中，不把力量分散，這樣才有更好的機會得到高水準的工作成果。

四、李遠哲教授除了在自己的學術領域中有非常高的成就以外，他在音樂、美術方面也有很好的造詣。他也關心社會上的許多問題，譬如我們的教育制度、我們的科技發展大方向等等。**人生本來就是多方面的，除了本身以外，對外在環境的種種也應有相當程度的關心。**那些只顧自己，不與外界溝通的「科學怪人」型的人，是難以成爲有高學術成就的學者的。

自古成功靠努力

年輕人聽有成就的人演講時，難免抱持一個希望聽到成功的祕訣、成功之鑰的心態。於是，希望在工商業方面成就事業的年輕人喜歡聽王永慶先生的演講；希望在學術研究上有成就的年輕人喜歡聽諾貝爾獎得主講話。但聽的結果是：沒有祕訣、沒有捷徑。要靠勤奮、要靠努力。人的聰明才智一部分是天生的，一部分是後天訓練出來的。天生的聰明才智，像有的人記憶力特別好，過目不忘；有的人身體很有耐力，長時間工作也不累。這是沒有辦法的。但是人的聰明才智也是可以經由訓練和鍛鍊而增長的，像學速讀、練跑……等等。這些有成就的人，王永慶也好，李遠哲也好，會告訴年輕人怎麼樣把聰明才智和時間用在對的地方。

做自己的主人

上個星期四他們所講的話當中有一個共同的要點，**就是要做自己所喜歡、所感興趣的事情，做自己認爲重要的事情**。一個人所做的事如果自己並不感興趣，勉強工作是相當痛苦的，會覺得很累，常要找機會休息。這樣想有高的成就就不太容易了。如果做的是自己感興趣的事情，工作本身就是享受，就是生活的一部分，所耗的時間再長，也不會覺得苦，覺得累。長期下來，當然容易有高的成就。譬如一個從事學術研究工作的人，他會有一種感覺：別人付錢讓我唸我自己喜歡的書，別人提供經費購買儀器設備讓我做我想做的實驗，這是很划得來的事情。有這樣的想法，自然而然地他就會努力的去做，長時間下來，就能有好的成就。

培養獨立思考與創見

李遠哲教授所講的話中，另外有一個要點：一個從事學術研究工作的人要能獨立思考、要有創見，要懂得如何懷疑和反對別人的見解。我們做事是不是要等別人告訴我們怎麼做之後，才會做，才敢做呢？是不是一定要按照別人所說的方法或途徑去依樣畫葫蘆呢？以前的人或是別人所告訴我們的一切是不是完全正確呢？如果不正確，我自己的看法是什麼？照著既定的程序去做，只能稱爲作習題，是不能稱之爲研究的。

唐尼斯教授也說了一個故事：MIT一個畢業多年的校友返校，遇見他當年的校長，很感謝校長畢業典禮時的贈言，他實行多年，終於有所成就。這校長很感疑惑，不明所以。原來當畢業典禮進行時，因爲畢業生人數衆多，儀式過程緩慢，校長便對每位與他握手的畢業生說：**"Keep on moving!"**

學術研究的兩條定律

我常常跟同學們說，做學術研究的第一定律是：**"If you don't know what to do, do**

something.”當你不知如何是好時，找點事做做，或許會有所發現。做學術研究要如此，做其他事情也是一樣，不要怕做錯，從錯誤中我們可得到經驗，什麼都不做才是最大的錯誤。但是犯錯、耽誤時間畢竟是划不來的事情，我們當然要盡可能避免犯錯。做學術研究，尤其是實驗，還有一條定律 **“Any thing can go wrong, will go wrong.”** 研究計畫中有可能會出差錯的地方，在實際進行時多半就會出錯。所以我們在計畫中就要找出防患錯誤的方法，避免失誤。例如：三位諾貝爾獎得主來校訪問當天，我們原訂在中心西餐廳用餐，後來考慮到場地可能太小，臨時改爲教師聯誼廳，並且要求餐廳維持上菜的效率，才算招待合宜沒有出大錯。事先多想想，什麼地方可能出錯，出錯的機率自然會減少很多。

李遠哲教授當日也舉了一例：一羣研究生開夜車做實驗，但做得不順利，和預期的結果不一樣，失敗了，於是回去了。有的人回到住處，還在思考實驗的情形，爲什麼沒有成功？爲什麼失敗，而睡不著；有的人則認爲是運氣不好，回家倒頭便睡了。從這些研究生第二天的行爲表現中，便可預知以後誰在學術研究上能獲致成功，誰不易成功：有的經過一夜的思考，已經有了第二天該如何做的主張和計畫；有的則到教授那裏問：「怎麼辦？」

許多研究題目在計畫時是不能預知結果的，進行時要不斷摸索，不斷修改。你若問教授怎麼做？教授也不知道。如果知道怎麼做，一步步按照既定的程序做下去，連結果也能預知，那就不是研究，而像是照食譜燒菜了。

一九六四年我在加州大學柏克萊分校做研究時，遇到一個研究生，他叫霍大成，正在修博士學位。多年後又見到他時他已經有相當好的學術成就。他告訴我一個當年在學時的故事：他做了兩年博士論文的研究拿著成果去找指導教授討論時，教授竟然不知他是誰的學生，只說他所拍的電子顯微照片可以當作攝影佳作來欣賞。這位霍先生覺得，在那兩年研究裏，沒有教授的照顧，全靠自己摸索、思考與別人討論是他獲益最多的時候。我聽了這故事之後趕緊告訴了我的研究生。當我因職務關係無法周到地照顧他們時，他們仍是可以有好的表現、好的成績的。

立定志向　紮好基礎

三位諾貝爾獎得主也曾提到一件事，就是教授只能提出一個研究工作的大方向，他對許多工作細節不一定都懂；而當研究工作完成時，對這一個問題，學生一定會比老師知道得更多。雖然武俠小說裏，師傅一定比徒弟強，但在實際的人生中卻應該是學生最後的成就要比老師好，社會才能不斷地進步。拿我們學校來說，現在六七十歲的教授們教書教得非常好，但當年他們年青時，從事學術研究的機會與環境都欠理想。現在五十多歲的教授們在學術研究方面要比當年的老師們做得更多更好才行；現在三十多歲的年青教授將來的學術成就，也一定會比現在五十多歲的教授們更好。有一次我們舉辦一個學術研討會，請來了一些學術成就很高的國外學者。我在介紹的時候說：我和他們的年齡差不多，他們畢業後繼續研究約二十年，我畢業後回成大也研究約二十年，或許因爲他們比我聰明，也因爲他們的環境比較好，我的學術成就比不上他們。但現在在座的年青教授們若在成大繼續研究二十年之後，有一部分一定會比二十年後歐美或日本同年齡的成名的學者強。當我說這些話時，有的人心裏會想：當然我有機會；有的人會想：那是不可能的。那些覺得可能的人，將來就有可能；那些覺得不可能的，我想就眞的是不可能了。

李遠哲教授當天又曾提到，當他進入臺大化學系唸書時，就立定志向要成爲一個好的科學家。除了化學系所開的課程外，他覺得那些課是屬於基礎性的，他就自己去唸、去讀，要把底子打好。因爲這些基礎學科很重要，所以他自習了量子力學、電子學、熱力學……等等。我自己在做研究時，往往會遇到困難不能突破，就是因爲基礎沒有打好，沒有突破的能力所以就被困住了。化工方面的研究再深入時，如果你統計力學、數學……等沒有唸好，恐怕有些相關資料就沒法了解、應用，於是就不能深入研究了。年青時把基礎打好，將來遇到問題時才有能力讀別人的資料，把相關的資料找出來看就可以解決了。

我在加州柏克萊時，有一次和一位教授聊天。他談到他基本的本領，認爲都是當研究生時所學到的；當時沒學會的，以後再學恐怕就不實在了。因爲不當學生，沒有人逼你、考你，唸的效果就不一樣。我自己也有這種感想，當有一門學問我不太懂時，我就開了這門課程，一邊教一邊學。被我考的學生可以唸得變通的，而我教了兩三遍卻還只學得表層，不能深入。所以那位教授跟我講了這些話之後，我的確有這種感覺：自己在當研究生時學得的基本本領不够時，再補就不容易。所以當研究生最要緊的事，恐怕還是把基本的本領——底子打得很紮實。

七十八學年度對研究生講話

第七章　大學生涯與大學教育

——開學典禮致詞

惜福惜時　珍愛自己

希望同學們能珍惜就學機會、把握在校時間、注意自己的安全、謹愼自己的言行。

繼往開來　戰戰兢兢

夏校長漢民從今年八月開始就任國科會主任委員。他在成功大學擔任了八年校長，在這八年當中，取得敬業、自強及力行三個校區的校地，增建了很多房舍，並且成立了醫學院和附設醫院、航太所、生物系……等等。在學校師資的羅致和培養、教學品質的提昇、學術的研究等方面，夏校長都盡了非常大的力量。過去的八年，可以說是成功大學創校以來，發展最快的階段。

我自己從民國三十九年到四十三年是成功大學的學生，民國五十九年回校任教一直到現在。我當學生加上當老師的時間，在成功大學已經有二十二年，在我一生當中佔了一個很大的比例；以後不管是當校長也好，當教授也好，在退休之前，總還是在成功大學。目前被任命擔任校長職務，覺得是一件非常光榮的事情，對個人是一項榮譽，但也是一個很重的責任。學校裏有許多需要推動的事情，譬如說：如何使成大朝正確的方向成長與發展？怎麼樣羅致、培養優良的老師？怎麼樣改善我們教學與研究的環境？怎麼樣能夠減輕老師授課的負擔，使每一位老師不要開太多門課，但是能把每一門課都教得很好？怎麼樣改進老師升等的制度？怎麼樣改進教職員的福利、解決教職員住的問題等等。這些事情，每一件都非常重要，都是需要一點一滴、慢慢地、實實在在不斷地努力、不斷地去做的事情。

生命結構體的共識

學校的行政組織好像是一個有生命的結構體。在這個結構裏面，校長只是一個零件、一個成員；每個行政單位包括教務、訓導、總務、各學院、各系所的職員及主管們，每一位也都是這個結構體裏非常重要的成員。每一個成員都應該是同等的重要，也就是說，**這個結構體應該是一個**

活的、可以相互溝通的結構體。我們的每一位老師或是同學有什麼問題，就可以到主管這個業務的單位主辦人員那裏，他們一定很願意爲大家做最佳的服務，我覺得這就是最好的溝通。

惜時惜福　珍愛自己

在學期開始的時候，我對諸位同學有幾點期望：

第一，我希望各位同學能**珍惜我們在學校裏就學的機會**。自從我擔任校長之後，就開始注意我們學校的預算一年有多少。我們這學年的預算大約有三十億，這三十億當然有很多是土地建築方面的經費，並不是完全直接用在各位同學身上。不過大致上，各位同學也可以估計一下，我們學校一年的預算有多少、同學人數有多少、國家一年平均花在一位同學身上多少錢；而這許多錢都是國家的稅收，都是老百姓繳的稅。我們花了這麼多納稅人的錢，老師也好，校長也好，都要做好自己的事情；尤其是同學，更要好好珍惜這個就學的機會。

第二，我希望各位同學**要珍惜把握在學校的時間**。錢雖然是納稅人的，但是時間卻是同學們自己的。大學四年可以說是一個人一生中最寶貴的時光，我們要珍惜每一天、每一小時、每一分鐘，而不可隨意把寶貴的時間浪費掉。同時，我也希望各位同學不論在課業當中、書本上或是課外活動，都能够學習到很多專業的知識、做人的道理、做事的方法；並且還要學習到關心別人、關心社會。

第三，我希望各位同學要**注意自己的安全**。安全是非常重要的，同學們不論是在校內或校外，都要知道保護自己，不要受到傷害或欺騙；騎車要注意交通安全，在實驗室要注意實驗室的安全。如果你不小心受了傷，變成殘廢或喪失了生命，不但是國家社會的損失，對父母更是難以交代。

第四，希望各位同學隨時**謹愼自己的言行**。在校內也好，在校外也好，你都是成功大學的學生，成功大學的形象，每一位同學都有責任來維護它。舉一個小例子來說，在大學路上，許多餐館或商店的前面，如果同學們將車子停在慢車道上，那麼行人只好走快車道。許多市民們走過去時，就會說「這是成功大學的學生，我們對他們眞是無可奈何」之類的話，這類小事情或是小動作，對你自己，對我們學校的形象都有很大的傷害。我相信大部分同學都已注意到，希望每個同學都能夠做到這點。

七十七學年度第一學期開學典禮致詞

確確實實做事　誠誠懇懇做人

> 大學四年裏，除了上課、學習書本的知識外，也要能鍛鍊成爲一位受過高等教育的現代化公民。

學術研究深獲肯定

這一年來我們學校有二百多位老師得到國科會的研究獎助金，有二十六位老師得到國科會優等研究獎助金，還有張文昌教授、蘇炎坤教授、顏鴻森教授、翁政義教授、周澤川教授、黃定加教授、吳重雄教授等人得到國科會傑出研究獎金，這是非常難得的事情。這代表我們成功大學學術研究的水準與實力，我們希望能一年比一年有更多的老師得獎。另外更難得的是我們機械系陳朝光教授得到教育部工科的學術獎。這個獎是僅次於當選中央研究院院士的一個在學術上最高的榮譽，在工科方面，每年只有一個人得獎，而這次的得獎人是我們學校的陳朝光教授。

增設系所　提昇夜間部教學品質

本校從下學年開始可以成立企業管理研究所、藥理研究所、護理學系及醫事技術學系。這四個新系所的籌備工作，正在進行當中。另外一點可能是夜間部同學比較關心的，就是在去年年底教育部毛部長召集各大學校長的座談會中，有一個結論，即「夜間部希望能解除目前自給自足辦理的形態，逐年調整，編列所需經費及員額，而終能與日間部相同」。目前我們夜間部的經費完全是靠學費自給自足的，教育部並沒有撥教師的員額及經費給我們。現在教育部的大方向是希望夜間部也能逐年增列預算及教師員額，這樣我們的夜間部的教學品質就要比過去好得多了。

行政工作制度化、合理化

學校裏要推動的事情很多，我們的行政工作要不斷地求改進，要提高我們的工作效率並改進我們的服務態度。希望諸位老師、諸位同學隨時對我們行政單位，教務、訓導、總務等方面提出改進的意見。學校裏許多重要事情的處理與運作都要慢慢加以制度化、合理化。譬如上學期我們修定了「教師升等辦法」，過去有許多名額方面的限制，經過我們嚴謹地修訂之後，希望盡量做到公平、合理的境界；又如我們學校目前正在草擬五年校務發展計畫，擬定這個計畫的工作非常重要，要從系所務會議、院務會議一級級地議定，等院務會議將學校各系發展計畫擬定之後送到學校來，學校再就教務、訓導、總務等方面來整理，並召開校務發展委員會擬定我們的五年發展計畫草案，最後再送到校務會議討論通過。擬定校務發展計畫是學校裏非常重要的事情，今後我們成立研究所、增建重要房舍或是其他重大發展，都要按照這個計畫來執行。同時我們經費預算的編列也要經過系務會議、院務會議、校務發展委員會及校務會議等制度化的程序來決定。今後各院、系主管的聘請，也要經過適當的民主程序來進行。因爲各單位的大小、成立先後及發展程度有所不同，只要都有一個民主制度來決定重要的事情，其程序並不一定要完全一樣。學校裏很多制度的成功與否，要看多數的老師、同學與同仁是不是願意參與。多數的意見往往都是非常公平的，但是沉默的大眾則是很可怕的。希望多數的老師和同學，大家都願意表達自己的意見、提供自己的見解，那麼，我們做出來的決定就會是最佳的。

落實教學研究成效

在學校裏最重要的事情，當然還是老師把課上好、把學術的研究工作做好，學生認眞上課並實實在在地把作業和實驗做好。上學期我曾經提過要將老師授課的鐘點合理化，在這方面教務處已經擬了一個草案，現在正在討論中。上學期，各學院必修課程的修訂工作，大致上也已完成了草案，等教育部的部訂必修課程頒佈之後，各系就要開始擬定自己的必修與選修課程。

學期之初，我對同學有幾點期望：

主動用功讀書

第一點，希望諸位同學**能主動用功讀書**，習題和實驗要實實在在地做好。剛才我提到學校編預算、概算爭取經費的事情，你們的教授、系主任、院長在系務會議、院務會議、行政會議及校務會議裏都希望多爲院、系爭取一些經費。他們這麼辛苦地在爭取經費，都是希望爲實驗室多增加一些設備。所以，希望諸位同學要懂得珍惜這些設備，好好地運用這些設備，實實在在地上課、做習題。大學部的同學，如果課業方面有餘力的話，也可以參加教授的研究工作。最近國科會有一個很好的辦法，就是由國科會提供一千個名額，鼓勵大學部的同學在暑假裏跟教授做研究；這樣他一個月可以拿到四千元的補助，三個月共一萬二千元。如果研究做得好，有一篇好的報告，經國科會評選爲優良的話，另外還可以得到一萬元的獎金。我覺得這是個很好的事情。我們學校申請的期限是三月二十日，在截止之前，希望各位同學多多利用。你可以跟系上的老師做研究，也可以跟本系以外性質相關的老師做研究；只要在國科會有研究計畫的老師，都可以。但是如果只在一個暑假，短短的三個月裏，恐怕做不出成果來。建議你現在就跟老師約好暑假裏要跟他做研究，那麼，在學期當中，你就可以做一些收集資料的準備工作；等到暑假來了，就可以正式動手做了。有了事前的準備工作，在暑假裏應該可以做出很好的成果來。這不但可以增加你做研究的經驗，同時也爲將來升學或就業做很好的舖路工作。

做個現代化公民

第二點，希望各位同學**在大學四年裏，除了上課、學習書本上的知識外，也要能鍛鍊成爲一位受過高等教育的現代化公民**。在學校裏，我們除了要向我們所敬仰的老師學習知識外，也要學習他們的儀表風範；不論在校內或校外，要隨時注意保持自己的良好形象。自從接任校長之後，我常常接到附近民眾寫來的信，說我們的同學不遵守交通規則，機車、腳踏車在街道上亂停；說我們的同學在外面做推銷工作，態度不好等等。同學們在課餘時間去打工，當然不是壞事，但是不論在校內或校外做任何事情，都要注意自己的形象，讓別人覺得我們成功大學學生的氣質與風度都不會比別人差。

關心並參與公眾事務

第三點，希望各位同學除了自己的功課之外，**能夠學習關心並參與公眾的事務**。例如現在我們同學們正在籌備一個學生的自治組織，叫做「學生會」，我希望這個自治組織是由我們成功大學的同學們自己籌備、自己組織起來的一個屬於學生自己的組織。在籌備的過程當中，希望多數的同學能參與並提供意見。也希望籌備出來的是一個非常完美、非常具有代表性的學生組織。

多參與學術性的活動

第四點，希望同學們多參與各種學術性的活動。我們學校裏經常有各種研討會、各種演講等學術性的活動，希望同學們多注意各種海報與佈告。如果課餘有時間的話，應該多去參與。譬如從今天起連續幾天有阿拉斯加大學學術訪問團來我們學校開一個資源與環境方面的研討會。有些非自己本行的演講也許會聽不太懂，但是我們不要怕聽不懂，即使眞的聽不懂也沒關係，我們正好可以知道自己什麼東西不懂，也可以知道目前有什麼新的東西正在進行。只要多參與，相信都會有收穫的。

七十七學年度第二學期開學典禮致詞

求新求進　主動學習

大學生除了功課外，還要學做人，學著關心別人，關心公眾的事務，學著判斷是非、善惡及主持正義。

規劃時間過得充實有效

暑假的時間不算短，但是時間總是過得很快，一轉眼就過去了。諸位同學可以檢討一下，在這個暑假裏自己過得是不是很充實？這麼長的一段時間，你是不是很有效地利用了？新的學年、新的學期開始了，將有許多新的課程、新的功課、作業和實驗。這種新鮮的感覺帶給我們每一位老師和同學許多新的希望。怎麼樣才能使今後這一個學期和學年的時間過得非常充實、運用得非常有效率？希望每一位同學都能好好規劃一下自己的時間。

不斷地求新求改進

今天也是一次非常難得與各行政單位同仁見面的機會。在暑假期間，各個行政單位的業務並沒有變得輕鬆，甚至有許多單位在暑假期間工作的負擔比學期中還要重。上一個月，我們學校收文、發文的件數是各國立大學中最多的，由此可見，許多行政單位同仁是非常辛苦的。現在我們學校行政的工作量愈來愈大，社會也一直在變、不斷地進步；因此，學校裏各種業務的作業方式也不能一成不變地按照過去的傳統做法而不加以改善。我們也要不斷地求新、求改進、求工作效率的提高。所以，希望各行政單位要盡量多利用電腦和各種現代化的通訊工具來節省時間和精力。同時各單位也要盡量做到勞逸平均，不要有一部分同仁非常忙，而另外又有一些同仁工作很輕鬆，這是非常不好的現象。

訪外見聞他山之石

暑假裏我有兩次到國外訪問的機會。七月中旬到非律賓、泰國和香港，訪問各地僑民的教育和僑生校友；九月上旬到美國訪問兩個與我們有合作關係的學校和各地校友。我想有幾點值得向諸位同仁和同學提一下的是：

一、我覺得東南亞的許多國家，他們不管在土地、資源或各方面的天然條件都比我們好得很多。現在我們中華民國在經濟建設方面比較成功，主要是因爲過去幾十年當中，我們的社會安定、人民勤勞刻苦、教育工作也做得比較成功。以後在天然條件樣樣都不如人的情況下，如果希望在經濟建設方面繼續領先的話，安定的社會、勤勞刻苦的人民和繼續做好教育工作，仍然是非常必要的條件。

二、許多各地校友對我們校務的發展都非常關心，他們絕大多數都贊成我們成功大學有了實力相當強的理學院、工學院和醫學院之後，如果要發展成一個完整的綜合性大學，我們也要在人文和社會科學方面多求發展。

三、與許多畢業的校友接觸之後，知道他們對於當年在學校裏在功課上逼他們逼得很緊的老師都特別感謝也非常懷念。這使我覺得，在學校裏對同學們在課業方面要求得比較緊的老師以及被在校的同學比較怕的老師，就是同學們畢業後比較會懷念與感謝的老師。

現在，在學期開始的時候，我要再重覆一遍每次在類似的場合都要講一下的話：

主動用功

大學生要知道主動地用功。課業對一個學生來說當然是最重要的事，課前的預習比課後的複習效果要好得很多。習題、作業要實實在在地自己去做，實驗也要親自動手實在地去做。

學習做人

大學生在學校裏，除了功課以外，還要學做人、學著關心別人、關心公眾的事務，學著判斷是非、善惡及主持正義。這也是我們學校教育非常重要的部分。

培養羣性

要學習過團體生活。時常檢討自己：在路上有沒有遵守交通規則？有沒有妨礙到別人？有沒有亂丟垃圾？就寢時間有沒有注意宿舍的安寧等等。

七十八學年度第一學期開學典禮致詞

創造良好的教學研究環境

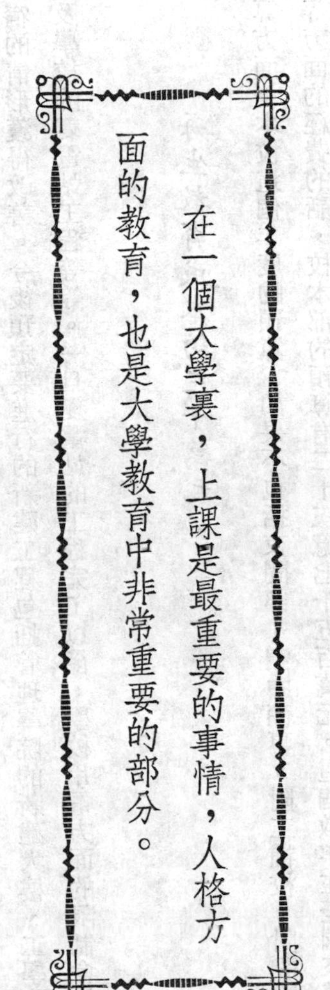

在一個大學裏，上課是最重要的事情，人格方面的教育，也是大學教育中非常重要的部分。

積極拓展硬體建設

今天很難得全校師生聚在一起。在這裏我要向諸位報告幾件學校裏較重大的事情。

在校地方面：本校已經得到了工學院後面「陸軍運輸羣」的土地，在十月初辦理了移交。這塊地共九點四公頃，是相當大的一塊校地，我們要很愼重地加以規劃，很有效地利用。另外，位於小東路的臺灣汽車客運公司保養場的土地，也逐漸接近正式獲得的階段。

在建築工程方面：目前學校裏正在進行的幾個比較大型的建築工程有雲平大樓一期、二期的工程以及勝利八舍的工程。等到勝利八舍完成之後，我們就可以提供更多女同學住宿的空間，使女同學住宿的情形獲得改善。今後預定要進行的新建工程包括管理學院的新建大樓、工學院的新建大樓以及學校的變電站工程等等。一旦變電站的工程完工以後，學校用電方面的限制會放寬許多。

每生教育成本約三十萬元

在預算方面；本校這個年度的預算，如果不包括夜間部、空中商專、附工補校、附設醫院和建教合作等方面的經費的話，校本部的預算有二十三億七千五百萬元。這個數字在全國來講，僅次於臺灣大學，但是因為我們學生人數多，平均下來，每位學生的預算數就不是第二大了。所以我們還要繼續努力爭取更多的經費，使每位學生的平均預算愈來愈提高，也使學校的教學環境與品質愈來愈優良。另外，今年本校額外地多了八千九百五十萬元的圖書經費，所以我們圖書館今年將會大幅度地增加書籍的採購。剛剛提到的二十三億七千五百萬元並不包括夜間部的預算，所以如果把這個數字除以日間部的學生人數，平均每位同學一年的教育成本大約是三十萬元，是相當昂貴的。所以希望諸位同學能感覺得到我們是消耗納稅人的錢的人，我們也可以說是負了社會的債。將來諸位畢業以後，服務於社會時，要用你們的工作成果來還給納稅的老百姓。

蓬勃的研究風氣

另外要報告的一點是：上個學年，本校的教授們自己從國科會或各種工商團體爭取得來的研究計畫共有五百五十四件，研究經費將近五億元。也就是說我們學校的每一位教授、副教授，平均大約每人有一個研究計畫，平均每人有一百萬元靠他們自己的計畫而得到的研究經費。這個數字是相當可觀的，也是學校研究風氣與品質的一個指標。

剛剛所提到的買地、造房子、購買圖書、儀器等等硬體的建設，可能是校務工作當中比較容易做的事情。校務工作中比較難做，但卻是更重要的是軟體的建設，包括如何使同學們很認眞地上課、很用功地讀書，怎麼樣使老師們把課上好、把教學、研究的工作做得愈來愈好等等。硬體的建設，學校可以向教育部等單位爭取經費；而最重要、也比較難做的軟體建設的部分，則有賴全校師生員工共同來努力。

建設和諧團結的校園

本校是一個擁有將近一萬三千個學生的大型學校，一切的校務工作都必須要有計畫、有制度地推動。不論是長程、中程或近程的校務計畫都要在校務會議中議定。學校訂定各種制度、各種辦法的最終目的都是爲了鼓勵同學們用功讀書，鼓勵老師們全力地投入教學與學術研究的工作，使成功大學擁有一個非常和諧、團結且學術氣氛濃厚的校園。一個學校要有好的教學研究環境，學生才能安心求學，好的老師們才會覺得在學術上有可上進、有成就的機會，而願意留下來，也才能羅致好的老師到成功大學來。

致力人格教育

在一個大學裏，上課是最重要的事情，用功讀書、認眞做習題、實實在在做實驗是同學們最重要的任務。但是同學們接受大學教育，除了把許多課業學好之外，培養健全的人格、恢宏的氣度、良好的生活習慣等許多**人格方面的教育，也是大學教育中非常重要的部分**。在社會上，我們經常可以聽到兩種不同的聲音，一種是說我們的教育非常成功，因爲我們中華民國在缺乏資源、土地面積狹小、市場有限的條件下，還能創造出如此經濟建設的成果，是我們教育的成功。從就業訓練方面來看，以本校爲例，我們的校友不管在國內或國外，在任何一個行業中都有非常具體、踏實的貢獻，所以說我們的教育是成功的。

但是也有另一種相反的聲音說我們的教育失敗了，因爲現在社會上許多不好的現象，如大家都以自我爲中心、凡事都向「錢」看、對於國家的觀念、大團體的關懷都不夠、國民缺乏守法的精神、百姓不見得很理性、不見得很有民主的風度、不見得像以前那麼勤勞儉樸，這許多現象都說明我們教育失敗的地方。所以我們每一位老師、每一位同學都要檢討一下自己是不是有大團體的觀念？是不是關懷社會、國家的前途？是不是經常以自我爲中心、經常以個人利益的觀點來看許多問題？是不是一個勤勞儉樸的國民？够不够資格做爲一個現代化的、有民主風度的國民？在許多生活的小節方面，諸如腳踏車有沒有停在規定的位置、會不會隨手丟垃圾、有沒有遵守交通秩序等等，都是我們老師也好、同學也好，要經常思考的地方。

七十九學年度開學典禮致詞

第八章　穩健的步伐　成長的腳印

——校務報告

校務會議與校務發展

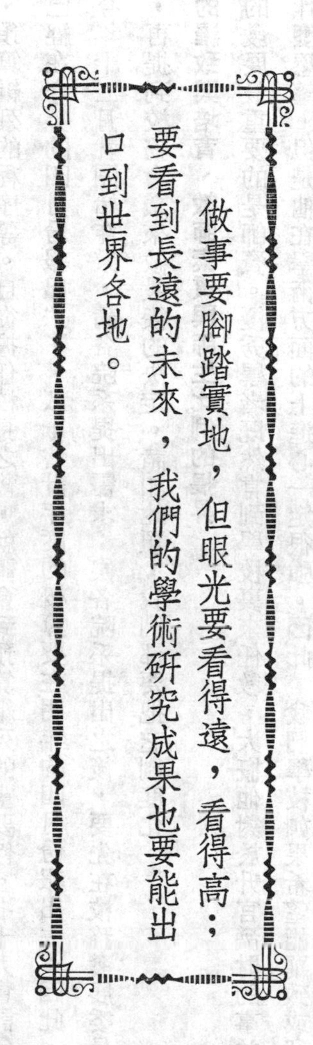

做事要腳踏實地，但眼光要看得遠，看得高；要看到長遠的未來，我們的學術研究成果也要能出口到世界各地。

最近幾年來，本校發展得非常快，各方面都有長足的進步，這是全體師、生、員、工，大家共同努力的成果。今後，國家、社會仍會繼續快速的進步與發展，我們學校也應該同步地進步與發展。我們需要積極推動的工作非常多，仍需全體師生員工共同努力來一一完成，這些工作包括：

一、學校中長程校務發展計畫的修訂

過去我們學校有「五年校務發展計畫」，每年都有修訂，這是非常重要的工作，許多校務的發展都應該以此中長程校務發展計畫爲藍本。今天我們將組織一個校務發展委員會，聘請幾位教授來擔任校務發展計畫修訂起草的委員；經過這些起草委員和起草祕書一段期間的作業，提出草案經校務發展委員會的初審，然後再提到下次校務會議中請諸位代表來審查。

二、各種章則與制度的訂定

學校裏許多重大的決策，希望能在許多具有代表性的同仁的參與之下作成決定。例如：教師升等辦法、預算編列的程序等。自從擔任校長之後，就體會到預算編列的重要性。七十九會計年度的概算已經在今年的四月份報出去了，八十會計年度的概算要在明年的四月份報出去；因此，我們要在今年十二月就開始作業，請各院系提出需求；俟各院系提出之後，要先在校務發展委員會裏初審，再提到校務會議來做最後的決定。諸如此類，我們都要把它制度化。

三、師資的羅致與培育、教師素質與師生比例的提昇

學校的發展最重要的是師資。優秀學者既然肯到學校裏來任教，大概他對於升官發財的事並不見得有什麼慾望，但是他在學術方面的上進心一定很強。因此，我們學校如果希望能羅致或留下非常優秀的青年學者，就必須提供一個很好的教學與研究的環境，以滿足這些優秀學者在學術方面的上進心與成就感，這樣我們才能留下優秀的學者、好的老師。

四、教學與研究環境的改進

所謂教學與研究的環境包括硬體方面如房舍、儀器等設備以及軟體方面如各種鼓勵的制度等。

五、老師課業負擔的合理化

希望每位老師不必擔任太多的課程，但是所擔任的課程都能夠教得很好。

六、課程的規劃

我們的課程也應該不斷地加以規劃，希望同學們把每一門重要的課程都唸得很好。

七、協助解決教職員工「住」與其他生活上的問題。

八、校地的擴充與校區的規劃

增購學校附近的許多校地，對我們學校的發展是非常重要的事情，我們要積極努力去做。校區的妥善規劃，也是非常重要的事情。

九、爭取設立研究所與博士班

目前我們學校還有七個系沒有設立研究所碩士班，我們要盡快地爭取設立研究所和博士班，努力提昇教學與研究的層次。

十、鼓勵科際整合、跨院系的合作

十一、導師制度與學生輔導工作的改進

十二、腳踏實地、看得遠、看得高

學校是一個教育學生、培育人才的地方；以上所提的許多工作，最終的目的都是爲了學生。

這些事情若能做得好，受惠的是學生。要把這些工作做好，必須靠全體教職員工同仁通力合作，一點一滴的去完成。**我們做事要腳踏實地，但眼光要看得遠、看得高，要看到長遠的未來，我們的學術研究成果也要能出口到世界各地。**

我覺得自己是一個「弱」的校長，行政經驗不足，因此校務的推動要靠全體教職員工同仁的通力合作，也需要靠各位行政主管充分發揮其才能。在這一方面，我相信全體同仁一定做得到。

十三、落實校務會議

校務會議是學校的最高決策機構，大學法中對校務會議之審議事項規定如次：

一、校務發展計畫及預算。

二、學院、學系、研究所及附設機構之設立、變更與停辦。

三、教務、訓導及總務上之重要事項。

四、各種重要章則。

五、校長交議事項。

因此，校務會議對校務之推動與發展至爲重要。校務會議如果開得成功，對全校的教學、研究及行政工作的推展都會有很大的益處。

掌握方向及建立制度

為了提昇學校在國際學術界的知名度，加強國際合作，多舉辦國際性的學術會議，鼓勵同仁多把研究成果在國際性的期刊和會議中發表。

落實校務重點工作

今後政府的行政運作將更為制度化，每個學校可以得到多少經費、土地、員額、設備等等都會有一定的制度，而不是靠個人的能力或關係去「爭取」。硬體房舍與設備的取得將是校務工作中較爲簡易的部分。校與校之間大家要比一比的是那一個學校的學生的讀書風氣最好；那一個學校的課程規劃得最好；那一個學校老師的教學最爲認眞負責，學術研究的成果最好。這些也應該就是我們今後校務工作努力的重點。

提昇學術研究水準

這個學年國科會研究獎助金的得獎名單公佈了，本校有六位得到傑出獎，三十二位得到優等獎；全校專任講師以上的同仁有三五·五%得到獎助。這些數字都較爲偏低，今後我們對學術研究要多加鼓勵。但我要特別一提的是，有三個系：環工、水利和造船，得獎的比率最高，幾乎每個人都有；尤其是造船系，還沒有設立研究所就有這樣的成果更爲難得。我們恭喜這三個系；也恭喜數學系的李育嘉和機械系的何清政、材料系的洪敏雄三位教授加入「傑出俱樂部」。

因應大學法 擬定完善的組織規程

在各國立大學中，本校每月收發文的件數最多，遠超過其他各校，由此可見行政單位工作的繁重。在過去一年中的校務工作，除了例行性的工作以外，在教務方面著重於校務發展計畫的擬定、教師評審和升等的制度化、授課鐘點的合理化，以及教學和學術研究的鼓勵與獎勵等等；在訓導方面著重於學生生活與課外活動的輔導、校園內外學生的安全、餐廳與宿舍管理的改進等等；在總務方面著重於校園的整潔、校地的價購與館舍的興建等。各單位都有簡要的口頭報告和詳細的書面報告。

目前大學法的修正案仍在立法院審議的階段，在其定案之後，本校能適時議定一個完善的組織規程是一件非常重要的事。這一件工作需要有充裕的時間和機會讓多數同仁參與和討論，我們不妨一部分一部分地來做。譬如，先檢討院、系主管產生制度和各種委員會的組織規程等等。

持續發展　提昇校譽

今後的校務發展，有許多是需要繼續不斷地推動的工作，諸如：師資水準的提昇、課程的規劃、教學與研究的加強、圖書設備的添購與更新、所系的增設、校地的增購、校園的規劃、館舍的興建、校園的安全與學生生活的照顧等等。各行政單位的工作效率與服務態度要不斷地提昇與改進，也要重視教職員工的各項福利。這些工作是需要全校教職員工生共同努力的，因此，意見的溝通也至為重要。

為了提昇學校在國際學術界的知名度，加强國際合作，多舉辦國際性的學術會議，鼓勵同仁多把研究成果在國際性的期刊和會議中發表，也是應該經常要做的事。

近來，校園外圍攤販、交通、清潔以及商業大樓的興建等等問題最為全校師生員工所關切。對於這些問題，我們會多多努力，以求改善。校內停車的問題日益嚴重，汽機車的管制也需要加強，這些也需要全校師生的合作才能圓滿解決。

七十八學年度第一次校務會議致詞

成大之現在與未來

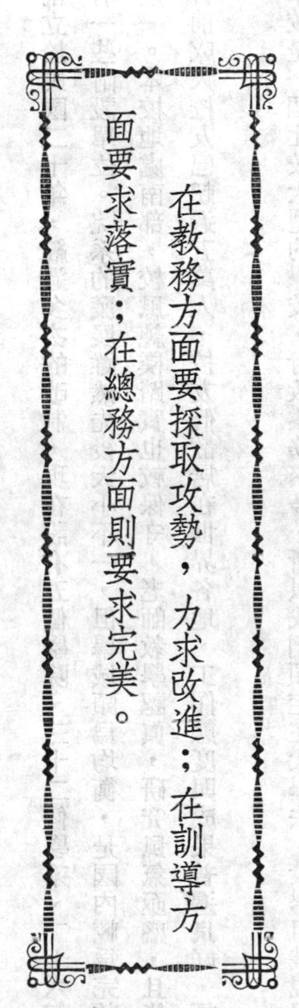

在教務方面要採取攻勢，力求改進；在訓導方面要求落實；在總務方面則要求完美。

前言

八月二十一日，颱風方過，雨勢仍大，教育部毛部長高文、楊次長朝祥、李主任祕書建興、高教司黃司長鎮臺、人事處林處長政弘、張會計長拱星及高教司陳科長德華等一行來校訪問一天。本文是我在座談會中對本校校務概況及發展計畫所做的簡報。當時在座者有各系主任、研究所所長及行政單位之主管同仁。此一簡報之對象爲毛部長及前述各位來賓，目的爲增進他們對本校實況之瞭解及爭取今後對本校若干亟須推動之工作的支持。

成功大學概況

本校創立於民國二十年，經過多次的改制，現在設有五個學院、三十二個學系、二十六個研究所、還有一些附設單位。院系的發展雖然先後大小不一，但學域頗爲均衡，是國內較爲完整的綜合大學之一。本校地處南部，校風純樸踏實也較保守，老師教學認眞，研究風氣亟盛，且能團結合作。目前成大校友已超過五萬人，校友們散居在世界各地，工作態度與成果普遍良好，頗受讚譽。

由於本校是一個比較大型的學校，行政業務繁多，所以我們預定在大學法、大學組織規程定案之後，除了教務、訓導、總務三處之外，成立一個第四處——研究發展處，來推動全校有關研究發展的工作，包括跨系、院、校、國際以及建教方面的合作。而在大學法未定案前，我們想暫時把這一單位定名爲「研究發展委員會」。

本校的專任員工校本部有教、職、員、工同仁將近一千五百位，附設醫院也有一千多位同仁。就全校來看，校本部與附設醫院約各占半數。有關師資方面的問題，我們後面再談。現在我想提一下的是，如果我們把校本部的行政及技術職員、技工、工友與警員的人數對學生人數的比例算一下，成功大學與其他國立大學相比，我們是相當偏低的。希望下次我們要求增加職員員額時，部長能夠多支持。

校務的推動，軟體的建設是看不見的，但比硬體建設更爲重要。硬體的設備，以及人員的編制、經費預算等等，需要教育部和其他政府單位的支援，而軟體的建設則要靠我們自已來努力。在一個大型的學校裏，制度的建立非常重要，讀書與研究的風氣非常重要，團結和諧的氣氛也重要。關於本校未來校務工作的推展，我們列出了一些工作的重點。大致上，**在教務方面要採取攻勢，力求改進；在訓導方面要求落實；在總務方面則要求完美**。這些工作重點是否恰當？大方向是否正確？請部長、諸位長官以及本校的諸位同仁隨時指正。

校務工作重點

一、中長程校務發展計畫的修訂。

二、各種章則制度的制定與修訂。

三、學域的均衡發展。

四、師資的羅致與培育——教師素質與師生比例的提昇。

五、教學與研究環境的改進。

六、課程的規劃與教師課業負擔的合理化。

七、圖書儀器經費的有效運用。

八、跨系、院、校的合作與學術的國際化。

九、教學、研究與服務工作的平衡發展。

十、研究所與博士班的設立。

十一、推廣教育與社會服務。

十二、學生輔導工作與導師制度的落實——品德的陶治、生活的輔導與健康的課外活動。

十三、校地的擴充與校園的規劃。

十四、館舍的興建。

十五、員工福利——住及其他生活問題的照顧。

對教育部建言

談到學校的發展，就成立系所方面，想對教育部作幾項建議：

一、不宜以「校」為單位來分配核定系所數。

由本校在過去四年當中增設系所的情形看來，同仁們都覺得教育部所核定給我們的數目不太够，主要是本校系比較多，需求比較大。而過去教育部在核定系所時，往往是每個學校平均一年給幾個，這樣，比較大型的學校就比較艱苦。譬如成功大學算一個單位，陽明醫學院也算一個單位，那麼成大醫學院與陽明醫學院在成立研究所方面，相形之下就顯得困難許多。所以，以「校」爲單位來分配核定系所數似乎是不太合理。

二、教育部在核定成立博士班時當然要多考量其學術實力與發展計畫。在核定成立大學部學系時，是不是應該多考慮社會的需求？而在核定成立碩士班時，是否應該兩方面都能兼顧地考慮？

三、核定成立研究所時，希望能同時考慮到學校平衡發展的需求。譬如本校希望能夠在文學院多成立一些文學、藝術方面的研究所。其他比較偏向人文社會科學的學校也許會希望能夠成立一些科技方面的研究所。教育部在核定各大學成立研究所時，除了考慮社會需求、學術實力等條件外，也應以「教育」的觀點考量。因爲教育單位爲經濟建設而培養人才固然很重要，但教育部並不是經濟部的人才培訓單位，國科會也不是經濟部的研究發展單位，「教育」本身就是最重要的。

四、希望教育部在核定各校成立博士班時，能與核定成立大學部或碩士班分開來考慮。過去教育部在核定成立系所時，把博士班也計爲一個單位，這對教育部而言，只需增撥一個教授的名額，成本比較低。但對各校而言，由於只能增加一位教授，所以各校爭取設立博士班的意願反而降低了，都傾向於申請碩士班。而博士班的設立，對學校學術層次與學術風氣的提昇又非常重要，如果能另計，應該會合理一點。

要本校未來幾年成立系所的計畫，除了博士班的需求外，每年希望增加的系所只有三、四個單位，要求並不多（八十學年申請的單位比較多，如果有一些沒有被核定的話，我們每年都會在校務會議裏再重新檢討一次），主要是不希望學校膨脹得太快。而且由於空間有限（關於校地的分析、請見後文），本校今後的發展，不宜將大學部的學生人數再作大幅度的增加，而應力求研究所的發展與教學成效及研究品質的提昇。此外，本校目前在人文、藝術、社會及農業方面的學科比較缺乏，所以此類系所的增設也將列爲未來發展的目標。

師生比現存的問題

下面再談到本校學生人數與教師人數的一些問題。

一、學生人數方面

⑴工學院學生的人數比較多，幾乎占全校學生總數的一半。

⑵研究生，尤其是博士班的學生大部分在工學院。

⑶文學院和管理學院夜間部學生的人數比日間部學生的人數還多。

二、學生人數的比例

本校研究生與大學部學生人數的比例，工學院大致尚可，其他文學院、理學院和管理學院則偏低。希望研究所的成立，能將這三個學院研究生對大學部學生人數的比例提高一些。

三、教師人數與師生的比例

(1)醫學院資深的教授、副教授的人數偏低，講師人數則偏高，兼任講師人數也偏高。造成這種現象的原因除了本校醫院剛成立不久外，醫術很好的臨床醫師，平時病患多，沒有時間寫論文，因而影響升等，也是原因之一。

(2)管理學院由學生人數來看是本校第二大學院，但是老師的人數反而是最少的學院。如果我們把日、夜間部學生及研究生的人數除以教授、副教授、講師的人數所得結果，管理學院竟高達四二・〇六，也就是每一位講師以上的老師要負擔四二・〇六位學生。如果夜間部學生與研究生都不算，分母不變，所得的結果也有一九・六〇。總之，不管如何算法，管理學院老師的人數都太少，如果能使此一數字降到一〇或一一才是一個比較健康的比例。

(3)工學院老師人數與學生人數的比例也並不理想。

(4)文學院與理學院師生的比例看起來還可以的樣子。主要並不是老師人數多，而是文學院要支援全校一年級國文、英文、歷史方面的課程，這方面人力的需求相當大。理學院也要支援整個工學院一年級微積分、普通物理、普通化學的基礎課程。如果夜間部學生人數不算的話，文學院與理學院師生的比例還算可以。

(5)如果以每位教授或副教授所負責指導的研究生來看，工學院的每位教授、副教授平均每年收兩個碩士生，每人有一博士生，這個數字似乎還可以；其他各院則偏低；醫學院由於收研究生的態度稍嚴謹，所以是最低的。

(6)全校的師生比例被醫學院拉低一些，但還是普遍偏高。過去學校聘老師有名額的限制，而且每年都有一定的人事經費，如果增聘太多的老師，到時候人事經費不足，薪資發不出來，是一個相當嚴重的問題，所以增聘老師方面就比較保守，使得每年人事經費都够用。也因爲每年都够用，所以下一年想提高人事經費也困難。這是需要加以改善的地方。

如何改進師生的質與量

至於如何改善師資的質與量，我們有幾個預定的做法，希望教育部能多支持。

1. 學生對老師比例偏高的院系，如管理學院各系，要優先增聘師資。

2. 希望新聘老師都具有博士學位，至少以副教授聘請，使講師級教師人數逐年減少。目前本校工學院與理學院幾個比較大的系已朝此方向在進行了。希望其他系所也能跟進。

3. 從今年開始，領有獎學金的研究生，教育部把獎學金金額提高之後，規定他們要擔任助教的工作。我覺得這是教育部改進教學品質的一個重要措施，也是一個很好的措施。如果今後研究生可以分擔助教工作，那麼我們一方面可以用助教的名額及經費來聘請更多副教授以上的師資，另一方面也可以大幅度地提昇大學部的教學品質。這一點特別請各位系主任及所長務必落實。

4.將夜間部的教師員額和人事經費與日間部平等化。這也是教育部目前正在推動的事情。本校夜間部共有十三個系，如果分五年來增列教師員額的話，在五年之內，每個系如果給我們十四個名額，那我們就可以得到一百多個名額。這對有夜間部的院系，尤其是管理學院和文學院，是一個很大的幫助，對本校師資架構的改善亦將是一件非常重要的事情。

5.分五年使教師員額編制與人事經費一致化。過去在我沒當校長之前，常常聽說有很多名額在校長手裏，不拿出來用。其實這名額在那裏呢？在本校七十八學年度的預算書上，教師部分的人事預算與員額的編列，正教授有四百八十三個員額，但這四百八十三個員額當中只有三百五十五個是全薪的預算，其他一百二十八個只以鐘點費來編列。全薪與鐘點費的預算當然相差很多。因爲預算並沒有十足地編列，即使有編制員額，也因爲人事經費不足而不可能多聘老師。這也許是本校當初由省立學校改制成國立學校時所產生的問題。當然我們並不希望一年之內將所有編制員額都改成全薪的預算，因爲如果一年之內多出這麼多名額，我們不但消化不掉，而且也會影響到新聘老師的品質。在質比量更重要的原則下，希望教育部能允許本校以後在編列人事經費時，能夠分五年，甚至更長的期限，逐年地將鐘點費的員額改成全薪預算的員額，這對本校師資的架構是有很大幫助的。

教學工作為先

在一個學校裏，教學工作應該是最重要的任務，尤其是大學部的教學，其次是研究所的教學。雖然教學的工作做得好不好並不能馬上看得到，也沒有指標可以衡量，但卻是最重要的；其次才是學術性的研究工作及建教合作的服務工作。而一個學校研究工作做得如何？可以從研究計畫的數目和金額看出來。本校七十八學年度國科會和建教合作的研究計畫總共有五百五十多件，而本校教授、副教授共有五百零八位，也就是平均每一位教授、副教授大約每年有一個國科會或建教合作的研究計畫。平均大約每位教授、副教授有一百萬元校外的研究經費。另一方面，一個學校裏有多少人獲得國科會的研究獎助金也可以做爲這個學校研究成果的一個指標。本校教授、副教授共有五百零八位，加上講師共有七百一十九位，在這五百零八位或七百一十九位當中，七十八學年度本校共有二百九十三位老師獲得國科會的研究獎助金，其中有三十二位得到優等獎、十二位得到傑出獎。對於這樣的數字，我們並不滿意，還要繼續努力。

校地的應用與需求

接下來，我們來看看成功大學的校地。本校校地，大致上可以分成三類，第一類是本校大部分師生的活動區，包括成功、光復、勝利、自強四個校區以及最近剛得到的一塊「運輸羣」土地，共五十八點九五公頃。大致上，文、理、工、管理四個學院師生的活動大都集中在這些校區裏。第二類是醫學中心的所在地，包括建國、力行和敬業三校區；其中建國校區裏建築物的容積率與建蔽率已經達到法定的最高極限。第三類是本校位於歸仁鄉的航太實驗場，有二十一公頃多。如果把師生實際上活動的校區面積五十八點九五公頃除以文、理、工、管理四個學院日間部的學生人數，那麼平均每位學生的活動面積是六十九點四七平方公尺，相當於二十一坪。這個數字在我們建築系學生做作業時對國內一些國立大學平均每位學生有多少校地活動面積的統計資料裏可以看出它的位置。成功大學的排名在相當後面，臺大比我們好一點。剛剛我們算的是文、理、工、管理四個學院日間部的學生，並沒有把夜間部的學生算進去，如果把夜間部的學生算進去，數字就更小了，只有五〇點五平方公尺。校地方面並沒有把航太實驗場算進去，當然我們在算中興大學時也不會把蕙蓀林場算進去，算臺大時，也沒有把溪頭、杉林溪等林場算進去，所以所得的數字應該是很公平的。一個學生有多少校地活動面積是教育品質的一個指標，所以我們希望大學部的學生人數不要再大幅度的提高。增設研究所和提高教育的品質，才是我們未來努力的方向。同時我們也擬定了一個增購校地的計畫包括：

1.「運輸羣」土地，已經核定了。

2.「臺汽保養場」，也已經核定，土地面積很小，做爲將來醫學中心發展之用地。

3.大型實驗場——本校水利、造船等系需要大型水槽做實驗，這些大型水槽如果設在市區校地內，土地利用非常不經濟；所以我們希望在郊外找到一塊與師生活動無直接關係的廉價地，所需經費七千五百萬元，也已經核定了。

4.「八○四醫院」的所在地，在都市計畫裏是大學用地。未來在臺南市區內唯一還可能得到的就是「八○四醫院」這塊地。但是短期內，我們並不打算編預算來購買，因爲編列了買地的預算，其他經費就會受到影響。然而也不希望市政府下次在改變都市計畫時，把它改變成商業用地，所以雖然不急，但也不能沒有計畫。

營繕工程的實施與計畫

再談到本校今後幾年營繕工程的一些計畫：

1.首先是各系系館的建造，尤其是工學院。目前許多教授們研究工作成長得非常快，教學與研究空間的需求不斷地增加，但是空間的成長卻落後很多。剛剛部長還沒來之前，許多同仁就提到目前很多實驗由於空間嚴重不足，只好在走廊上做了。這並不是誇大之詞，所以系館的建造與教學實驗大樓的興建是非常重要的。

2.總圖書館的興建——本校圖書館約建於三十年前，想當年是國內最大、最好的一個圖書館，但現在空間已顯得小而不敷使用了。尤其今年本校得到一筆額外圖書經費八千九百五十萬元，用這些經費買進來的書籍要放在那裏，是一個大問題。所以我們擬定了一個興建圖書館的計畫書，這份計畫書已經報到教育部了，希望部長多多支持。

3.學生宿舍的興建——目前學生住宿的情形日間部男生約有一半住在學校宿舍裏，女生大約有百分之六十六點六住在學校裏。對夜間部男生不提供宿舍，女生約有五分之一住在學校裏。目前尚無法提供宿舍使全校女同學都住在學校裏。我自己有一個小女兒在北部學校唸書，我對於她能不能住在學校裏相當關心，所以別人的女兒來到我們成功大學讀書而沒有宿舍住，對我來說，實在是一個蠻大的壓力。

4. 運動場的闢建——本校因爲校地擠，所以運動場很缺乏。最近我們寫了一份計畫書向教育部申請專案預算，希望能與臺南市政府合作，在市政府的五號公園預定地籌建一個大型的綜合體育館。這個計畫如果能獲得教育部的支持，對成大來講，不用學校的地而能建造一個大型的體育館，是很划得來的事情；對市政府而言，不用自己的經費而能建造一個提供中、小學生以及市民們活動的綜合體育館，也是很划得來的事情。站在教育部的立場而言，花同樣的錢而能提供更多人來充分利用，對發展全民體育也是一件很好的事情。這個計畫我們已經送到教育部了，希望部長多多支持。

5. 輔建住宅的規劃與興建是爲了解決同仁住的問題，也是很重要的事情。

建議調高每位學生的預算數

談到購買土地、工程營繕等問題，必定牽涉到學校的預算。根據本會計年度行政院的預算書，我把幾個國立大學的預算數目做了一個分析比較。預算金額均不包含建教合作的經費，臺灣大學要把林場及醫院的經費扣掉，成功大學也不包含醫院的非營業循環基金及作業基金。空中商專、附工補校也不算在內，夜間部預算可以一起算，也可以另外算。這樣，如果把全部預算金額除以學生總數，所得的結果，臺大比成大高一些，而成功大學一個學生的預算數目大約只有中山大學的一半。一般而言，經常門的預算，不管學校大小，標準大致上是按照公平計算的方式，所以各校都差不多。主要的差別是在資本門的預算。照理說，大型學校資本門預算的需求比較大，預算數應該比較多才對。但實際上，大型學校的資本門預算並不大，所以像臺大、成大、中興等幾個比較大型的學校平均每位學生的預算都比較小，很顯然大型學校資本門預算是給得比較少了一點。希望教育部今後能按照學校的大小有個適當的比例，適度地調高大型學校平均每位學生的預算數。

成大附設的單位

最後我來介紹一下本校幾個附設的單位：

一、附設夜間部

本校夜間部共十三個系，約有三千二百個學生，專任人員非常少，全部都是日間部的老師兼任。這些老師兼任夜間部的教學工作負擔相當重，而且可能會影響到日間部的教學品質與學術研究。現在教育部正在進行夜間部的改革工作，相信改進計畫實行後，也就是夜間部有了專任的教、職、員、工的名額及正常的預算之後，對教學品質一定會大有改進，對本校的發展將是一件非常重要的事情。

二、附設空中商專

目前空中商專的經費是收支並列的，學生繳的學費有百分之十給教育部，百分之四十給華視製作節目，剩下百分之五十才留在學校裏運用。我們覺得華視做商專教學節目利潤蠻不錯的，如果能將比率改爲教育部百分之十、華視百分之三十、學校百分之六十，對空中商專的教育會有相當大的幫助。未來，教育部的政策是把空中教育一元化，包括空中大學、空中商專、空中行專等都歸納在一個系統裏，這是一個非常正確的方向。

三、附設高級工業職業進修補習學校

我們的附工補校有八百多個學生，有專任的老師、正常的預算，目前辦得蠻好的。但如果因爲學校空間和教室的關係，一直是在夜間上課，將很難有進一步發展的餘地。如果能在臺南市找到一塊地，將附工補校變成日間上課的成大附設高工或省立的成功高等工業學校，一定可以辦成一個品質很不錯的學校，同時將更能配合國家的十二年國民教育的需求。

四、航空太空實驗場

本校航空太空研究所在民國七十二年成立，民國七十四年核定實施五年計畫，民國七十六年核定修正五年計畫，並核准籌建一個實驗場。過去我們航空太空研究所的確享有許多額外的經費補助，第一期五年計畫有十三億，第二期五年計畫有將近九億，兩期五年計畫共有二十二億額外的預算，其中有一半是從教育部來的。現在，相信我們航空太空研究所的四十多位年輕教授們都已成爲相當有經驗的教授了，而且所裏的設備、空間都已充分的利用。我們在歸仁鄉的航空太空實驗場第一期工程也已完成，預期將有空氣動力實驗室、推進燃燒實驗室、導航控制實驗室、結構材料實驗室等等，是一個很寬敞、能夠做許多事情的一個很好的地方。今後許多昂貴的設備要如何有效地運用？如何維護保養？維護保養及汰舊換新的經費如何來？這些問題是要靠自己的力量來盡量解決的。而且我們也要多想想，我們航空太空研究所及實驗場能替國家的航空工業與國家的太空計畫做些什麼事情，才能更有效地發揮其功能。

七十九年八月二十一日為教育部毛高文部長訪視作校務簡報

光大傳統 革新進步

現在已到了追求研究成果在學術上的高持續性價值和實用上的價值的時候。

以發展成世界一流大學為目標

今年是本校創校以來的第六十年，在歡度一甲子校慶的同時，也應該檢討一下本校的歷史、現況和未來的展望。過去的六十年中，我們這個學校在教學與研究的層次、品質和規模方面都不斷地成長。近二十餘年來，由於經濟環境的改善，成長尤其快速。但在這二十餘年中我國的其他各國立大學成長與進步，也都非常快速。在日治時代，我們曾是臺灣最高工程學府；光復初期我們是臺灣的國立臺灣大學、省立師範學院、省立農學院和省立工學院四所高等學府之一；在工程教育方面居於領先的地位。目前，在臺灣地區共有公私立大學校院四十六所，我們是其中發展完善的綜合性大學之一，也是國內最好的學校之一，與世界上各大學比較我們也是一所好學校；但如果和幾個最頂尖的大學相比，我們卻還差著一段距離。**發展本校成爲世界上最好的大學之一是我們努力的目標。**

一貫純樸踏實的校風

在師資方面，本校純樸踏實的校風也反映在老師們的教學態度上。我相信成功大學是一個老師們在教學工作上最認眞負責、在輔導學生的工作上也最熱心的學校。老師們的研究工作成果或實力可以用一些定量的指標來衡量，諸如：國科會所補助的研究計畫數與總金額；國科會的各層次的獎金的得獎人數；建教合作計畫數與總金額；*Science Citation Index* 所採用的期刊中論文的篇數；*Engineering Index* 中所列論文的篇數等等，這些量化的指標拿到國外去時都能顯示我們是一個有實力的學校。尤其工學院的若干教授，追求論文的篇數多、目錄長的時期似乎已成爲過去，**現在已到了追求研究成果在學術上的高持續性價值和實用上的價值的時候。**

不斷充實圖書設備

在圖書設備方面，因爲近年來政府的教、科、文經費較爲充裕，添購了不少儀器設備，使我們的許多研究室與國外的好學校比起來並不遜色。大型和貴重的儀器大都是教授們以專案方式獲得的經費所採購。各系的設備經費，應該是以採購學生實驗與實習的儀器設備爲優先。圖書與期刊的經費近年來也大幅度增加。目前，我們圖書館藏書約有七十四萬册，這個數字與國外的一些規模與我們相近，但歷史較久的好學校相比，他們大都有兩三百萬册的藏書，這一個差距有待繼續努力加以充實。

持續建設硬體設備

近年來我們在添購校地的工作上雖然困難重重，但成果還差強人意，房舍也不斷地在增建，但增建的速度跟不上學校其他方面的發展；尤其是研究所的規模和研究生招生人數近年來成長得非常快，對空間的需求也至爲迫切。因此，有計畫地增建館舍，包括學生宿舍和改建圖書總館，也是今後幾年中應該積極推動的重要事項。

提昇教職員素質

自本（八十）學年度開始，教育部授權十所大學校院自行審查教師的進用和升等，本校是其中之一。老師的素質是教育成敗的最重要關鍵，因此，我們的教師進用和升等的評審工作必須做得公正嚴謹。教育部爲了齊一大學日間部與夜間部的教育品質，同時自本學年開始分四年撥給夜間部所需的員額，本校約可增加兩百個員額，占全校總員額中一個很大的比例。但未來的幾年中，我們對這些新進同仁的羅致，做得是否公開、公正、嚴謹，實關係著我們學校發展的前途——成爲世界上最好的學校之一或淪爲一個較差的學校；因此，對這項工作，全校的每一層次都必須認眞、審愼地處理。爲了推動提高大學校院學生入學名額但畢業從嚴的政策，從本學年開始，教育部對於學生因爲成績不及格而退學（包括僑生）的規定改得較爲嚴格。這些制度上的改變有助於教學品質的提昇，但對目前在校唸第六年、第七年的僑生同學們也造成不小的衝擊。

校務行政不斷地革新

在校務行政方面，我們要求各行政單位：要不斷地求革新、要電腦化、要改善服務的態度；各單位也的確是盡心盡力在做，但我們總覺得推動得不够快。行政上的改進與革新是一項永無止境的工作，成功大學進步的速度不可以比別的學校慢。

我們學校的規模愈來愈大，一切校務的運作都應制度化；要把各種規章定得很完善，然後按照規章行事。校務的發展，例如所、系的增設、房舍的擴建等等都應按照既定的校務發展計畫進行。因此，我們需要一個具有前瞻性而確實可行的校務發展計畫；並且每年依據實際需要，予以檢討修訂。由於這是一件非常重要的工作，今年已請翁教務長和研發會翁執行長積極推動。在修訂的過程中，希望全校同仁能熱心參與提供意見。學校的預算要根據所議定的校務發展計畫編列；教育部也會先核定各校的校務發展計畫，再據以核定預算。

推動各學域均衡發展

在六年國家建設計畫中教育也是其中一個重要的部分。在高等教育量的方面，預計在西元兩千年時，能夠把大學在學學生人數占人口總數的百分比，由現在的一‧三提升到一‧八；把研究生對大學部學生的比例提高到一比四（本校目前已達到此一標準）。在政策上也會重視地區的均衡、學域的均衡以及教育資源的合理分配。劃分北、中、南、東四個「學校網路」，其中各有一所綜合性大學。本校已確定為南區網路中的綜合性大學。因此，今後的幾年，正是本校進一步提昇教學研究品質，推動各學域均衡發展的大好時機。

八十學年度第一次校務會議致詞

成長與茁壯

今後的二、三十年可能是成功大學由成長期邁向定型期的一個關鍵性時段。

前言

教育部為了深入瞭解各大學校務運作和校務發展計畫的實況，組團赴各校訪視。此一訪視團於五月四日蒞臨本校，其成員為：召集人元智工學院王院長國明，東海大學梅校長可望，高雄醫學院謝教授獻臣，大葉工學院劉院長水深，東吳大學蔡教務長仲平，中原大學周教授逸衡，清華大學李教務長家同，交通大學鄧教務長啟福，中山大學黃教務長俊英，中央大學張教務長進福，海洋大學吳教務長清熊，中正大學鄭教務長國順，教育部顧問室魏主任哲和，高等教育司劉司長維琪，陳科長德華，張視察國保，會計處林科長麗珊，和行政院研考會的張允玲女士。

訪視的過程是以與本校各有關行政主管的座談爲主。在座談之前我作了一個整體性的簡報，其目的是希望訪視委員們能瞭解本校校務運作和發展計畫的實況以及我們長程的目標和當前的困難與需求。爭取外界支持的最佳手段是講老實話：要把我們的實力顯示出來，也不必掩飾較弱的一面。獲得外界支持的一項很重要的本錢是讓他們體會到我們是一個和諧團結的學校，有許許多多的同仁們在爲校務的發展奉獻心力。在這次中程校務發展計畫的擬定過程中，以及這次訪視資料的準備工作中充分地證實了這一點。我謹向這些同仁們致最高的謝意與敬意。

艱苦成長　卓然有成

本校創立於民國二十年，經過多次的擴充與改制，才逐步發展成現在綜合性大學的規模。當初日本人創辦本校的時候，原本是希望辦一個高品質的高等工業學校；臺灣光復之初也只計畫辦一個高品質的工學院；都沒有擴充成綜合大學的計畫。過去，因爲我們是一個省立的學校，在資源方面，往往比其他一開始就是國立的大學來得艱苦，本校可以說是一個在艱苦中逐步成長的學校。

本校過去所培養的畢業生，包括博士班、碩士班及大學日夜間部學生，已經有六萬多人，爲社會培育了不少的人才，對國家的各項建設貢獻良多。近幾年，本校的研究所成長得相當快，這是經濟快速發展、人才需求殷切的社會中的一個很自然的現象。

從校區分佈圖來看，本校可以說是一個位於臺南市區的都市型學校，被臺南市的道路分割成幾個校區。近年來，由於學校的快速發展，各院、系、所空間需求的壓力增加得非常快，硬體的建設似乎永遠跟不上各系所軟體的發展。最近幾年由於校地陸續擴充，購地經費的負擔難免對硬體的發展產生了一些影響。又由於校地是分期逐步取得的，在校園整體的規劃上比較困難，目前正積極加強調整改善。如何一方面增加硬體房舍的建設以滿足空間的需求，同時又能夠維持校園的景觀以保障師生生活的品質，是一件需要花很多腦筋、精心來規劃的事情。

本校目前有文、理、工、管理、醫五個學院；自八十一學年度起將設有三十二個系，三十二個研究所，其中十六個所設有博士班，夜間部有十三個系。由於本校當初是以工科爲基礎逐漸發展而成的，所以目前科技方面的系所的比重大於人文社會方面的系所。但是我們絕對不是一個只重視理工，不重視人文的學校。對於人文、社會科學方面的發展，我們也非常重視。除了各院、系、所以外，我們還有一個規模相當大，擁有八百張病床的附設醫院，另外還附設有空中商專和附工補校。將來空中商專在教育部的空中教育一元化的原則下，預期將會歸併到空中大學去。不過，不論將來空中商專是隸屬於空中大學或成功大學，只要是在我們校園裏，成功大學對她的支援應該是一樣的。附工補校方面，教育部已決定設立一所國立實驗高職，目前還在籌備階段，將來的附工補校就附設在此一國立實驗高職中來運作。

校務行政運作

在校務的行政運作方面，除了各處室之外，我們組織了各種委員會，定期或不定期召開會議來議定各方面的校務問題。譬如：

1. 校務會議——校務會議是根據大學法設置的學校最高的權力機關。每學年大約召開三至四次。今年因爲教育部在成立系所及校務發展計畫的政策上有一些改變，所以召開的次數比較頻繁，預定要召開五次。

2. 主管會報——本校的主管會報有二種，一種是由全校各一級主管組成的較大型的會報，另一種只包括校長、主任祕書、教務長、訓導長、總務長、研究發展委員會執行長、會計主任、人事主任的行政業務座談會。兩者隔週交替舉行。

3. 校務發展委員會——校務發展委員會的成員除了校長、教務長、訓導長、總務長、研究發展委員會執行長及各院院長爲當然委員之外，還有經由校務會議選舉產生的委員共同組成。校務會議的提案要先提到校務發展委員會，經各委員的充分討論、溝通，再送交校務會議決議。可以說是校務會議的常務委員會。

4.教師評審委員會——本校是由教務長擔任召集人，並主持會議，審議全校教師之聘任、升等及其他教師評審的重要事項。

5.經費稽核委員會——是根據大學法設置的委員會，用來稽核學校經費收支運用的情形。一個月召開一次。除了稽核經費的運用之外，有些經費的運用原則也交給委員們來討論與決定。

6.研究發展委員會——相當於本校的第四處，設一位執行長，綜理有關本校研究發展方面的業務，是教務長、訓導長、總務長之外的第四長。委員會下面設三組，即企劃組，專題計畫與建教合作計畫組及學術合作組，負責學校研究發展方面的許多工作。

未來發展方向與目標

本校未來的發展方向與目標大致可從下列幾個要點來說明：把成功大學規劃為一所人文與科技均衡發展的綜合性大學，為社會培育兼具人文與科技素養且品德高尚的專業人才。現階段為了配合教育部的政策，也扮演南部高等教育學術網路中心的角色。

本校工學院的系所佔全校比較大的比重，這當然是本校一個很重要的特色；但是我們絕對不只是一個工科的大學，我們希望把成功大學發展成一所高學術水準的綜合性大學。

國外有許多擁有九十年、百餘年歷史，發展已經成熟、定型的知名大學。成功大學目前有六十一年的歷史，**所以今後的二、三十年可能是我們從成長期邁向定型期的一個關鍵性時段**。在往後二、三十年時間裏，校務的運作和校務發展的計畫的是否得當將是影響本校未來是否能發展成爲一個世界上的一流大學的重要關鍵。

系、所、班的增設計畫

教育部規定，博士班除外，每個學校每年至多只能申請五個新增系所單位。這個規定對於系所多、規模大的學校就比較吃虧。譬如以陽明醫學院和本校醫學院來作比較，陽明醫學院是一個學校，每年可申請成立五個系所新單位，而成功大學的醫學院每年如果能從成功大學申請的五個單位中分到一個或兩個，就已經相當多了。這是本校感覺壓力蠻大的地方。

本校近三年，由於校地空間有限，對於大學部增系、增班的申請是採取比較保守的態度。希望今後在人文、社會科學和藝術方面能多增加一些新的研究所，使學術的生態能得到一個更好的平衡。八十一學年度申請增設的系所已經教育部報行政院核定通過了。八十二學年度新增系所正在申請中，包括藝術研究所、政治經濟研究所。尤其政治經濟研究所可以說是社會科學領域裏一個新的學術方向，希望各位委員多多支持。八十三學年以後，本校希望在影劇、法律、經濟等人文社會領域以及熱帶農業方面能夠有所發展。

人力成長的規劃

㈠現有學生、教師、職技、工、警人數：

本校現有學生人數包括博士生、碩士生、大學日夜間部學生共有一萬三千五百六十一人，講師以上專任教師有八百三十七人，職技、工、警有五百九十九人。目前各校普遍存在的一個現象就是職技人力的不足。譬如本校被臺南市的馬路分割成幾個校區，因此有很多校門；而全校只有二十八位警衛同仁分成三班來輪守這些校門，很顯然人力是相當缺乏的。在發展計畫裏，我們是希望每年能增加二十位職技員警，以紓解人力的不足。

㈡學生人數的上限與理想比例：

前面提過，本校是一個位於臺南市區的學校，校地相當有限。目前除了以前陸軍第四總醫院所在的五公頃多的土地是我們預期將來能買到而還沒有買到的土地之外，所有能發展的市區的校地，大概就是目前所擁有的七十二公頃多的面積；如果加上將來會買到的那塊地，全部校地就是七十八公頃。在有限的校地上，不可能無限量地增加學生的人數，因此我們規劃全校學生以二萬人爲上限。在一個綜合大學裏，大學部學生的培育是各項教育工作中的一個非常重要的環節。長程計畫裏，將來本校大學生與研究生人數的比例是希望以三比一爲原則，也就是將來研究生人數發展成五千人，大學部學生一萬五千人。目前本校大學生對研究生的比例是六・一四比一，中程計畫裏希望能達到四•六二比一，並逐漸接近長程計畫的理想比例。

㈢師生比例與師資規劃：

目前本校專任講師以上的教師人數與包括夜間部的全校學生人數的比例是一比十六•二〇，若不包括夜間部的學生則是一比十二•三八。在這樣的師生比例之下，老師們的教學負荷偏高。我們希望在自然增班的情況之下，每年增加學生三百人，教師七十五人。這七十五名教師是包括教育部撥給本校的夜間部的名額，所以數字並不是很大。同時，我們希望盡量用研究生來分擔助教的工作，而把大部分助教的名額和人事經費以及每年增加的七十五名教師的員額都用來聘請教授和副教授級的老師。我們希望將來本校師生的比例（包括夜間部的學生）中程的目標能發展成一比十三，長程的目標希望能達到一比十，以減輕教師的負荷，提高教學品質。

教學與輔導的工作

㈠目標：建立優良學習環境以達成通才教育。

如果有人問我，校務中那一部分比較重要，做起來比較困難？我覺得向教育部或國科會等政府單位多爭取一些經費來添購儀器設備，可能是校務當中比較容易做到的事情。爭取經費來購買校地、建築房舍是不容易，但也不是那麼困難。校務中最重要、也最困難的工作，是怎麼樣讓學生們都能很認眞地學習，怎麼樣讓老師們都很認眞地教學、很專心地做研究。而在學校行政方面的一個很重要的責任就是怎麼樣能夠提供全校師生們認眞學習、認眞教學、認眞做研究的一個很好的校園環境。

㈡工作重點：

1.師資：前面提過，今後四年中我們預定每年增聘七十五位老師。如果這些新進老師的品質都非常好的話，本校要發展成爲一個世界上的高水準的學府的目標就有希望可以達成。否則我們學校的發展遠景就比較不樂觀。

2.課程的規劃方面，我們希望各系在訂定必修課程的學分或畢業總學分時，不要訂得太高，都能夠很愼重地規劃；每位老師不要開太多的課，但都能很認眞、很實在地教好每一門課。共同必修課程的修訂與改進工作，本校也做得相當不錯。譬如大一國文的教學，本校不再是每個班級都用同樣的教材，而是就中文系老師的專長開授不同的課程，由同學依自己的興趣來選課。這樣一方面可提高同學們上課的興趣，增加學習意願，同時，也有助於老師們在學術上的成長。又譬如國父思想課程的教學，也是依老師們的專長分組，一學年分成四個階段分別由不同的老師來授課，也就是每個班在一學年裏會由四位不同專長的老師來授課。這種改進在國內學校來講，可算是比較領先的做法。另外，軍訓課程也改進得相當好。通識教育課程方面，目前由教務處委託各單位開設的有二十一門課，各系承認的通識課程也相當多。

3.教學內容與方法：我們要求每門課程的開課老師都能很認眞地規劃課程的大綱，並且能夠召開教學研討會，交換心得。大一的共同必修課程如微積分、普通化學、普通物理盡量採取大班上課的方式；也就是由三、四位老師共同講授一門課，每位老師負責其中一部分的時間。這樣，課程內容的規劃應該會比較好，效果相信也會比較好。教學評估的工作交給教務處來做，同時各系也在做評估，不過每個系評估的方式不盡相同。資料都陳列在前面，請諸位委員參考。

4.每年舉辦基礎學科競試、論文創作比賽、鳳凰樹文學獎等活動。

5.圖書儀器方面：學校的圖書儀器設備除了控留一筆相當數額的保留款之外，大部分都分配到各系所。這筆保留款是交由圖書儀器規劃小組負責支配，用來重點支援各系所共同使用的大型儀器，或是得到國科會的補助，需要學校配合款的一些儀器設備。這些年來，圖書儀器規劃小組運作的成效相當好。

6.導師制度：本校各系的導師制度不盡相同，有些系是一個班裏面視學生人數而設一位或兩位導師，有些系是每位導師各帶一、二、三、四年級四或五個學生，也有包括碩士生和博士生而自成一個感情濃厚的「師生家班」。平均大約每位老師負責二十個學生。

7.輔導措施：包括社團活動、日常生活、心理輔導以及就業介紹等等。本校有服務性、康樂性、學術性等不同性質的學生社團共一百四十四個，運作相當活躍。校內餐廳有膳食委員會來督導。每一學生宿舍設有學生自治管理委員會。同時，我們也非常重視學生的安全。過去在每學年的開學之初，常常有學生發生交通事故而受重傷，甚至死亡；自從前年我們印了一份宣傳交通安全的資料於註册時發給同學後，開學後的一、二個月內，學生交通事故就很顯著地減少了。不知道兩者之間是不是眞的有關連。無論如何，我們都會繼續宣導同學們注意安全。另外，我們還有一個五〇三三三的分機，隨時有人專門負責轉達全校師生的緊急事故，即使在夜裏，也有値夜教官來負責接聽轉達。心理輔導方面，我們有一個心理輔導室，聘請醫學院的精神科醫師來兼任輔導室主任，是本校特色之一。同時也聘請了一些醫師和老師擔任顧問來輔導同學們各方面心理壓力的問題。本校也設有畢業生就業輔導室，可以說是免費的職業介紹中心。

8.藝文活動：本校文學院最近剛啟用的鳳凰樹劇場與藝廊以及醫學院的成杏廳，經常演出一些高品質的文藝性活動。

9.體育風氣與活動：本校各項體育活動經常組成代表隊參加大專體育總會主辦的各種比賽，所得成績相當不錯。

研究與服務

在大學裏，怎麼樣使教學、研究與服務工作取得適度的平衡，是一件非常重要的事。

由近三年本校執行國科會研究計畫的件數與研究金額、教師發表論文被 *Engineering Index* 引用的篇數統計，執行建教合作專題計畫的件數與金額的統計，和八十學年度國科會研究獎助各系所獲獎人數統計數字中可以看出工學院的得獎率比較高，醫學院次之。醫學院因爲把臨床教師也算在內，所以數字拉低了；如果只算基礎醫學的老師的話，得獎率就高多了。整體來看，全校講師以上的老師獲獎比率是百分之五十五。

過去，國內的學術界非常重視在國內外知名學術期刊上發表論文的篇數。最近，我與幾位大學校長談到了一個話題，就是一個學術單位或個人，當其著作的篇數已經達到了足夠的水準，在世界的學術界中已經有了相當高的聲望以後，其作品的品質應該變得比數量更爲重要。與其在三年之內發表三十篇普普通通的論文，不如只發表一篇非常有創見，在學術上或實用上有持續價值的作品。

㈡未來工作的重點：

1. 鼓勵各系開授論文、專題研究及製作等課程，以培養學生的研究能力及實作的精神。
2. 擴大舉辦學術演講及研討會。
3. 增加研究空間、改善研究環境。
4. 增設支援研究的單位及設施（如儀器設備中心等）。
5. 整合研究空間、鼓勵羣體研究。目前本校各院之間在研究上的合作已經做得相當好。譬如上個月本校剛舉辦過的「甲骨文研討會」，把資訊研究所的影像處理技術應用在文學院的甲骨文研究上，就是一個很好的學術合作的例子。
6. 加強人文、社會及管理方面的教學與研究。

7. 推行研究成效評估制度。

8. 加強國際學術交流合作。

本校在學術研究方面，不同的院、不同的系，發展的階段可能不太一樣。有些系，教授們的研究能力很強，發表的論文篇數已經達到很高的水準。這時候，我就會希望這些教授能夠調整一下努力的目標，就是寧願減少一些所發表的論文的篇數，而創作一些具有高學術品質的精心研究的作品。有些系做的研究如果太偏重理論性，我就會希望他們調整得實用一點。有些系做的研究如果太偏重實用性，我就希望他們能夠多做一些比較具有學術性的工作。我比較鼓勵全校的老師以及研究生能夠多選做一些學術層次比較高、比較難做的研究工作，這樣對學校和個人的學術水準的提昇較有幫助。如果總是選一些遊刃有餘的工作來做，做起來雖然很輕鬆，對社會也有貢獻，但是時間久了，恐怕就會產生使個人及學校的學術地位難以提昇的作用。

㈢社會服務

本校的社會服務工作做得相當多。包括建教合作、進修補習教育以及一些語文訓練、電腦研習之類的推廣教育。我們的附設醫院對於社會服務工作當然也做得很多。

提高行政效率

㈠建立多重溝通管道。校內各種溝通管道是否暢通對行政效率的提高相當重要。我們目前有導師談話、系主任與學生座談、校長與學生午餐座談、校長與教師座談、師生意見服務專線、行政業務座談等等。

㈡推行行政業務合理化。

㈢推行行政業務電腦化。

㈣除了教務處的教務會議、訓導處的訓導會報、訓育委員會之外，又加開了總務會議，以增進各項總務行政業務的溝通。

㈤爭取增加職技人員的編制：在學校的快速發展之下，各項行政業務量也膨脹得相當快。我們希望每年能增加二十個職技員額，以減輕行政人員的壓力，提高服務的品質。

校地、建築及校園環境的檢討與規劃

目前本校教學與研究的空間非常不足，尤其工學院已呈現相當擁擠的現象。此外，我們也需要興建一座大型的圖書館，學生宿舍的容納量也還沒達到規劃的目標，體育設施也相當不足。在本校中程校務發展計畫裏，教學與研究空間的擴充、學生宿舍的興建、停車場的規劃、運動設施的增建及校園的安全、校園污染的防治工作等等，都是我們急需要著手進行的要項。為了紓解校園環境的擁擠現象，本校擬定了一個購買校地的計畫，希望在八十四會計年度能付清「運輸羣」校地的欠款，在八十六會計年度完成安南區七十五公頃校地的購置，在八十四會計年度開始編列購置原陸軍八〇四醫院用地的預算，以及各院系教學研究大樓與圖書館、學生宿舍等的興建計畫。我們希望將來校園裏能容納二萬個學生，並且能平均分佈在不同的校區裏。每個學生所占的建築面積能够達到二十平方公尺。領域相近的系所能盡量規劃在同一校區內。圖書館希望規劃為一個大型的總館，將來就不再另設分館，而在每個校區都設置學生自修室。體育設施應該要分散到各校區。學生宿舍也希望不要太集中，最好能分散到各校區，我們希望將來學生宿舍的容納量能够達到全校學生人數的一半。將來興建的建築物希望能盡量蓋高樓以節省校地。在每棟大樓的地下室都能規劃停車場，以解決校園內停車的問題。校園內一些具有歷史意義的古老建築物，仍然希望能保存下來。

本校校務發展計畫釐訂的過程大致上分為四個階段。第一階段先由專案工作小組召開多次的教師座談及意見調查以凝聚共識，並收集各院、系、所的基本資料與計畫，整理成一初步草案，交由校務發展委員會初步討論、修訂。然後進行第二階段各單位的分層規劃，各單位規劃出來的計畫草案再交由校務發展委員會進行第三階段的研擬與修訂，最後經由校務會議討論、修訂後定案。

本校概算的編列過程大致上與校務發展計畫的擬定過程相似。先由各院、系、附屬單位、行政單位提出需求，這些需求資料經由總務處及研究發展委員會的分析、研判及初步討論之後，由研究發展委員會整理成一初步草案，然後送交校務發展委員會討論、修訂，最後經校務會議議定而成全校的概算。八十一會計年度，本校經核定的預算是四十四億；八十二會計年度，本校提出之概算，經教育部審查、核定給我們的預算（包含附設醫院部分）是六十二億，再經行政院核定、立法院通過的只有四十六億，比八十一會計年度的四十四億成長不到百分之五，成長的速度相當緩慢。八十三會計年度的概算，我們在校務發展計畫中是編列了五十九點八億，與八十二會計年度的四十六億相比成長了百分之二十九點六，這五十九點八億的概算是一個相當保守的數字，因爲它比八十二會計年度教育部核定給我們的六十二億還少。由於八十二會計年度與八十一會計年度之間成長太慢了，我們希望八十三會計年度能成長得多一點。八十四會計年度的概算編列了六十五點五億，成長百分之九點六五；八十五會計年度編列了七十二點三億，大約成長百分之十。這是本校在校務發展計畫中，概算編列的情形。

上述本校年度概算的額度，包括標準編列（非計畫型）經費與計畫型經費，即是根據本校校務發展的原則與目標，諸如系、所、班的增設；教師、職技員工等人力的成長；教學與輔導的工作；研究與社會服務；土地、建築及其他設備以及行政效率的提高等等項目，以具體數據指標做爲擬訂計畫的依據，並實際檢討各計畫的可行性來排定優先次序，再合理預估每年概算的總額度。在扣除標準編列的經費後的餘額中，依各計畫的優先次序來決定計畫項目。擬定後的這許多校務發展計畫項目，一方面需要教育部、行政院及其他政府單位的支持，我們當盡力爭取，以獲得這些支援；另一方面則需要本校各單位來努力推行實踐。因此，我們也規劃了一個行政計畫執行的分工表來負責這許多計畫項目的承辦、諮商與審議的工作，並責成相關單位來負責計畫執行進度的規劃、經費動支的管制、執行情形的檢討與執行成果的檢討等許多追蹤與考核的工作。

最後，我再將以上的報告做個簡單的結語。

一、師資方面：本校師資在量的方面，還有一些成長的空間；在質的方面，往後新進教師的品質關係本校將來發展至鉅，所以對於新進老師品質的要求是校務發展工作中非常重要的一點。

二、課程方面：每一系課程的規劃以及學校關於課程方面的制度的建立都是非常重要的。

三、輔導方面：怎麼樣讓學生在學校裏受到很好的「教育」，學習到為人處世的道理是學校輔導工作的重點。

四、研究與服務方面：大學裏，教學、研究與服務的工作都同樣重要，如何取得適度的平衡是一件非常重要的事情。怎麼樣讓我們的老師們多選做一些高學術層次的研究，少做一些重複性容易做的工作，是研究工作方面比較重要的一點。

五、行政效率的提高：我們都知道，學校裏要增加職技人員不是件容易的事，因為增加職員不容易而人力又不夠用，所以提高工作效率與電腦化就更為重要了。

六、學校規模與硬體建設的規劃、教學品質與學術層次的提昇都是學校的重點工作。

七、長程計畫的擬定：前面提過，今後的二、三十年，可能是本校從成長期到發展定型的關鍵性時段，關係到本校今後將發展成一個什麼樣的學校。因此，長程校務發展計畫的擬訂工作就變得非常重要。又由於本校是一個位於臺南市區的都市型學校，土地面積相當有限。雖然我們計畫增購新的校地，但因爲新校地位於臺南郊區，比較偏遠，恐怕將來只能把大型的研究單位或大型的實驗場所遷移到新校區，各系所仍然要留在市區的校區裏，所以發展的空間非常有限。由於發展的空間很有限，所以校務發展計畫裏的各項擴充計畫，都要經過很愼重、精心的規劃過程，才能做最後的決定。希望教育部及諸位委員對於本校的校務發展計畫多多支持。

八十一年五月四日對教育部訪視團之簡報

擬定整體計畫 因應未來需要

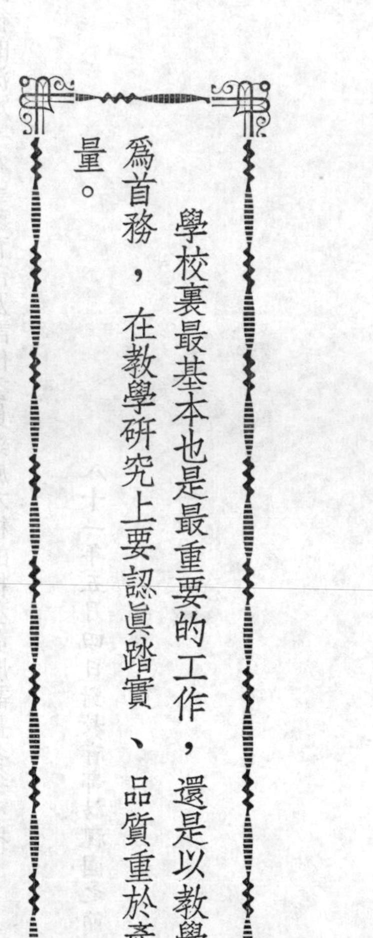
學校裏最基本也是最重要的工作，還是以教學爲首務，在教學研究上要認眞踏實、品質重於產量。

全校整體計畫

校務工作的推動，很重要的一點是要有全校的整體的計畫。過去這一年裏，我們花了很多時間、很多功夫修訂本校的中程校務發展計畫，今後我們還要繼續不斷地做修訂的工作。本來學校應該先擬訂出一個長程的校務發展計畫，根據長程發展計畫的原則再擬訂中程的發展計畫，再擬訂短程的發展計畫。但是因爲時間的關係，我們先擬訂的是中程發展計畫。現在我們也要開始進行本校長程發展計畫的擬訂工作。由於我們的中程校務發展計畫的內容擬訂得蠻實在的，我們將它報到教育部之後，教育部曾組成了一個訪視團來訪視我們這個計畫的內容；結果對我們的計畫可以說是相當滿意，因此對我們概算的核定也令我們相當滿意。

因應大學法擬定組織章程

新的大學法定案以後，學校應該重新訂出一個國立成功大學的組織規程。在過去一、二年當中，翁教務長已經花了很多時間跟大家討論，對本校組織規程的草擬工作可以說已經有些基礎了；不過還是需要大家進一步的溝通，在這個組織規程裏也要包括學術主管產生的辦法。本來院長、系主任的產生，學校應該先訂出一個母法，各院系再根據學校的母法訂定他們的子法；但是直到目前，學校並沒有訂出一個學術主管產生的辦法，而各院、各系現在大多已有一個自己的辦法。所以擬定一個同時尊重院系教授以及校長和院長的意見的學術主管產生的母法，是我們在擬定本校組織規程時的一個重要的部分。

關於系所的增設方面，因爲我們在擬訂校務發展計畫時，各系、各單位都相當認眞，做得比較確實，各系申請研究所的計畫也都做得很詳實，所以這個學年度以及下個學年度本校被核定或初步被核定增設的系所，可以說是令我們相當滿意。今年，尤其是明年，看起來好像是一個大的豐收年的樣子。

校園的規劃

校園的規劃，包括未來可能買到的新校地的規劃工作，也是校務發展計畫中非常重要的一部分，這一部分總務處正積極地在推動進行中。

本校今年度的概算情形，諸位可以在會計室的書面報告資料中很清楚地看出來。下個年度（八十三會計年度）的概算，教育部初步核定的額度，校本部（不包括附設醫院）大約有四十六億，比去年增加十七·六個百分點，我們覺得還算相當滿意。對於本校的預算經費的分配，過去我們對圖書儀器設備經費的分配是組成一個圖書儀器規劃小組有計畫地來運用。從這個學年開始，各系所的行政經費的運用，我們也準備採取比較制度化的作法，就是先把經費分配到各院，然後再分配到各系所。

現存的難題

目前我們在校務的運作上感到比較困難的地方包括：

㈠教學研究空間的不足：我常常跟學校的同仁說，我現在最怕的是一位教授或系主任因為教學或研究工作的需要來向我要求增加空間。因爲目前我們各系、各所都普遍地感到空間的不足，而建築工程又進行得很慢，緩不濟急；同時，我們在編概算的時候，建築經費的爭取確實是比較困難的部分。

㈡行政人力的不足：另外一個校務運作上比較困難的地方是，我們的行政職員的人數相當不夠，但是我們的上級機關或是社會民衆總是認爲學校裏冗員很多、行政效率不高等等；因此，如果我們想增加一些行政職員的員額，恐怕很難爭取得到。

極力爭取新校地

爲了解決空間的困難，目前我們學校購買校地的工作進行得還算差強人意。安南區新校地的問題，如果內政部營建署在十一月初開會通過可以個案變更，我們就可以著手與製鹽總廠談何時交地、如何付款等問題。另外我們已經購買到的臺汽保養場的那塊校地，由於臺汽公司尙未解決新場址的若干問題，所以一直沒辦法完成遷場的工作，連帶也影響了本校在那塊校地上的規劃與使用。目前總務處正積極地在想辦法幫他們解決遷場的問題。

行政電腦化

前面提到，由於行政人力的不足，爭取增加員額又很困難，所以提高行政效率就變得相當重要。諸如公文流程的簡化與合理化、行政業務的電腦化、行政單位同仁的服務態度等等，都必須不斷地檢討與改進。

落實經費收支審查

另外，我想特別提醒諸位系主任、所長注意的是，系所裏的經費收支不能草率馬虎。最近這十幾天，審計部派員到學校來查帳。聽同仁們說，今年審計部查得比較嚴謹，各種帳目都清查得很仔細。很多過去認爲可以做的事情，如果不是於法有據的話，現在恐怕不能馬虎地做了。

以教學為首務

學校裏最基本也最重要的工作還是以教學爲首務。這一點是需要請諸位老師、諸位主任、所長、院長多多費心與幫忙的；尤其是大學部課程、實驗、實習等教學品質的提高爲最重要。我常有機會到國外去參觀訪問，發現國外的許多學校對大學部的教學都非常認眞、非常實在。這一點，往往在我們的教授們研究越做越多、研究計畫越接越大的時候，難免令當校長的心裏擔心的是我們有沒有忽略了大學部課程的教學工作。以我們的教授們學術研究的產量來講，有許多資料顯示，本校在很多排名方面都排在很前頭，這表示我們的研究工作做得非常好。但是在這個時候，**我們也許要喊一個品質重於產量的口號**，要思考一下，**我們的研究成果到底學術價値有多**

高？到底有多少持續性的價值？有多少應用的價值？我想，本校應該是到了提高研究品質的時候了。

以同學的安全為慮

最近這兩天，我們一年級的新同學陸陸續續從各地到臺南來報到與註册。每年在第一個與他們講話的場合裏，我都會不厭其煩地一再叮嚀同學們一定要注意自己的安全，尤其是交通安全。今年我還是一樣要向他們囉嗦一下，同時也要請訓導長、諸位院長、系主任、導師有機會跟同學們講話的時候，再重複地叮嚀一下。如果這樣能使我們的同學在今後的一年當中少發生一二件車禍，我覺得我們花這麼多時間重複地叮嚀與囉嗦是值得的。

八十一學年度第一次校務會議致詞

欣欣向榮——成大之現況與展望

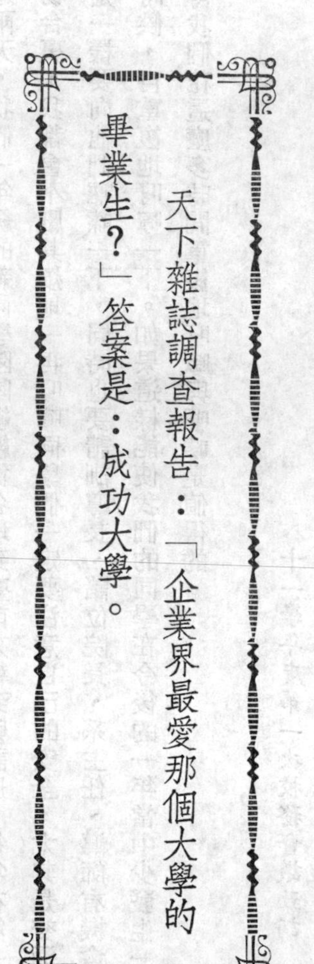
天下雜誌調查報告：「企業界最愛那個大學的畢業生？」答案是：成功大學。

心手相連　共成其大

這次應邀參加北美洲成功大學校友聯合會成立盛會，倍感榮幸，謹代表在校的全體師生員工敬致最高的賀意。國立成功大學的校友目前已超過六萬人，散居世界各地，都能秉持著純樸踏實的校風，實實在在地做人，也實實在在地做事；能團結合作，熱心公益而不計較個人利害。成功大學在各地的校友會也都是由於以上的精神而辦得欣欣向榮。除了舉辦許多聯誼性的活動以外，也促成了許多校友間事業上的合作，對後期校友的照顧也是不遺餘力。北美洲地區涵蓋的範圍很大，校友人數衆多，校友聯合會的成立是一件大事。我們對熱心籌備工作的學長們至感敬佩，也預祝會務的成功。

企業界的最愛

如果諸位問我：校友們應如何回饋母校？我的答案是：在工作上、社會上、家庭中能有最佳的成就與表現，就是對母校最佳的回饋。許多校友在學術上、事業上有非常高的成就，許多校友在工作崗位上敬業樂羣、被主管賞識、被同事敬愛，許多校友在行爲上高風亮節被社會視爲典範，許多校友家庭和樂爲人所稱羨，這些都是對母校最佳的回饋。過去，我們的校友們在這些方面做得很成功。今年四月份的《天下》雜誌中有一則對國內一〇〇〇大製造業與三〇〇大服務業所作的調查報告，標題是：「企業界最愛那個大學的畢業生？」答案是：成功大學。統計數字顯示我們不但名列第一，而且遙遙領先其他學校。由於六萬餘校友們在各方面的成就與表現，我們的學校才被公認爲一所好學校。

自然與人文教育均衡發展

成功大學有六十二年的歷史，是一個以工科爲基礎逐步升格擴充發展而成的綜合性大學；有文、理、工、管理及醫五個學院，和一個政治經濟研究所。由於歷史上的因素，科技方面系所在數量上的比重大於人文社會。今後，我們應該在教育與學術的品質上力求各學域的均衡發展。目前的三十二個系，除了醫學院情況特殊以外，每個系都已經設置了研究所，博士班也已設置了二十一個，爲了現有各系的需求而申請設置研究所的工作可以說已經接近滿意的程度。今後，爲了能夠在有限的校地上維持師生教學、研究與生活的品質，在學生人數的擴充以及大學部學系和班級的增設方面不得不採取較爲保守的態度，希望各學院都朝一系多所、高學術層次的方向求發展。今年暑期政治經濟學研究所的設立使本校向法、政與社會科學的領域跨進了一大步；明年暑期我們預期可以成立一個藝術研究所，將會使校園中文藝的氣息更爲濃厚。我們也希望教育部能早日修訂師範教育法，允許我們籌設一個教育研究所，並爲各院系同學開授教育學分，一方面可使我們的畢業生就業的空間更爲廣闊，也使我們的學校在人才培育的工作上能爲社會多貢獻一些力量。

教得實在　學得實在

前述《天下》雜誌調查的結果顯示社會上對我們的教學品質的肯定，也可以說是多年來全校師生員工在教學工作上努力的成果。今後，在教學工作上還是要力求紮實。要採取各種措施使每門課、每位老師教得很實在，讓學生們學得很實在。一些可能會使教學的質或量產生縮水現象的死角都要盡量消除。另一方面，為了使學生有能力面對未來多變的社會與快速進步的科技環境，要特別重視基礎性的課程，也要在通識教育和共同科目的規劃上多用心力，使主修人文的學生具有充分的科技常識，也使主修科技的學生有良好的人文素養。營造一個祥和的校園氣氛，以達到對學生的人格陶冶以及敬業樂羣的做人處世態度的教育目的，當然也至為重要。

研究成果蜚聲國際

一些很具體的資料應可顯示成大的同仁們在研究工作上的實力。在上個學年中，除了政府撥給的經費以外，靠教授們的研究計畫從國科會、其他政府機構和企業界得到的研究經費約有十億元新臺幣，平均每一位講師以上的老師，包括文學院在內，有一百萬元以上。以各校在 *Science Citation Index* 和 *Engineering Index* 中被收錄的論文的篇數看，在臺灣的前四名是成大、臺大、清華和交大，若把大陸上的學校也算在一起，前四名仍然是這四所學校。成功大學被收錄在 *Engineering Index* 中論文的篇數大約是MIT或東京工業大學的一半。在一九九一年，大陸上出版的一本《一九九○中國科技論文統計與分析》中有這樣一句話：「臺灣省的四所『明星』

大學比大陸最好的大學在國際上更加引人注目。但大陸有眾多的大學有朝一日可能獲得明星的地位，而臺灣省的四所名牌大學彷彿鶴立雞羣，其他大學很難達到鶴的高度。」我們的研究工作，在量的方面已經達到這樣的水準，今後我們應該更加重視研究成果在學術上的持續性價值和在實用上付諸實施的可能性，使學術研究工作在質的方面向更高的層次發展。

發展合理的師生比例

表一中是上學年第二學期師生員工的人數。在校務發展計畫中所設定的學生總人數的上限是兩萬人，其中研究生對大學部學生的比例是一：三。國內有一些國立大學把研究生對大學部學生的比例定為

表一　八十一學年度第二學期學生、教師、職技、工、警人數

學生人數	博士生	碩士生	大日	大夜	合計
	532	2,165	8,226	3,046	13,969
專任教師人數	教授	副教授	講師	助教	合計
	281	415	228	155	1,079
學生數（不含大夜）／專任講師以上教師數：11.82					
學生數（含大夜）／專任講師以上教師數：15.11					
支援人力	職員	技術人員	警衞	技工、工友	合計
	184	172	28	226	610
學生人數／職技人員人數：39.2					
學生人數／職技、工、警人員人數：22.9					
專任教師人數／職技人員人數：3.03					
專任教師人數／職技、工、警人員人數：1.77					

一：一，但我們覺得，學術研究固然非常重要，爲國家多培養優秀基層人才也是國立大學的一項重要的社會責任。目前，我們的學生對老師的人數比例仍稍嫌偏高，中程發展的目標是一二：一，長程的目標是一〇：一。職員和技術人員不足是國內各大學的一個普遍的現象。我們希望政府和民意代表們以後能逐漸瞭解國家需要幾所夠世界水準的大學，經營這樣一所大學需要那些支援與條件。

附設單位各司其所

成功大學有幾個重要的附設單位，包括附設空中商業專科進修補習學校和附設高級工業職業進修補習學校。這兩所補習學校爲在職的青年提供受教育的機會，都是辦得相當有成效的社會教育單位。航空及太空科技研究中心在臺南縣的歸仁鄉有一個占地約二十二公頃的實驗場，政府爲這個實驗場投入大筆的經費，目前籌建的工作已大致完成，重要的設備中包括燃燒實驗室和穿音速風洞，將來希望能發展成爲一個國家級的航空及太空科技的研究中心。醫學院附設醫院是南臺灣提供教學、研究及醫療服務的醫學中心之一；其員工的人數和校本部的總員工人數差不多，是一個很大的附設單位。因爲附設醫院所在的校區和校本部相毗鄰，和理、工、管理各學院有良好的合作關係，訓導處所主管的衛生保健和心理輔導單位也因此而辦得非常成功。

軟硬體建設並重

在十二所國立大學校院中，今年成功大學預算的總金額僅次於臺大，而資本門的預算金額，就是建造房舍和購置校地的經費，爲全國最高。我們經常有許多房舍工程在進行中。硬體建設的成長快，但教學與研究工作的軟體的成長速度更快，使我們一直有硬體的建設跟不上軟體的成長、房舍與空間永遠都不够用的感覺。目前正在進行中的工程有：管理學院大樓、造船系館、耐震實驗室、化工系館、男生宿舍、附設醫院的醫護大樓和成功校區的地下停車場；另外近期內即將發包開工的有電機、機械和都市計畫的系館。希望這些工程完成以後，使校園裏空間需求的壓力能稍加紓解。籌建一個大型的圖書館和增加校園中的體育運動設施也都是有待繼續努力的事。我們一方面要提供師生足够的教學與研究的空間，另一方面也要顧及景觀，校園的規劃工作是很重要的。

自從購得陸軍運輸羣的九公頃多的校地以後，在校區四周唯一還可以買到的就只剩下原來陸軍第四總醫院的一塊地了。另外在安南區有一塊臺鹽的地，一共約七十五公頃已經完成都市計畫的程序定爲「國立成功大學用地」。這是一塊相當大的土地，其面積約等於目前我們在臺南市東區各校區面積的總和。這一塊地與經濟部所規劃的臺南科技工業區相鄰。對這一塊地的初步使用構想是把需要土地面積或房舍空間較大的研究和建教合作單位放到這個新校區去；而各院、系、所，不管是原有的或是未來新設的則都留在原來的校區內。爲了配合學校的發展，添購校地的時程是今年先在安南區取得約三十公頃的土地，然後再優先編列預算買原來陸軍第四總醫院的那塊地，其次再繼續買安南區所剩下的約四十五公頃的校地。

朝向高學術品質與國際化

成功大學在發展上的一個較爲不利的因素就是我們地處南臺灣，一校獨大而缺少合作與良性競爭的對手。自從中山和中正兩所國立大學設立後，此一情況稍有改善；今後我們仍會積極地爭取高學術水準和科技層次的單位設置到鄰近地區來。經濟部所規劃的臺南科技工業區要設在臺南市安南區的計畫業已定案。國科會所屬的另一個科學園區，我們希望能設在臺南縣，海外的校友們對這事都非常熱心，成功的希望也頗大。今後，我們在安南區擁有一塊空曠的校地將成爲發展上一項非常有利的因素。

我們的學校近年來成長得相當快，目前已經是一個夠得上國際水準的好學校。我們所秉持的是純樸踏實的校風和團結和諧的校園氣氛。今後，仍會穩定地繼續向高學術品質與國際化的方向發展。我們有許多優秀的校友，希望校友們能以母校的成就爲榮，母校也能由於校友們的成就而被公認爲一所國際上的好學校。

八十二年十月二十三日於洛杉磯、北美洲校友聯合會成立致詞

落實教學工作　提昇學術研究

校務工作最重要的永遠是教學，採取各種措施，把教學工作做得更實在，永遠是我們工作的重點，提昇學術研究的品質也永遠是我們的一項重要努力方向。

通力合作　穩定發展

最近有幾項客觀指標：《天下》雜誌對一千三百個大企業調查的結果顯示成功大學的畢業生

是企業界的最愛；大學聯考本校各系錄取成績的名次有普遍提昇的現象，教育部對校務發展計畫與成果的評審九個項目中本校得到六個最優，三項優等，這些具體的指標都是全校師生員工共同努力的成果。近來我常感覺到，成功大學在面臨一些問題或是完成一件工作時，各學術單位、各行政單位同仁之間通力合作的精神是他校很難比擬的。

確保教學研究和校園生活的品質

校務工作最重要的永遠是教學。採取各種措施，把教學工作做得更實在永遠是我們工作的重點，提昇學術研究的品質也永遠是我們的一項重要努力方向。

過去這幾年，可以說是本校在系所增設方面的豐收期。今後我們需要一些時間來消化這些豐收的成果，以確保教學、研究和校園生活的品質。近年來因爲軟體的成長快速，硬體的建設跟不上軟體的成長，各院系普遍有房舍不足的現象，體育設施和學生宿舍也不足。行政人員不足也是各大學普遍的現象。由於中央政府財務上的困難和政策的走向，對國立大學經費分配有日漸緊縮的可能。綜觀種種因素，今後若干年，在學校的發展上，力求品質的提昇應比量的擴充更爲重要；包括教學品質、學術研究的品質和行政服務的品質。在過去的幾年中，我們在添購校地和爭取建築經費方面的成果也頗令人滿意。安南區約七十五公頃的本校預定地中，已經取得了約三十公頃。幾棟大樓有的已經發包，有的即將發包。兩三年後，校園中房舍空間不足的現象應可有若干紓解。

爭取合理的預算

關於下個會計年度概算的編列，過去的程序是由各校依需要編列，再由教育部、行政院層層刪減；今年改爲先給予一定的額度，再由各校在其所得到的額度內編列。下個會計年度教育部所得到的總額度與今年的預算相較並無增加，但增加了許多的財務負擔，其中包括：人員待遇的提高，對私立學校和地方教育補助的提高，以及新學校的設立等等。因此下個會計年度各國立大學所得到的概算的額度都比今年大幅降低。本校因爲中程校務發展計畫做得實在，減少的幅度較小，但仍比今年少了三億多元。在此我要向參與草擬中程校務發展計畫工作的同仁們致最高的謝意。

八十四會計年度的概算請參閱說明資料。學校的概算照理應該在校務會議中通過後，才能報部；但這次因前述中央政府作業程序的變更，從教育部電傳告知本校的額度到收件截止的期限之間一共只有七天的時間，實際上不可能有召開會議的機會。再者我們所得到的額度能夠讓幾個延續性的工程按計畫繼續進行，與其他學校相較已經算比較幸運的了，不可能編入任何新的建築經費，因此也實在沒有什麼值得討論議定的空間。

在八十四會計年度概算中，建教合作的支出只編七千五百萬元。編得這麼少最主要的原因是在我們所有的總額度內，最多也只能擠出這麼多來；而且因爲概算的總額度是一定的，多一塊錢建教合作的支出，在其他項目中就得刪去一塊錢，對學校來說當然是很划不來的事；實際上我們預期在八十四會計年度建教合作的收支大約會有五億元左右。預算額度不足會給許多教授和行政單位帶來很大的困擾，在本年度內我們已經嘗盡了苦頭。解決這個問題我們打算採取兩個途徑，其一是中央政府各單位委託的計畫盡可能按照行政院所訂的原則以代收款的方式處理。其二是在經濟部登記成立一個「財團法人成大研究發展基金」，這基金會再與本校簽訂一個經教育部核定的合約；這樣便可由這基金會來處理一部分建教合作經費的收支。過去的幾個月中，許多同仁爲了籌組這個基金會的事，四出募集基金，辦理申請手續，過程中波波折折，其辛勞之處沒有參與其事是不易想像的。我在此也要向這些同仁致最高的謝意。

議定校長遴選辦法

今天校務會議中的一個重要的議題就是議訂本校遴選校長的辦法。在此我也要向這個辦法草案的研擬小組的六位同仁：宋鼎宗教授、余樹楨教授、吳讓治教授、李茂雄教授、林銘德教授和研究發展委員會執行長翁鴻山教授致謝。在過去八個多月中，他們爲這個工作投入了非常多的心力。我深信，看了過去三年中其他學校處理校長遴選問題的經過和結果以後，我們議定的辦法會更合理，處理的過程也會更理想，使我們的學校得到一位最合適的新校長，使成功大學的校務穩定而快速地向高品質的方向發展。一段時間後，或許其他學校的教授們說：「成大能，我們爲什麼不能？」

新的大學法已經定案，我們要依據新的大學法議定本校的組織規程；許多辦法與規章，譬如教師升等辦法等，也都需要加以修訂，這些都是非常繁重的工作。在修訂的過程中，要開闢各種管道以收集同仁們的意見，譬如問卷調查、座談會等等。希望在本學年以後的幾次校務會議中，能够把討論成熟的草案提出來，請大家議定。

八十二學年度第一次校務會議致詞

滄海叢刊書目（二）

國學類

先秦諸子繫年　錢　穆　著
朱子學提綱　錢　穆　著
莊子篡箋　錢　穆　著
論語新解　錢　穆　著
周官之成書及其反映的文化與時代新考　金春峯　著
尙書學術（上）、（下）　李振興　著
周易縱橫談　黃慶萱　著
考證與反思——從《周官》到魯迅　陳勝長　著

哲學類

哲學十大問題　鄔昆如　著
哲學淺論　張　康　譯
哲學智慧的尋求　何秀煌　著
哲學的智慧與歷史的聰明　何秀煌　著
文化、哲學與方法　何秀煌　著
人性記號與文明——語言・邏輯與記號世界　何秀煌　著
邏輯與設基法　劉福增　著
知識・邏輯・科學哲學　林正弘　著
現代藝術哲學　孫　旗　譯
現代美學及其他　趙天儀　著
中國現代化的哲學省思
——「傳統」與「現代」理性結合　成中英　著
不以規矩不能成方圓　劉君燦　著
恕道與大同　張起鈞　著
現代存在思想家　項退結　著
中國思想通俗講話　錢　穆　著
中國哲學史話　吳怡、張起鈞　著
中國百位哲學家　黎建球　著
中國人的路　項退結　著
中國哲學之路　項退結　著
中國人性論　臺大哲學系主編

中國管理哲學	曾仕強 著
孔子學說探微	林義正 著
心學的現代詮釋	姜允明 著
中庸誠的哲學	吳　怡 著
中庸形上思想	高柏園 著
儒學的常與變	蔡仁厚 著
智慧的老子	張起鈞 著
老子的哲學	王邦雄 著
當代西方哲學與方法論	臺大哲學系主編
人性尊嚴的存在背景	項退結編著
理解的命運	殷　鼎 著
馬克斯·謝勒三論	阿弗德·休慈原著、江日新 譯
懷海德哲學	楊士毅 著
洛克悟性哲學	蔡信安 著
伽利略·波柏·科學說明	林正弘 著
儒家與現代中國	韋政通 著
思想的貧困	韋政通 著
近代思想史散論	龔鵬程 著
魏晉清談	唐翼明 著
中國哲學的生命和方法	吳　怡 著
孟學的現代意義	王支洪 著
孟學思想史論(卷一)	黃俊傑 著
莊老通辨	錢　穆 著
墨家哲學	蔡仁厚 著
柏拉圖三論	程石泉 著
倫理學釋論	陳　特 著
儒道論集	吳　光 著
新一元論	呂佛庭 著

宗教類

圓滿生命的實現(布施波羅密)	陳柏達 著
薝蔔林·外集	陳慧劍 著
維摩詰經今譯	陳慧劍譯註
龍樹與中觀哲學	楊惠南 著
公案禪語	吳　怡 著
禪學講話	芝峯法師 譯

禪骨詩心集　巴壺天 著
中國禪宗史　關世謙 著
魏晉南北朝時期的道教　湯一介 著
佛學論著　周中一 著
當代佛教思想展望　楊惠南 著
臺灣佛教文化的新動向　江燦騰 著
釋迦牟尼與原始佛教　于凌波 著
唯識學綱要　于凌波 著
中印佛學泛論
——傅偉勳教授六十大壽祝壽論文　藍吉富主編
禪史與禪思　楊惠南 著

社會科學類

中華文化十二講　錢穆 著
民族與文化　錢穆 著
楚文化研究　文崇一 著
中國古文化　文崇一 著
社會、文化和知識分子　葉啟政 著
儒學傳統與文化創新　黃俊傑 著
歷史轉捩點上的反思　韋政通 著
中國人的價值觀　文崇一 著
紅樓夢與中國舊家庭　薩孟武 著
社會學與中國研究　蔡文輝 著
比較社會學　蔡文輝 著
我國社會的變遷與發展　朱岑樓主編
三十年來我國人文社會科學之回顧與展望　賴澤涵 編
社會學的滋味　蕭新煌 著
臺灣的社區權力結構　文崇一 著
臺灣居民的休閒生活　文崇一 著
臺灣的工業化與社會變遷　文崇一 著
臺灣社會的變遷與秩序(政治篇)(社會文化篇)　文崇一 著
臺灣的社會發展　席汝楫 著
透視大陸　政治大學新聞研究所主編
憲法論衡　荆知仁 著
周禮的政治思想　周世輔、周文湘 著
儒家政論衍義　薩孟武 著

制度化的社會邏輯	葉 啟 政 著
臺灣社會的人文迷思	葉 啟 政 著
臺灣與美國的社會問題	蔡文輝、蕭新煌主編
教育叢談	上官業佑 著
不疑不懼	王 洪 鈞 著
自由憲政與民主轉型	周 陽 山 著
蘇東巨變與兩岸互動	周 陽 山 著
鄉村發展的理論與實際	蔡 宏 進 著
戰後臺灣的教育與思想	黃 俊 傑 著
兩極化與分寸感 ——近代中國精英思潮的病態心理分析	劉 笑 敢 著
唐人書法與文化	王 元 軍 著

史地類

國史新論	錢 穆 著
秦漢史	錢 穆 著
秦漢史論稿	邢 義 田 著
宋史論集	陳 學 霖 著
中國人的故事	夏 雨 人 著
明朝酒文化	王 春 瑜 著
歷史圈外	朱 桂 著
宋代科舉	賈 志 揚 著
當代佛門人物	陳 慧 劍編著
弘一大師傳	陳 慧 劍 著
杜魚庵學佛荒史	陳 慧 劍 著
蘇曼殊大師新傳	劉 心 皇 著
近代中國人物漫譚	王 覺 源 著
近代中國人物漫譚續集	王 覺 源 著
魯迅這個人	劉 心 皇 著
沈從文傳	凌 宇 著
三十年代作家論	姜 穆 著
三十年代作家論續集	姜 穆 著
當代臺灣作家論	何 欣 著
師友風義	鄭 彥 棻 著
見賢集	鄭 彥 棻 著
思齊集	鄭 彥 棻 著

懷聖集　鄭彥棻 著
周世輔回憶錄　周世輔 著
三生有幸　吳相湘 著
孤兒心影錄　張國柱 著
我這半生　毛振翔 著
我是依然苦鬪人　毛振翔 著
八十憶雙親、師友雜憶（合刊）　錢穆 著
烏啼鳳鳴有餘聲　陶百川 著

語文類

訓詁通論　吳孟復 著
標點符號研究　楊遠 著
入聲字箋論　陳慧劍 著
翻譯偶語　黃文範 著
翻譯新語　黃文範 著
中文排列方式析論　司琦 著
杜詩品評　楊慧傑 著
詩中的李白　楊慧傑 著
寒山子研究　陳慧劍 著
司空圖新論　王潤華 著
詩情與幽境——唐代文人的園林生活　侯迺慧 著
歐陽修詩本義研究　裴普賢 著
品詩吟詩　邱燮友 著
談詩錄　方祖桑 著
情趣詩話　楊光治 著
歌鼓湘靈——楚詩詞藝術欣賞　李元洛 著
中國文學鑑賞舉隅　黃慶萱、許家鶯 著
中國文學縱橫論　黃維樑 著
古典今論　唐翼明 著
亭林詩考索　潘重規 著
浮士德研究　劉安雲 譯
蘇忍尼辛選集　李辰冬 譯
文學欣賞的靈魂　劉述先 著
小說創作論　羅盤 著
借鏡與類比　何冠驥 著
情愛與文學　周伯乃 著

鏡花水月　陳國球 著
文學因緣　鄭樹森 著
解構批評論集　廖炳惠 著
世界短篇文學名著欣賞　蕭傳文 著
細讀現代小說　張素貞 著
續讀現代小說　張素貞 著
現代詩學　蕭　蕭 著
詩美學　李元洛 著
詩人之燈——詩的欣賞與評論　羅　青 著
詩學析論　張春榮 著
修辭散步　張春榮 著
橫看成嶺側成峯　文曉村 著
大陸文藝新探　周玉山 著
大陸文藝論衡　周玉山 著
大陸當代文學掃描　葉穉英 著
走出傷痕——大陸新時期小說探論　張子樟 著
大陸新時期小說論　張　放 著
兒童文學　葉詠琍 著
兒童成長與文學　葉詠琍 著
累廬聲氣集　姜超嶽 著
林下生涯　姜超嶽 著
青　春　葉蟬貞 著
牧場的情思　張媛媛 著
萍踪憶語　賴景瑚 著
現實的探索　陳銘磻 編
一縷新綠　柴　扉 著
金排附　鍾延豪 著
放　鷹　吳錦發 著
黃巢殺人八百萬　宋澤萊 著
泥土的香味　彭瑞金 著
燈下燈　蕭　蕭 著
陽關千唱　陳　煌 著
種　籽　向　陽 著
無緣廟　陳艷秋 著
鄉　事　林清玄 著
余忠雄的春天　鍾鐵民 著

吳煦斌小說集　吳煦斌 著
卡薩爾斯之琴　葉石濤 著
青囊夜燈　許振江 著
我永遠年輕　唐文標 著
思想起　陌上塵 著
心酸記　李喬 著
孤獨園　林蒼鬱 著
離　訣　林蒼鬱 著
托塔少年　林文欽 編
北美情逅　卜貴美 著
日本歷史之旅　李希聖 著
孤寂中的廻響　洛夫 著
火天使　趙衛民 著
無塵的鏡子　張默 著
關心茶——中國哲學的心　吳怡 著
放眼天下　陳新雄 著
生活健康　卜鍾元 著
文化的春天　王保雲 著
思光詩選　勞思光 著
靜思手札　黑野 著
狡兔歲月　黃和英 著
老樹春深曾著花　畢璞 著
列寧格勒十日記　潘重規 著
文學與歷史——胡秋原選集第一卷　胡秋原 著
晚學齋文集　黃錦鋐 著
古代文學探驪集　郭丹 著
山水的約定　葉維廉 著
在天願作比翼鳥
　——歷代文人愛情詩詞曲三百首　李元洛 輯注
鳴酬叢編　李飛鵬 編纂
千葉紅芙蓉
　——歷代民間愛情詩詞曲三百首　李元洛 輯注
秩序的探索　周慶華 著
邁向一流大學　馬哲儒 著

美術類

音樂與我　趙　琴　著
爐邊閒話　李抱忱　著
琴臺碎語　黃友棣　著
音樂隨筆　趙　琴　著
樂林蓽露　黃友棣　著
樂谷鳴泉　黃友棣　著
樂韻飄香　黃友棣　著
弘一大師歌曲集　錢仁康　編
立體造型基本設計　張長傑　著
工藝材料　李鈞棫　著
裝飾工藝　張長傑　著
現代工學與安全　劉其偉　著
人體工藝概論　張長傑　著
藤竹工　張長傑　著
石膏工藝　李鈞棫　著
色彩基礎　何耀宗　著
當代藝術采風　王保雲　著
都市計畫概論　王紀鯤　著
建築設計方法　陳政雄　著
建築鋼屋架結構設計　王萬雄　著
古典與象徵的界限
　——法國象徵主義畫家莫侯及其詩人寓意畫　李明明　著

滄海美術叢書

五月與東方——中國美術現代化運動在戰後
　臺灣之發展（1945～1970）　蕭瓊瑞　著
中國繪畫思想史　高木森　著
藝術史學的基礎　曾　堉、葉劉天增　譯
唐畫詩中看　王伯敏　著
馬王堆傳奇　侯　良　著
藝術與拍賣　施叔青　著
推翻前人　施叔青　著